Jürgen Gottschlich

Türkei

Jürgen Gottschlich

Türkei

Erdoğans Griff nach der Alleinherrschaft

Ein politisches Länderporträt

Ch. Links Verlag, Berlin

Die Deutsche Nationalbibliothek verzeichnet diese Publikation in der Deutschen Nationalbibliografie; detaillierte bibliografische Daten sind im Internet über www.dnb.de abrufbar.

1. Auflage, September 2016
(Das Buch basiert in Teilen auf der früheren Publikation des Autors »Türkei – Ein Land jenseits der Klischees« von 2008)

Schönhauser Allee 36, 10435 Berlin, Tel.: (030) 44 02 32-0
www.christoph-links-verlag.de; mail@christoph-links-verlag.de
Umschlaggestaltung: Stephanie Raubach, Ch. Links Verlag unter Verwendung eines Fotos von Demonstranten vor einem Bild von Präsident Recep Tayyip Erdoğan am 17. Juli 2016 auf dem Kızılay-Platz in Ankara, © Getty / Chris McGrath
Karte: Peter Palm, Berlin
Satz: Eugen Lempp, Ch. Links Verlag
Lektorat: Günther Wessel, Berlin
Druck und Bindung: Druckerei F. Pustet, Regensburg

ISBN 978-3-86153-906-3

Inhalt

Vorwort

Es sollte ein gemütlicher Abend werden. Gemeinsam mit Freunden saßen wir bei einem guten Essen im Garten, um in den Geburtstag meiner Frau hinein zu feiern. Der Sekt für Mitternacht war bereits kaltgestellt, die Stimmung bestens.

Doch der Sekt wurde nie geöffnet. In meinen bald 20 Jahren als Korrespondent in der Türkei ist mir zwar der Spruch: »Das ist die Türkei, hier ist alles möglich«, im Laufe der Zeit in Fleisch und Blut übergegangen, doch was dann in der heißen Sommernacht vom 15. auf den 16. Juli passierte, sprengte alles bis dahin Vorstellbare.

Es begann mit einer Meldung unseres Sohnes, der gegen 22 Uhr über sein Smartphone mitbekam, dass sich in İstanbul Ungewöhnliches ereignete. »Da sollen Panzer auf der Bosporus-Brücke sein«, rief er in den Garten hinaus. »Panzer auf der Bosporus-Brücke«, sollte das ein Witz sein?

Binnen weniger Minuten war die ganze Abendgesellschaft vor dem Fernseher versammelt und starrte auf unglaubliche Bilder. Tatsächlich hatten Panzer die Brücke gesperrt, allerdings nur in eine Richtung, von Asien nach Europa. Als wir noch alle darüber rätselten, was das denn wohl sollte, kamen die ersten Bilder aus Ankara auf den Schirm. Panzer in den Straßen, Kampfjets in der Luft. Erste Detonationen waren zu sehen, aber immer noch wollte niemand so recht glauben, dass dort draußen tatsächlich ein Putsch stattfinden sollte.

Überall strömten die Menschen auf die Straßen, um sich gegenseitig zu fragen, was vor sich ging. Aus den Privatwohnungen verlagerten sich die Trauben vor den Fernsehgeräten in die Cafés und Teehäuser. Während bereits auf das Parlament geschossen wurde, redete Ministerpräsident Binali Yıldırım im privaten Fernsehkanal CNN-Türk davon, eine kleine Bande im Militär habe sich erhoben. Er wolle das gar nicht Putsch nennen, es sei eher eine Meuterei, ein Terrorakt. Plötzlich erschien im Staatsfernsehen TRT eine starr blickende Ansagerin, die mit monotoner Stimme einen Text vom Blatt ablas. Ein »Friedensrat der Streitkräfte« habe die Macht übernommen, las sie, und dieser »Friedensrat« werde »die Demokratie und die verfassungsgemäße Ordnung«, die von Präsident Erdoğan immer mehr mit Füßen getreten worden sei, »wiederherstellen«. Ab sofort gelte eine Ausgangssperre, das Kriegsrecht werde verhängt.

Das war das Putsch-Kommuniqué, und die meisten Anwesenden im Café wussten aus Erfahrung, was das bedeutet. Die Bildschirme würden schwarz, stattdessen würde Marschmusik erklingen. So war es beim Putsch 1961 und 1971, und auch bei dem von 1980, den viele der Anwesenden noch selbst erlebt hatten. Tatsächlich wurde der Bildschirm bei TRT schwarz, doch auf allen anderen Privatkanälen wurde munter weitergesendet. Mehrere Regierungsmitglieder wurden interviewt, die offensichtlich nicht verhaftet worden waren und die allesamt bestritten, dass hier ein echter Militärputsch im Gange sei. »Das passiert alles außerhalb der Hierarchie«, betonte Binali Yıldırım immer wieder, um zu unterstreichen, dass die Militärführung auf Seiten der Regierung sei und nur einige wenige Truppenteile die eigene Regierung und Bevölkerung angreifen würden.

Die entscheidende Frage in diesem Moment war: »Wo ist Präsident Erdoğan?« Schon kursierten Gerüchte: Erdoğan wolle nach Deutschland flüchten, Erdoğan sei in London an der Landung gehindert worden, Erdoğan sei in Teheran.

Diese Gerüchteküche wurde mit einem Mal gestoppt, als Erdoğan plötzlich auf dem Smartphone der Moderation in der aktuellen Nachrichtensendung von CNN-Türk auftauchte. Er teilte, etwas verzerrt, aber deutlich zu verstehen, mit, er sei im Ferienort

Marmaris von dem Putschversuch überrascht worden. Klar und deutlich brachte Erdoğan dann seine Botschaft rüber: »Geht auf die Straße, stellt euch den verbrecherischen Putschisten entgegen, Bürger der Türkei, kämpft für eure Demokratie, besetzt die großen Plätze und Flughäfen.«

Der Aufruf hatte Erfolg: Binnen Minuten setzten sich ganze Autokarawanen von Erdoğan-Anhängern in Bewegung und machten sich zum Parlament in Ankara, zu den Bosporus-Brücken in İstanbul und zum İstanbuler Flughafen auf. Vor allem rund ums Parlament und die Bosporus-Brücken kam es daraufhin zu wüsten Schießereien, in die bald auch regierungstreue Truppen eingriffen. Rund 270 Menschen wurden getötet. Andernorts wurde noch geschossen, als Erdoğan um 2.30 Uhr am Morgen des 16. Juli von Marmaris kommend auf dem von seinen Anhängern »befreiten« Atatürk-Flughafen in İstanbul landete. Als er eine Stunde später zu der Menge sprach, war klar, dass der Putsch gescheitert war.

Bereits in der Nacht eröffnete Erdoğan die Verfolgung der Putschisten und aller möglicher anderer Anhänger des Predigers Fethullah Gülen, dessen Sekte Erdoğan von Beginn an für den Putschversuch verantwortlich machte. Tatsächlich dankte Erdoğan Gott, dass der Umsturzversuch ihm nun die Gelegenheit biete, »die Armee von allen unsicheren Elementen gründlich zu säubern«.

Doch es blieb nicht bei der Armee. Außer Tausenden von Offizieren, darunter 80 Generäle und Admiräle, wurden auch sofort 3000 Richter und Staatsanwälte vom Dienst suspendiert und teilweise verhaftet. Es folgten Tausende Polizisten und über 30 000 Lehrer und Professoren. Mehr als tausend Schulen wurden geschlossen, etliche Privatuniversitäten mussten ihre Tätigkeit einstellen, andere staatliche Institutionen mussten Mitarbeiter entlassen. Allein die Geschwindigkeit, mit der das alles passierte, betäubte die ganze Gesellschaft und legte sofort nahe, dass hier »Schwarze Listen« abgearbeitet wurden, die lange vor dem gewaltsamen Umsturzversuch vorbereitet worden waren.

Während die Erdoğan-Fans auf Anweisung ihres Führers noch über eine Woche lang jeden Abend auf dem zentralen Taksim-Platz in İstanbul und in vielen anderen Städten des Landes ihren Sieg feierten, ging beim anderen, Erdoğan-kritischen Teil der Türken die Angst um. Werde ich gefeuert, werden sie mich abholen, was ist mit meinen Freunden?

Im Laufe der darauffolgenden Woche wurde allerdings deutlich, dass die Verhaftungen tatsächlich erst einmal im weitesten Sinne Menschen betrafen, die Kontakt zur Gülen-Bewegung hatten oder als dessen Vertreter galten. Mitglieder der Oppositionsparteien einschließlich der Kurden entspannten sich ein wenig, die Opposition durfte sogar auf dem Taksim-Platz demonstrieren. Bei den meisten herrscht zwar auch das Gefühl vor, ein gelungener Putsch hätte das Land vollends in die Katastrophe geführt, aber nun ist man Erdoğan noch mehr ausgeliefert, als es zuvor ohnehin schon der Fall war.

Als der blutige Umsturzversuch am 15. Juli 2016 stattfand, war das vorliegende Buch eigentlich längst fertig und sollte gerade in Druck gehen. Gemeinsam mit dem Verlag haben wir jetzt versucht, in den relevanten Kapiteln die Ereignisse der Putschnacht wenigstens noch knapp zu berücksichtigen. Das betrifft insbesondere den vorderen Teil des Buches. Noch ist allerdings nicht absehbar, welche Langzeitwirkung der gescheiterte Putsch innen- wie außenpolitisch haben wird, deshalb konnte ich die Entwicklung nur noch andeuten.

Im ersten Kapitel geht es unter anderem um die Einschätzung Erdoğans aus deutscher Sicht, die durch die Ereignisse nach dem Putsch eher noch düsterer, als sie ohnehin schon war, geworden ist.

Im zweiten Kapitel wird das Verhältnis von Präsident Erdoğan und der AKP zu ihrem einstigen Verbündeten und jetzigen Gegner Fethullah Gülen ausführlich erläutert, auf den Putschversuch aber nur noch knapp eingegangen. Das gilt auch für das Porträt des seit langem in den USA lebenden Sektenführers Gülen, von dem allerdings schon seit einiger Zeit klar ist, dass er mehr als nur ein »dialogbereiter Theologe« ist, wie uns seine Anhänger glauben machen wollen.

Auf den jahrzehntealten Kurdenkonflikt, der im dritten Kapitel untersucht wird, hatte der Putschversuch, soweit man das zwei Wochen danach sagen kann, keine besonderen Auswirkungen. Es könnte sein, dass die desolate Situation im Militär der PKK eine Atempause verschafft, aber das weiß man heute noch nicht.

In den Kapiteln über die allgemeine Verfasstheit des Landes und die deutsch-türkische Geschichte spielen die letzten Ereignisse naturgemäß keine Rolle. Das gilt auch für die Kapitel »Nichts geht über die Familie«, »Arbeit, Gesundheit, Rente« und »Türkisches Freizeitvergnügen«. Die Medien in der Türkei sind allerdings unmittelbar betroffen, nur ist jetzt noch nicht absehbar, inwieweit Erdoğan seinen Kurs gegen die oppositionelle Presse weiter verschärfen wird.

Wie gesagt, in der Türkei ist immer jederzeit alles möglich.

İstanbul, Ende Juli 2016 Jürgen Gottschlich

Konturen

Das Bild der Türkei in Deutschland

Erdoğan, Erdoğan, immer wieder Recep Tayyip Erdoğan. Es gibt in den deutschen Medien kaum einen Beitrag über die Türkei, in dem der türkische Präsident und Langzeitherrscher nicht auftaucht. Und das in zunehmend düsteren Farben. Galt er lange Zeit als Reformer und Garant für ein stabiles Wirtschaftswachstum, nähert er sich mittlerweile in der veröffentlichten Meinung in Deutschland den negativen Sympathiewerten seines russischen Kollegen Wladimir Putin an. Seit dem repressiven Vorgehen in der Folge des Putschversuches vom 15. Juli 2016 scheint Erdoğan der meistgehasste ausländische Staatschef überhaupt – vielleicht nicht ganz so gefürchtet wie Putin, schließlich ist die Türkei keine atomar bewaffnete Großmacht, aber mindestens genauso negativ wahrgenommen. Dafür gibt es gute Gründe, doch es schafft auch ein Problem: Die Türkei wird mehr und mehr mit Erdoğan gleichgesetzt. Das stimmt so natürlich nicht. Rund die Hälfte der Türkinnen und Türken lehnen Erdoğan vehement ab. Sie wollen für seine Politik nicht in Haftung genommen werden und erwarten eher, im Kampf um Demokratie von Europa unterstützt zu werden.

Kommt Erdoğan in der Wahrnehmung der Türkei an erster Stelle, folgen zumeist, quasi als Antipoden, die Kurden. Die größte ethnische Minderheit des Landes kämpft seit Jahrzehnten um mehr Anerkennung und Eigenständigkeit und wird deshalb zu Recht eher mit Sympathie als mit Ablehnung bedacht. Doch auch der langjährige Konflikt zwischen dem Staat und der kurdischen Minderheit ist nur ein Ausschnitt der Wirklichkeit.

Weniger eifrige Konsumenten von politischen Nachrichten denken bei der Türkei wahrscheinlich immer noch als Erstes an herrliche Strände und bezahlbare Hotels oder an İstanbul, der einzigartigen Metropole am Bosporus, die mit ihrer langen Geschichte und ihrer spannenden kulturellen Mischung eine große Faszination ausübt. İstanbul ist zweifellos eine besondere Stadt, in der allerdings auch, wie in einem Brennglas, die Probleme des Landes fokussiert sind.

Nicht zuletzt zählen zum Wahrnehmungshorizont der Türkei auch die Türken von nebenan. Über viele Jahrzehnte waren die türkischen Einwanderer ja sogar prägend für das deutsche Bild von der Türkei, doch die Gleichsetzung mit den »deutschen Türken« nimmt erkennbar ab. Vermutlich weil die türkischen Einwanderer mittlerweile doch als etablierter Teil der deutschen Gesellschaft wahrgenommen werden, vor allem angesichts der vielen neuen Einwanderungsgruppen, die andere Integrationsprobleme aufwerfen, als es die eingedeutschten Türken noch tun. Trotzdem drohen innenpolitische Konflikte der Türkei immer wieder auch innerhalb der türkischen Diaspora in Deutschland zu schweren Konflikten zu führen. Das zeigte sich, als Erdoğan im Herbst 2015 die Militärkampagne gegen die PKK wiederaufnahm, und das zeigte sich noch deutlicher nach dem gescheiterten Putschversuch, als emotional aufgepeitschte türkische Bürger auf vermeintliche Putschisten in Deutschland losgehen wollten.

Nun ist Recep Tayyip Erdoğan, langjähriger Ministerpräsident und seit August 2014 auch Präsident des Landes, sicher eine eminent wichtige Figur. Seit dem Republikgründer Mustafa Kemal Atatürk hat kein anderer Politiker das Land so stark geprägt wie Erdoğan. So wie Atatürk maßgebend für die Entstehung und Gestaltung der türkischen Republik nach dem Ende des Osmanischen Reiches war, ist Erdoğan nun der Begründer und Gestalter einer »neuen Türkei«, wie er selbst sagt, einer Türkei, die die bisherige Republik wieder näher an die osmanische Geschichte anschließen und in eine angeblich moderne »islamische Republik« transformieren soll.

Doch Erdoğan ist nicht alles, und die zunehmend um sich greifende Haltung bei politisch interessierten Deutschen, die Türkei zu meiden, solange Erdoğan regiert, ist schlecht: Sie wird dem Land und seinen Bewohnern nicht gerecht und schadet auch den Beziehungen zwischen beiden Ländern. Gerade diejenigen, die sich gegen den zunehmenden Autoritarismus des Erdoğan-Regimes zur Wehr setzen, sind auf Unterstützung aus Europa angewiesen. Was könnte da besser sein, als sich vor Ort, im persönlichen Kontakt, zu informieren und sich mit den Menschen, die nach wie vor für Meinungsfreiheit, individuelle Menschenrechte und die Gleichberechtigung aller Ethnien einsetzen, persönlich zu solidarisieren? Doch auch ein ganz unpolitischer Badeurlaub sollte nicht als indirekte Unterstützung einer autoritären Regierung gewertet werden. Der Tourismus ist einer der wichtigsten Wirtschaftszweige des Landes. Das Auskommen von Millionen Menschen hängt davon ab. Wenn die ihren Job verlieren, hilft das der Demokratisierung des Landes sicher nicht. Denn die Idee, dass aus dem Leid der Massen der Fortschritt entspringt, hat sich bislang noch immer als Irrtum erwiesen. Und auch wenn die Türkei immer mehr zu einem letzten europäischen Außenposten an der Nahtstelle zum nahöstlichen Krisenbogen wird, ist das Land nicht gefährlicher als andere europäische Länder. Terroranschläge gibt es leider überall in Europa.

Das gilt zuallererst für İstanbul und die Ferienregionen am Mittelmeer. Allen Terrordrohungen und Islamisierungsversuchen zum Trotz, ist İstanbul die lebendige, quirlige Metropole geblieben, die sie seit Jahrzehnten ist. Zwar haben sich die Gegensätze im persönlichen Lebensstil verschärft, ist die Abgrenzung zwischen eher säkularen und eher religiösen, konservativen Stadtteilen deutlicher geworden, doch nach wie vor sind alle Lebensstile vorhanden und die wechselseitige friedliche Duldung funktioniert im Alltag trotz aller politischer Polarisierung weiterhin erstaunlich gut. İstanbul ist nach wie vor der Schmelztiegel der Türkei, die Metropole, in der Menschen aus allen Teilen des Landes mit den unterschiedlichsten religiösen Bekenntnissen und politischen Haltungen zusammenleben. Daran haben auch die heftigen Auseinandersetzungen im Jahr 2013 um den Gezi-Park im Zentrum der Stadt nichts geändert. Zwar hat die Erdoğan-Regierung die Massenproteste damals niederschlagen können, aber die Menschen, die sie getragen haben, sind noch da und ihr Widerspruchsgeist ist nach wie vor lebendig.

So wenig es der kemalistischen Partei Atatürks in den ersten 80 Jahren der türkischen Republik gelungen ist, aus der Türkei eine durchformierte säkular-nationalistische Gesellschaft zu machen, so wenig wird es Erdoğan und seiner islamischen AKP (Partei für Gerechtigkeit und Fortschritt) gelingen, die Türkei durchgängig nach ihrem Bilde zu formen. Denn so wenig es den Kemalisten gelingen konnte, jahrhundertealte religiöse Traditionen auf Dauer zu unterdrücken, so wenig wird es der AKP in ihrem gesellschaftlichen Rollback nun gelingen, 80 Jahre laizistischer Weltanschauung und der dazugehörigen Orientierung an Europa vergessen zu machen. Ich bin mir sicher: Aus der Türkei ist kein orientalischer Staat mehr zu machen.

Drei Länder in einem

Das liegt nicht zuletzt auch an den großen geografischen, kulturellen und materiellen Unterschieden, die das Land prägen. Das durchschnittliche Pro-Kopf-Einkommen ist nach zehn Jahren Wirtschaftswachstum zwar von jährlich rund 4000 Dollar auf rund 10 000 Dollar gestiegen, doch der Reichtum ist nach wie vor extrem ungleich verteilt. In İstanbul gibt es mehr Dollar-Milliardäre als in Hamburg oder München und gleichzeitig leben von den 15 Millionen Einwohnern mindestens ein Drittel in bitterer Armut. İstanbul ist darin ein getreuer Spiegel des Landes.

Ein Großteil des gesellschaftlichen und privaten Reichtums konzentriert sich auf den Westen des Landes. In İstanbul und der Marmara-Region bis hin zur südlich des Marmarameeres gelegenen ersten Hauptstadt des Osmanischen Reiches, Bursa, werden allein 50 Prozent des Bruttosozialproduktes erwirtschaftet. Danach folgt der Großraum İzmir, ebenfalls ganz im Westen des Landes. Während der Westen boomte und die Mitte des Landes wenigstens einige ökonomische Leuchttürme vorweisen kann, stagnierte der Osten auch in den letzten zehn Jahren weitgehend.

Bis heute ist es eine verblüffende Erfahrung, sich in İstanbul in einen der gängigen Überlandbusse zu setzen und das Land von Westen nach Osten zu durchqueren. Wenn man in Van, nach 2500 Kilometern kurz vor der iranischen Grenze ankommt, hat man das Gefühl, nicht ein, sondern drei Länder durchquert zu haben. Es beginnt ganz komfortabel in İstanbul. Ist man erst einmal den Dauerstaus der Megametropole entronnen, fängt eine moderne, allen westeuropäischen Maßstäben standhaltende Autobahn nach Ankara an. Die Straße ist gesäumt von properen Autobahnraststätten und modernen Industrieparks. Doch ab Ankara ändert sich das Bild. Zwar ist in den letzten Jahren auch von Ankara aus in Richtung Osten viel Geld in die Infrastruktur geflossen, doch jenseits der Straßen entfaltet sich wie seit Jahrhunderten scheinbar unverändert das karge anatolische Hochland. Die Besiedlungsdichte nimmt stark ab, die Dörfer jenseits der großen Transportwege sind arm wie eh und je und haben zusätzlich damit zu kämpfen, dass die jungen Leute längst nach İstanbul, Ankara oder İzmir abgewandert sind. Trotz der Bemühungen der AKP-Regierung, die Städte in Zentralanatolien wirtschaftlich zu stärken, ist dies nur an wenigen Plätzen gelungen. Ein Beispiel für eine erfolgreiche wirtschaftliche Modernisierung ist Kayseri, die alte Römerstadt östlich von Kappadokien, die sich zu einem Zentrum der Möbel und Textilindustrie entwickelt hat.

Das andere Positivbeispiel, Gaziantep, noch weiter im Südosten, ist nach einer längeren Aufschwungphase aufgrund der

Nähe zum syrischen Kriegsschauplatz wieder in Schwierigkeiten geraten. Die für Gaziantep wichtigen Märkte in Syrien und im Irak sind weitgehend zusammengebrochen, stattdessen beherbergt die Stadt bei einer Million Einwohnern jetzt zusätzlich 400 000 syrische Flüchtlinge, von denen die meisten wohl auf Dauer dableiben werden.

Gaziantep gehört schon nicht mehr zur Zentralanatolischen Hochebene, liegt aber noch westlich des Euphrat. Hinter dem Euphrat-Strom beginnt dann das eigentliche Ostanatolien. Das Quellgebiet des Euphrats liegt nördlich von Erzincan, fast schon am Schwarzen Meer und der Fluss trennt damit nahezu über die gesamte Nord-Süd-Achse die Osttürkei von den übrigen Landesteilen ab. Bis in die 1950er Jahre gab es noch nicht einmal eine Brücke über den Fluss, der wenige Verkehr zwischen dem Osten und dem Rest des Landes wurde über kleine Fähren und Flöße abgewickelt. Ganz so abgetrennt ist Ostanatolien heute nicht mehr, aber das Gebiet, fast so groß wie die alte Bundesrepublik, ist auch heute ein Land für sich. Im Südosten, entlang der syrischen und irakischen Grenze, lebt die kurdische Minderheit, im Nordosten, entlang der iranischen, armenischen und georgischen Grenze, dominiert ein Gemisch aus Türken, Lazen, Kurden und Resten der uralten armenischen Kultur.

Auch wenn die AKP hier ebenfalls in Straßen investiert hat und Städte wie Diyarbakır und Urfa mittlerweile auch Einkaufszentren und moderne Neubauviertel vorweisen können, ist der Osten doch immer noch das Armenhaus des Landes. Der jahrzehntelange Krieg gegen die kurdische PKK-Guerilla hat noch dazu beigetragen, dass in der Region praktisch kaum eine wirtschaftliche Entwicklung stattgefunden hat. Das durchschnittliche Pro-Kopf-Einkommen beträgt höchstens ein Drittel vom dem, über das die Einwohner im Westen verfügen.

Es bleibt der Eindruck eines dreigeteilten Landes: der reiche Westen, mit den touristisch erschlossenen Küsten an der Ägäis und dem Mittelmeer, das karge und von aller Welt vergessene, bäuerlich-konservative Zentralanatolien, und der kurdisch besiedelte wilde Osten.

Viele Schauplätze, über die in den Medien aus der Türkei berichtet wird, befinden sich hier, im wilden Osten. Der kurdische Osten ist Frontstaat zum Irak und zu Syrien, Länder die seit Anfang der 1990er Jahre von Kriegen und Krisen erschüttert werden. Das türkische Kurdistan grenzt an die autonome kurdische Region im Nordirak und an die kurdisch bewohnte Region in Syrien, wo es den Kurden im Zuge des Bürgerkrieges ebenfalls gelang, eine provisorische Selbstverwaltung zu etablieren. Seit 1984 kämpft die PKK in der Türkei für einen eigenständigen kurdischen Staat, beziehungsweise für eine eigene, autonome Zone, wie im Irak und Syrien. Die Auseinandersetzungen zwischen den militanten Kurden und der türkischen Armee machen einen großen Teil der Türkeiberichterstattung aus. Auch international berühmte Bücher türkischer Autoren wie Yaşar Kemals *Memed mein Falke* und Orhan Pamuks *Schnee* spielen im Osten, so dass schon der Eindruck entstehen kann, die Türkei bestehe hauptsächlich aus Krisen und Kämpfen, wie sie sich im Osten abspielen. Wenn man dann noch berücksichtigt, dass auch viele türkische Einwanderer nach Deutschland aus dem Osten des Landes kommen, versteht man, dass häufig dieses Konfliktgebiet mit dem Ganzen verwechselt wird.

Die Türkei und der Islam

Seit dem Aufstieg Erdoğans und der von ihm dominierten AKP ist neben den Konflikten mit den Kurden das Verhältnis des Landes zum Islam, die Re-Islamisierung der Türkei, das zweite große Thema geworden. Viele Besucher wundern sich mittlerweile schon, dass nicht der Freitag, sondern immer noch der Sonntag der Feiertag der Woche ist, wo doch in den islamischen Ländern der Freitag der freie Tag für das Gebet sei. Doch die Türkei ist seit

Abschaffung des Kalifats in den 1920er Jahren des letzten Jahrhunderts eine säkulare Republik und hat seitdem auch die Zeitrechnung und die Wochentage an Europa angeglichen.

Tatsächlich hat der Islam seit dem Regierungsantritt der AKP Ende 2002 in der türkischen Öffentlichkeit jedoch kontinuierlich an Bedeutung gewonnen. Es begann mit dem Kampf gegen das bis dahin geltende Kopftuchverbot an Universitäten, Schulen und in der Justiz, setzte sich fort über die Durchsetzung der Fastenregeln während des jährlichen vierwöchigen Ramadan und hat heute ein Stadium erreicht, in dem eine öffentliche Ablehnung des Islams zwar nicht verboten, aber für Menschen, die in dem Land etwas werden wollen, doch höchst unziemlich ist. Trotzdem ist die Türkei immer noch eine säkulare Republik, in der Religionsfreiheit herrscht und der Staat sich theoretisch zu allen Glaubensbekenntnissen in derselben Distanziertheit verhalten soll. So wie in Deutschland das christliche Glaubensbekenntnis gegenüber anderen Religionen privilegiert ist, ist es in der Türkei der sunnitische Islam. Und während in der kemalistischen Zeit der Republik, vor allem in der ersten Phase nach der Republiksgründung, die laizistische Haltung besonders hervorgehoben wurde, ist es jetzt genau umgekehrt. Die religiöse Haltung wird betont, der säkulare Teil der Gesellschaft steht zunehmend unter Druck.

Nach Gründung der Republik 1923 entschieden sich die damals dominierenden Militärs und Intellektuellen um Mustafa Kemal Atatürk, einen radikalen Bruch mit den Traditionen des Osmanischen Reiches zu vollziehen. Viele dieser Männer und Frauen stammten aus den westlichen Bezirken des Osmanischen Reiches oder hatten lange Zeit im westeuropäischen Exil gelebt. Aus ihrer Sicht hatte die starke Rolle des Islams im Osmanischen Reich entscheidend dazu beigetragen, dass das einstige Imperium den Anschluss an die moderne Zivilisation verloren hatte. Das neue Vorbild wurde das streng laizistische Frankreich. Als Erstes wurden das Kalifat und die Scharia als Quelle des Rechts abgeschafft und ein europäisch-modernes Zivil- und Strafrecht an ihre Stelle gesetzt. Der Islam wurde zur Privatsache, und die führenden Kemalisten machten keinen Hehl mehr daraus, dass Religiosität ihrer Ansicht nach vor allem ein Zeichen mangelnder Bildung sei.

Statt Moscheen wurden Schulen gebaut, das arabische wurde durch das europäische lateinische Alphabet ersetzt und die osmanische Sprache, ein Gemisch aus türkisch-arabischen und persischen Wörtern, nach und nach durch ein modernes Türkisch ersetzt. Die Regierung führte die Schulpflicht ein, nicht nur für Jungen, sondern auch für Mädchen, das Land wurde in weiten Teilen alphabetisiert.

Dieser radikale Bruch mit den Traditionen und dem Denken der Vorväter führte zu massiven Abwehrreaktionen, die in mehreren bewaffneten, religiösen Aufständen gipfelten. Die Aufstände wurden militärisch niedergeschlagen, und der Laizismus wurde zu einer wichtigen Säule des öffentlichen Lebens erklärt. Doch trotz aller Bildungsanstrengungen blieben die religiösen Vorurteile und Traditionen vor allem auf dem Land lebendig. Während in den Städten im Westen die Modernisierung gelang, blieben Zentralanatolien und der Osten in einem vormodernen, religiösen und patriarchalischen Denken gefangen. Selbst massive Repressionen bis hin zum Militärputsch gegenüber Regierungen, die den Laizismus aufweichen wollten, konnten daran nichts ändern.

Dass jetzt schon seit eineinhalb Jahrzehnten die islamische AKP das Land regiert, hat neben vielen anderen Gründen damit zu tun, dass sich das Land-Stadt-Verhältnis in den letzten 30 Jahren massiv verändert hat. Lebten bis in die 1970er Jahre sieben von zehn Türken auf dem Land und nur drei in der Stadt, hat sich dieses Verhältnis mittlerweile umgedreht. Heute leben nur noch 30 Prozent der Türken auf dem Land und 70 Prozent in der Stadt. İstanbul hatte Mitte der 1960er Jahre 1,5 Millionen Einwohner. Heute sind es durch die enorme Binnenmigration der letzten Jahrzehnte 15 Millionen.

Etliche dieser Binnenmigranten leben bis heute in Stadtvierteln, die dominiert sind von anderen Einwanderern aus derselben Region. Das Dorf wurde quasi in die Stadt verlegt, die Traditionen des Landes blieben lebendig. Viele Einwohner İstanbuls fühlen sich noch heute nicht in erster Linie als İstanbuler, sondern als Menschen aus Tokat, Sivas, Erzurum oder von wo sonst ihre Familie in die Bosporusmetropole eingewandert ist. Viele dieser Familien gehen jeden Sommer über Monate in ihr Dorf zurück, sie leben zwischen zwei Welten und halten zäh an ihren Traditionen und Glaubensbekenntnissen fest. Die meisten gehören auch in der zweiten oder dritten Generation in der Stadt noch zur ökonomischen Unterschicht, sie fühlen sich oft unterdrückt und als Menschen zweiter Klasse behandelt.

Aus genau dieser soziologischen Gruppe besteht die Wählerschaft der AKP. Recep Tayyip Erdoğan und die meisten anderen führenden AKP-Politiker kommen aus Familien, die in die großen Städte eingewandert sind, kulturell aber noch im Dorf verhaftet sind. So kommt Erdoğans Familie aus dem östlichen Schwarzmeergebiet.

Erdoğan ist das Idol dieser Binnenmigranten. Da diese mittlerweile die größte Gruppe innerhalb der türkischen Bevölkerung stellen, ist die Wählerschaft der AKP sehr stabil. Das wird sich wohl erst dann ändern, wenn sich diese Gruppe durch die Aufstiegsmöglichkeiten, die ihnen die AKP-Regierung jetzt bietet, selbst wieder so weit ausdifferenziert hat, dass die gemeinsamen Interessen brüchig werden und verschwinden. Noch ist der Islam, die zumindest nach außen zur Schau getragene Frömmigkeit, der Kitt, der diese Gruppe zusammenhält. Doch auch unter den jetzigen, für die AKP immer noch sehr günstigen Bedingungen zeigt sich, dass rund die Hälfte der Bevölkerung die Versuche der Re-Islamisierung vehement ablehnen.

Das Militär

Traditionell war das Militär bis in die jüngste Vergangenheit in der Türkei ein entscheidender Machtfaktor. Das hatte historische Gründe: Führende Männer der frühen Republik wie Mustafa Kemal Atatürk und İsmet İnönü waren Militärs, bevor sie in die Politik gingen. Die Symbiose zwischen der herrschenden Republikanischen Volkspartei und dem Militär war so stark, dass Letzteres jederzeit bereitstand, die Politik der Einheitspartei notfalls auch gewaltsam durchzusetzen. Das änderte sich nach dem Zweiten Weltkrieg, als in der Türkei, nicht zuletzt auf Druck aus den USA, das Mehrparteiensystem eingeführt wurde und bei den ersten freien Wahlen eine in Opposition zur Republikanischen Volkspartei stehende, konservative Gruppierung die Wahlen gewann. Fortan verstand das Militär sich als der eigentliche Hüter des Vermächtnisses von Atatürk und trat immer dann auf den Plan, wenn es dieses in Gefahr sah.

Insgesamt drei Mal putschte das türkische Militär in der zweiten Hälfte des 20. Jahrhunderts gegen eine gewählte Regierung. Doch anders als in Spanien, Portugal oder Griechenland wurden daraus keine langjährigen Militärdiktaturen. Stets zog das Militär sich in die Kasernen zurück, wenn es glaubte, die notwendige »Kurskorrektur« vollzogen zu haben. So übernahmen zwar immer wieder zivile Politiker die Regierung, doch die Drohung mit dem nächsten Putsch blieb permanent präsent. Die wichtigsten Entscheidungen fielen daher in einem dem jeweiligen Kabinett übergeordneten Gremium, in dem die Militärs dem Regierungschef und den wichtigsten Ministern sagte, wo es langgehen sollte.

Als die kurdische Arbeiterpartei PKK 1984 ihren bewaffneten Kampf für einen eigenen kurdischen Staat begann und damit über Jahre die politische Agenda des Landes bestimmte, wurde der Einfluss des Militärs sehr groß. Schließlich wurde es täglich gebraucht. So war denn auch die Verhaftung von PKK-Führer Abdullah Öcalan 1999 und der damit verbundene Rückgang der

Kämpfe im Südosten des Landes eine Voraussetzung dafür, dass Erdoğan ab 2003 die Macht der Militärs Schritt für Schritt beschränken konnte.

Die zweite Voraussetzung war die veränderte Weltlage seit 1989. Bis 1989 war die Türkei als Nato-Mitglied ein Frontstaat an der Grenze zur Sowjetunion. Für die USA und die anderen Nato-Verbündeten war die Militärführung der wichtigste Ansprechpartner in Ankara. Die Militärs konnten sich deshalb darauf verlassen, dass die Verbündeten sie im Falle eines Putsches unterstützen würden. Zwar sollte die Nato offiziell die demokratischen Staaten schützen, doch solange die Sowjetunion da war, konnte man schon einmal über kleinere Schönheitsfehler in wichtigen Mitgliedsländern hinwegsehen. Das änderte sich nach 1989 grundlegend. Seit dem Zusammenbruch des Sowjetimperiums konnten die Militärs sich nicht mehr sicher sein, dass die USA ihnen im Falle eines Putsches die nötige Rückendeckung geben würden. Auch aus diesem Grund hat der letzte echte Putsch im September 1980 stattgefunden. In den 1990er Jahren versuchte das Militär seinen Einfluss zwar noch durch Putschdrohungen aufrechtzuerhalten und erzwang so 1996 auch noch einen Regierungswechsel, doch die Drohungen verloren an Wirkung, als immer deutlicher wurde, dass eine echte Machtübernahme wohl kaum noch denkbar war.

Die Erdoğan-Regierung hatte deshalb den Zeitgeist und auch den größten Teil der türkischen Liberalen, ja selbst weite Teile der türkische Linken auf ihrer Seite, als sie den Militärs den Kampf ansagten. Nach der Wiederwahl der AKP 2007 und dem so bewiesenen Rückhalt in der Bevölkerung, kippte das Machtgefüge zugunsten der Regierung Erdoğan. Was folgte, war eine für Europa beispiellose Abrechnung. Rund ein Drittel der hohen Offiziere der türkischen Armee wurden verhaftet und wegen unterschiedlicher angeblicher Umsturzversuche angeklagt und verurteilt. Damit war das Primat der Politik durchgesetzt und die Armee als politischer Machtfaktor weitgehend ausgeschaltet. Während früher jedes Kind in der Türkei die Namen der Generalstabsmitglieder kannte, sind sie heute nur noch einem Fachpublikum geläufig.

Allerdings ist die Phase der Demütigung des Militärs langsam, aber sicher wieder vorbei. Seit der Krieg in Syrien für die Türkei immer bedrohlicher wird, und vor allem seit der Waffenstillstand mit der PKK 2015 beendet wurde, wird das Militär wieder gebraucht. Aus den Putschisten sind wieder die Helden und Märtyrer des Vaterlands geworden. Auch die in den Jahren 2008 bis 2010 teilweise zu lebenslangen Haftstrafen verurteilten Offiziere sind längst alle wieder auf freiem Fuß. Erdoğan hat sich mit dem Militär arrangiert, allerdings ist der Generalstab mittlerweile durchgängig mit seinen Anhängern besetzt und ihm gegenüber absolut loyal. Umso überraschender kam für Erdoğan, aber auch für die Mehrheit der Bevölkerung, der Putschversuch vom 15. Juli 2016. Er widersprach allen Regeln, die das türkische Militär bei vorangegangenen erfolgreichen Putschen stets beachtet hatte, und wurde deshalb auch zu einem Desaster. Fast 300 Tote waren durch diese verbrecherische Aktion zu beklagen – vor allem aber lieferte sie Staatschef Erdoğan die notwendige Legitimation, das türkische Militär noch einmal grundsätzlich umzubauen und seiner politischen Kontrolle zu unterstellen.

Damit dürfte der politische Einfluss des Militärs in der Türkei endgültig beendet sein. Im 21. Jahrhundert wird das Militär wohl nicht noch einmal denselben Einfluss gewinnen, den es im gesamten 20. Jahrhundert hatte.

Der Alltag

Doch Politik ist ja nicht alles im Leben. So spannungsgeladen die politischen Auseinandersetzungen sind, der normale Alltag ist für die meisten Menschen in der Türkei oft entspannter als in Deutschland. Das liegt hauptsächlich daran, dass man in der Regel unverkrampfter und zwangloser miteinander umgeht als in den stärker durchorganisierten Gesellschaften des Westens. Das Problem der Vereinzelung, die Einsamkeit, unter der viele Menschen in Deutschland leiden, ist in der Türkei viel seltener. Das ist nicht unbedingt eine Mentalitätsfrage, wie oft vor allem von Türken unterstellt wird. Die Deutschen, so wird immer behauptet, seien einfach kühler, egoistischer, mehr auf ihren ganz persönlichen Vorteil bedacht als Türken, während die Türken doch quasi von Natur aus warmherzig, offen und an ihren Mitmenschen interessiert seien. Sicher gibt es tatsächliche Mentalitätsunterschiede zwischen dem »normalen« Türken und dem »durchschnittlichen« Deutschen, die entscheidenden Gründe für die Unterschiede im Alltag sind aber andere. Die türkische Gesellschaft ist einfach anders organisiert. Obwohl mittlerweile gut 75 Millionen Menschen die Türkei bevölkern und nach den Berechnungen der Bevölkerungsstatistiker das Wachstum auch noch zehn Jahre anhalten wird, funktioniert das ganze Land doch immer noch ein wenig wie eine große Familie.

Die sozialen Strukturen, in die die Menschen eingebunden sind, sind dichter als in Deutschland. Angefangen bei der Familie, über die Schule, Universität und den Arbeitsplatz bis hin zum Café an der Ecke, wo man den Lebensabend verbringt, sind Türken praktisch immer von sozialen Netzen umgeben und in sie eingebunden. Das hat Vor- und Nachteile. Man fühlt sich aufgehoben, wird aber gleichzeitig auch kontrolliert. Die Gesellschaft hat etwas Paternalistisches, nicht nur in der Familie im engeren Sinn, sondern auch, was das Leben im Wohnviertel und selbst das Verhältnis des Einzelnen zum großen Ganzen, wie den staatlichen Institutionen, angeht.

Das macht sich bis ins Gefängnis bemerkbar. Jenseits der immer wieder zu Recht angeprangerten Vernehmungsmethoden, die aber vor allem auf den Polizeistationen und nicht im normalen Justizvollzug vorkommen, geht es in den türkischen Haftanstalten (nicht in den Hochsicherheitsgefängnissen für politische Gefangene) relativ entspannt und weit weniger reglementiert als in deutschen Knästen zu. Bis vor wenigen Jahren gab es in türkischen Gefängnissen praktisch nur Gemeinschaftszellen, in denen bis zu 20 oder 30 Häftlinge zusammengelegt wurden, die dann ihren Tagesablauf weitgehend selbst organisieren durften.

Dieses Familiäre in der türkischen Gesellschaft erzeugt einerseits einen angenehmen Wärmestrom, setzt aber auch voraus, dass die Hierarchien und Autoritäten anerkannt werden. Der gesamte Umgang der Türken mit ihrer Bürokratie basiert auf diesem Verhältnis. Jeder Beamte, ja jeder, der eine Uniform anhat oder einen Posten in der Bürokratie bekleidet, ist eine Respektsperson. Derjenige, dem so Respekt gezollt wird, muss im Gegenzug aber auch ein offenes Ohr für die Leute haben. Es gibt zumeist komplizierte bürokratische Regeln, aber im Zweifel gibt es dann auch immer eine typisch türkische Lösung, wie man das Problem dennoch zur Zufriedenheit aller lösen kann. Dazu kann das berühmte Bakschisch gehören, muss aber nicht. Man ist einfach etwas flexibel. Bestes Beispiel dafür ist der Hausbau in den türkischen Städten. Es gibt mittlerweile strenge Vorschriften, die den anarchischen Wildwuchs, der in den Großstädten von den 1950er bis in die 1980er Jahre dominierte, in geordnete Bahnen lenken soll. Dazu gibt es eine Stadtplanung nach westeuropäischem Vorbild, Bebauungspläne für einzelne Viertel und besondere Schutzzonen, die für den Erhalt der historischen Bausubstanz sorgen sollen. Doch die Praxis sieht immer noch anders aus als der Plan. Weil die Genehmigungsbehörden überlastet sind und deshalb Verfahren Jahre dauern können, braucht man einen Architekten mit guten Beziehungen in die Behörde. Ist das Bauvorhaben im Prinzip unstrittig, hilft eine »Spende« zur Beschleunigung des Verfahrens.

Diese Art von Flexibilität hat dazu beigetragen, dass eines der größten Probleme des Landes, die bereits erwähnte enorme interne Wanderungsbewegung vom Land in die Städte, einigermaßen sozial bewältigt werden konnte. Seit Anfang der 1960er Jahre führten Bevölkerungswachstum und die zunehmende Mechanisierung in der Landwirtschaft dazu, dass immer mehr Menschen in ihren Dörfern keine Arbeit mehr fanden, auch weil der Landbesitz der Familie oft nicht mehr ausreichte, um alle Kinder mit einem eigenen Anteil auszustatten. Die Folge davon war, wie bereits oben erwähnt, eine Landflucht, die die Türkei völlig umkrempelte. Hinzu kam das Bevölkerungswachstum, sodass die Städte in den letzten 40 Jahren förmlich aus allen Nähten platzten. İstanbul war davon am stärksten betroffen – die Einwohnerzahl hat sich seit Mitte 1960er Jahre verzehnfacht, und ein Ende des Wachstums ist nicht in Sicht.

Der größte Teil dieser Millionen an Neuzugängen waren arme Bauernkinder, die auf dem Land keine Perspektive mehr hatten. Keiner der Einwanderer, die nach İstanbul kamen, hatte Geld, um sich in der Stadt eine Wohnung zu mieten oder sich gar etwas kaufen zu können. Stattdessen lebten sie in Hütten, die »über Nacht erbaut« (das ist die Übersetzung des türkischen Begriffs Gecekondu) wurden und sich in illegale Slumsiedlungen einreihten, die 1983 bereits mehr als die Hälfte aller Wohnbehausungen in İstanbul ausmachten. Das Mirakel der Stadt ist, dass es heute trotz anhaltender Binneneinwanderung nirgendwo mehr ausgedehnte Slumgebiete gibt und die Gecekondu-Kultur bereits Folklore geworden ist.

Bewältigt wurde dieses enorme Problem durch Flexibilität und paternalistische Fürsorge. Rein rechtlich waren diese Hütten, die da über Nacht erbaut wurden, illegal auf staatlichem Grund gebaut, und wäre es nur nach den Buchstaben der Gesetze gegangen, hätte jedes Mal der Bulldozer kommen müssen. Tatsächlich kamen die Bulldozer aber nur ganz selten, zumeist wurden die Slums erst einmal geduldet, die sich dann in wenigen Jahren in normale Stadtviertel umwandelten. Das geschah aber nicht wie in Deutschland durch sozialen Wohnungsbau – den gibt es in großem Umfang erst seit Amtsantritt der AKP 2002 –, sondern durch eine geschickte Mischung aus staatlicher Schenkung und privater Initiative.

Den Bewohnern der Hütten wurden, meistens während der

Wahlkämpfe – schließlich haben auch arme Leute eine Stimme an den Urnen –, Besitztitel für das Land, auf dem sie anfangs illegal ihre Hütte gebaut hatten, übereignet. Und als Grundstücksbesitzer wurden die Slumbewohner dann plötzlich für die Baubranche interessant. Die Umwandlung eines Slums in ein Viertel mit einer normalen Wohnbebauung von Billigappartements, die von der Stadtverwaltung dann nach und nach auch mit der nötigen Infrastruktur versorgt wurden, geschah immer nach einem ähnlichen Muster: Ein lokaler Bauunternehmer bot den Hüttenbesitzern an, auf ihrem Grundstück statt der Hütte ein Haus mit ungefähr sechs Wohnungen zu errichten. Weil Letztere das Grundstück einbrachten, bekamen sie nach Fertigstellung des Hauses zwei Wohnungen, die anderen vier Wohnungen waren der Gewinn des Unternehmers. Aus den bettelarmen Einwanderern vom Land waren so in relativ kurzer Zeit Wohnungsbesitzer geworden, die sogar eine Wohnung vermieten oder Verwandten aus dem Dorf, die ebenfalls in die Stadt kommen wollten, zur Verfügung stellen konnten. Diese Mischung aus Flexibilität und Paternalismus ist die Grundlage für die Organisation des türkischen Alltags.

Für Deutsche ist dieses System natürlich erst einmal sehr gewöhnungsbedürftig. Wer gewohnt ist, dass das Leben nach klaren Regeln verläuft und man eben »auf seinem Recht« bestehen muss, wenn man nicht unter die Räder kommen will, kann an der türkischen Realität schon mal verzweifeln. Wer beispielsweise ein Telefon beantragt, und dann darauf wartet, dass der Telefonanbieter endlich kommt, obwohl doch die Antragsgebühr bezahlt ist, hat mehr davon, sich um einen persönlichen Kontakt in die Behörde zu bemühen als einen Anwalt einzuschalten.

Was im Kleinen, im privaten Bereich, gilt, gilt in etwas abgewandelter Form auch im Großen. Ausländische Firmen, die vor allem in den ersten zehn Jahren der AKP-Regierung verstärkt auf den türkischen Markt drängten, haben oft enorme Anpassungsschwierigkeiten. Genehmigungsverfahren verzögern sich, versprochene Infrastrukturmaßnahmen kommen nicht zustande, deutsche Firmenkultur und türkische Beschäftigte prallen aufeinander. Der langjährige Leiter des LKW-Werkes von Daimler-Benz in Aksaray, Hans Peter Heinstein, konnte dutzendweise Anekdoten über diese Schwierigkeiten erzählen. Ein Konflikt aus der Anfangsphase des Werkes in den früher 1980er Jahren macht besonders deutlich, welche unterschiedlichen Erwartungen bei einer solchen Industrieansiedlung aufeinanderprallen können. In der Türkei war es lange so, dass Staatsbetriebe, von denen es sehr viele gab, Leute nicht unbedingt nach ihrer Qualifikation, sondern nach einem Klientelsystem einstellten, was mit der Loyalität bei Wahlen belohnt wurde. Der Bürgermeister von Aksaray, einer Stadt südöstlich von Ankara, erwartete deshalb von der Mercedes-Werksleitung, dass diese eine Reihe von vom Bürgermeister geschickten Leuten einstellte. Im Gegenzug würde die Gemeinde dann die benötigte Straße zum Werk bauen lassen. Als die Werksleitung sich empört weigerte, »unqualifizierte« Arbeiter einzustellen, präsentierte die Gemeinde einen Bebauungsplan, in dem die Straße mitten durch das Werk führte, was die Produktion natürlich stark behindert hätte. Solch einen Konflikt mit Hilfe von Anwälten vor Gericht lösen zu wollen wie in Deutschland, hätte vermutlich dazu geführt, dass die Produktion in Aksaray bald wieder eingestellt worden wäre. Heinstein hat eine türkische Lösung gefunden, und Mercedes macht in Aksaray mittlerweile prächtige Gewinne und ist längst zum größten Arbeitgeber der Stadt geworden.

Gewerkschafter beklagen allerdings, dass ausländische Konzerne im Zuge der Anpassung auch schnell dazu übergehen, sich gegenüber ihren Mitarbeitern genauso paternalistisch zu verhalten wie türkische Betriebe. Die restriktive Gewerkschaftsgesetzgebung wird von den ausländischen Konzernen voll ausgenutzt. Statt nach deutschen Gewerkschaftsrechten werden die Arbeiter genauso nach Gutsherrenart behandelt wie in türkischen Firmen auch.

Es gibt allerdings manche Schwierigkeiten für Ausländer und

ausländische Firmen in der Türkei, die nicht nur unterschiedlichen Traditionen geschuldet sind, sondern mit einem ideologisch bedingten, spezifisch türkischen Nationalismus zusammenhängen.

Der Gründungsmythos der türkischen Republik ist der Unabhängigkeitskrieg gegen die Besatzungsmächte im Anschluss an den Ersten Weltkrieg. Ein Credo der türkischen Politik ist seitdem Unabhängigkeit – nicht nur als politisch souveräner Staat, sondern möglichst auch auf wirtschaftlicher Basis. Die junge Republik entwickelte deshalb eine Art Staatskapitalismus, in dem alle Schlüsselindustrien staatlich waren und auch sonst fast alles strenger staatlicher Kontrolle unterlag. Jahrzehntelang blieb die türkische Ökonomie gegenüber dem Weltmarkt abgeschottet, die einheimische Währung Lira war nicht kompatibel, ausländische Konzerne wurden nur in wenigen Ausnahmefällen zugelassen. Anfang der 1980er Jahre riss der damalige Staatspräsident Turgut Özal dann das Steuer radikal herum, öffnete die Türkei für den Weltmarkt und machte die Lira zu einer konvertiblen Währung. Bis dahin durften Türken auch nur alle drei Jahre ins Ausland reisen und dafür dann bei der Staatsbank ausländische Währung erwerben. Ausländer kamen vor dieser Zeit selten ins Land. Die Türkei als Urlaubsparadies für den Massentourismus entstand erst auf der Grundlage der Liberalisierung unter Ministerpräsident Özal.

Diese Politik der Öffnung provozierte natürlich Reaktionen von Seiten der Verlierer. Große Staatsbetriebe wurden damals privatisiert und zerschlagen, die staatliche Bürokratie verlor an Einfluss, Quasimonopole sahen sich plötzlich scharfer Konkurrenz ausgesetzt. Die Gegenparole zu dieser Politik war der Vorwurf des »Ausverkaufs der Nation«. Die Diskussion ähnelte in einigen Punkten der in Osteuropa in der Nach-Sowjet-Ära, nur dass der Beutekapitalismus damals nicht solche Ausmaße annahm wie in der ehemaligen Sowjetunion. Nach den Wirren der 1990er Jahre, die dem Tod Özals 1993 folgten, haben wir heute wieder eine mit der Özal-Ära vergleichbare Situation. Die seit 2002 regierende AKP mit Tayyip Erdoğan an der Spitze betreibt eine radikal neoliberale Wirtschaftspolitik und hat die unter Özal begonnene Privatisierung mittlerweile vollendet. Das Tafelsilber des Staates ist verkauft. Den Vorwurf der nationalistischen Rechten, die AKP betreibe den Ausverkauf des Landes an die EU, an die Amerikaner, an die Ausländer ganz allgemein, kontert die islamische AKP heute mit einer Synthese aus Islam und Nationalismus.

Denn in Sachen »Vaterlandsliebe« (Vatansever) wollen sich Erdoğan und seine Regierung von niemandem übertreffen lassen. Die Folge ist eine penetrante Zurschaustellung nationaler Symbole und eine gewisse Unklarheit gegenüber dem Ausland und den Ausländern. Die AKP wirbt um ausländisches Kapital, ist im Prinzip dafür, dass Ausländer ohne Beschränkungen Immobilien erwerben können und will vermehrt den Zuzug ausländischen Fachpersonals erleichtern. Gleichzeitig will man sich aber nicht dem Vorwurf des »Ausverkaufs des Landes« aussetzen, so dass es dann plötzlich in der Praxis für ausländische Firmen doch erhebliche Probleme geben kann oder Ausländer sich beim Erwerb von Immobilien doch mit schier unüberwindlichen Hürden konfrontiert sehen können.

Die Medien sind dabei ein getreues Spiegelbild dieser Zerrissenheit. Zwischen dumpfem Hurra-Nationalismus und klugen Analysen ist alles vertreten, oft sogar in derselben Zeitung. Die Türken sehen sich deshalb einem ständigen Wechselbad der Gefühle ausgesetzt. Will das Ausland – die EU oder die USA oder der Westen ganz allgemein – das Land spalten, wie oft und immer wieder geschrieben wird, oder wollen »wir« nicht selbst Teil dieser angeblich so schlimmen EU werden? Das führt zu merkwürdigen Situationen. Als ich meinem Friseur verriet, dass mein Job darin besteht, die Deutschen mit Nachrichten aus der Türkei zu versorgen, meinte er: »Na dann bist du ja ein Spion, oder?« Er wusste selbst nicht genau, ob er darüber lachen oder sich ernsthaft Sorgen machen sollte, entschied sich dann aber dafür, dass ich doch sicher vor allem Gutes aus der Türkei berichten würde. Obwohl die meisten Türken grundsätzlich sehr kommunikativ und offen sind, dazu neigen, bei einer Fahrt im Überlandbus dem Sitznachbarn ihr gesamtes Leben auszubreiten, und erwarten, dass man auch selbst jederzeit alle Familiengeheimnisse preisgibt, ist diese Offenheit durch die Konflikte der letzten Jahre verunsichert worden.

Sicher auch dadurch, wie in Europa über eine mögliche türkische EU-Mitgliedschaft diskutiert wurde, beziehungsweise, was davon wie in der Türkei ankam. Als in den Jahren von 2003 bis 2007 ernsthaft über eine mögliche EU-Mitgliedschaft gesprochen wurde, waren die meisten Türken bereit zu akzeptieren, dass ihr Land noch enorme Anpassungsleistungen erbringen muss, wenn es EU-Mitglied werden will. Was aber bei den meisten Leuten auf zunehmende Verbitterung stieß, war die kulturalistische Debatte nach dem Motto: Die teilen unsere Werte nicht, die können nicht dazugehören. Denn was dabei selbstverständlich mitschwang, war, dass »unsere Werte« die besseren seien. Es ist kaum verwunderlich, dass sich viele Türken von solchem Gerede verletzt fühlen und diese Verletzung geradewegs in einen ansteigenden türkischen Nationalismus mündet.

Das Ergebnis war dann eine Außenpolitik, die sich immer mehr vom Westen abwandte und versuchte, im Nahen Osten eigene Einflussgebiete zu kreieren, was letztlich bis zu der gefährlichen Verwicklung in den Bürgerkrieg in Syrien führte.

Dass sich trotzdem die meisten Ausländer in der Türkei immer noch wohlfühlen, liegt daran, dass im alltäglichen Umgang von den politischen Schwenks in der Außenpolitik noch wenig zu spüren ist. Wenn man nicht gerade bei den zuständigen Behörden seine Arbeits- und Aufenthaltsgenehmigung verlängern muss, ist man kaum von den nationalistischen Aufwallungen betroffen. Anders als ein Türke in Deutschland hat man keine Schwierigkeit, eine Wohnung zu mieten. Im Gegenteil, westliche Ausländer gelten als verlässliche Zahler und werden als Mieter oft sogar lieber gesehen als die eigenen Landsleute. Auch im Arbeitsleben ist man als Europäer eher im Vorteil. Deutsche in der Türkei arbeiten entweder bei deutschen Firmenniederlassungen oder als gut dotierte Freiberufler. Seit die Türkei verstärkt im globalen Wettbewerb mitspielt, kommen auch zunehmend Leute ins Land, die in irgendeiner Weise an der Vermittlung und Integration in die Weltwirtschaft beteiligt sind. Immer mehr türkische Firmen agieren im Ausland, die Kontakte werden enger und Leute mit entsprechenden Fachkenntnissen werden gebraucht. Deutsche haben da nach wie vor einen guten Ruf, und mit keinem anderen europäischen Land sind die Verbindungen enger als mit Deutschland.

Das hat dazu geführt, dass die Anzahl der Deutschen, die in der Türkei leben, ständig größer wird. Sie unterteilen sich grundsätzlich in zwei Gruppen, die auch kaum etwas miteinander zu tun haben. Zum einen sind es deutsche Rentner, die ihren Lebensabend in der Türkei verbringen und sich am Mittelmeer, um Antalya und Alanya, angesiedelt haben. Es gibt keine genauen Zahlen, aber es dürften um die 30 000 Senioren sein, die mittlerweile überwiegend an der türkischen Riviera leben. Die zweite Gruppe sind die Deutschen, die in der Türkei arbeiten. Sie leben – mit wenigen Ausnahmen – in İstanbul. Auch hier gibt es keine genauen Zahlen, aber der Inhaber der deutschen Buchhandlung, Thomas Mühlbauer, schätzt, dass zwischen 30 000 und 35 000 Deutsche in İstanbul leben. Ausreichend Menschen, um die klassischen Strukturen einer Parallelgesellschaft zu bilden. Vom Kindergarten über die Schule bis hin zu bevorzugten Läden und Kneipen ist alles vorhanden, um sich in einem weitgehend deutschen Kosmos zu bewegen. Denn auch für viele Deutsche in der Türkei ist, wie umgekehrt für Türken in Deutschland, die Sprache eine echte Herausforderung und deshalb die Kommunikation mit den Landsleuten eben einfacher.

Als die Türkei Anfang des neuen Jahrtausends ihre wirtschaftlichen Probleme erstmals seit langer Zeit wieder in den

Griff bekam und über zehn Jahre stabile Wachstumsraten aufwies, war das Land auch für eine Rückwanderung von Türken aus Deutschland attraktiv. Immer häufiger tauchten Türken der dritten Generation, also die Enkel und Enkelinnen der ursprünglichen Einwanderer aus Berlin, Köln, Stuttgart oder Frankfurt, in İstanbul auf und suchten sich hier qualifizierte Jobs, an die sie in Deutschland nach wie vor schwer herankommen. Viele von ihnen pendeln zwischen der Türkei und Deutschland und halten sich so beide Optionen offen.

Seit die gesellschaftlichen Spannungen durch die konfrontative Politik der AKP gegenüber dem säkularen Teil der Gesellschaft und der kurdischen Minderheit wieder stark zugenommen haben, hat die Türkei in den Augen vieler Deutschtürken jedoch an Attraktivität verloren. Wenn es eine Rückkehroption nach Deutschland gibt, wird sie häufig eingelöst. Da auch der Wirtschaftsboom erst einmal vorbei ist, hört man jetzt eher wieder von türkischen Universitätsabsolventen, die dringend nach einer beruflichen Chance im Ausland suchen.

Die »neue Türkei«

Der unaufhaltsame Aufstieg des Recep Tayyip Erdoğan

Zwei Fragen bestimmen praktisch seit Gründung der Republik die Politik des Landes. Das eine ist die nach der Rolle des Islams. Welchen Einfluss soll die Religion auf die Politik und die Organisation der Gesellschaft haben, wie säkular oder wie religiös soll das öffentliche Leben geprägt sein? Daraus ergibt sich dann die jeweils unterschiedliche Antwort zur Identität des Landes und auch eine Antwort auf die Zugehörigkeit in einem größeren geographischen Umfeld. Ist es Europa oder die islamische Welt oder die berühmte Brückenfunktion zwischen beiden Welten?

Das zweite ist die Frage nach dem Türkentum. Können alle im Land lebenden ethnischen Gruppen gleichberechtigte Bürger des Landes sein? Oder muss man sich, egal mit welchem ethnischen Hintergrund, zum Türkentum bekennen, um in der Türkei als Bürger akzeptiert zu werden? Diese Frage ist im Umgang mit den religiösen Minderheiten vor allem aber bei der Behandlung der größten ethnischen Minderheit im Land, den Kurden, wichtig.

Seit mit der Adalat ve Kalkinma Partisi (Partei für Gerechtigeit und Fortschritt, AKP) erstmals in der Geschichte der türkischen Republik eine islamisch ausgerichtete Partei mit absoluter Mehrheit regiert, werden die beiden Grundfragen der Politik nach und nach neu definiert und beantwortet. Das gilt insbesondere für die Rolle des Islams, die Identität des Landes und die Zugehörigkeit im Spannungsfeld zwischen Islam und Europa.

Bei ihrem überraschenden Wahlsieg Ende 2002 war die AKP zwar erst knapp eineinhalb Jahre alt, aber die Partei kam nicht aus dem Nichts. Im Gegenteil. Der politische Islam ist seit den 1970 Jahren aktiv. Die Führungsfigur des politischen Islam war Necmettin Erbakan, der mit seiner »Millî Görüş«-Bewegung (die etwas irreführend »Nationale Sicht« hieß) als Vater des türkischen politischen Islams gilt. Alle wichtigen Gründungsmitglieder der AKP kommen aus der Partei von Erbakan. Schon Ende der 1970er Jahre war Erbakan mit seiner Partei an einer Koalitionsregierung beteiligt, aber erst in den 1990er Jahren begann der wirkliche Aufstieg der Islamisten. Zuvor hatte die türkische Armee nach einem Putsch im September 1980 alle bestehenden Parteien aufgelöst, sodass sich das Parteienspektrum Mitte der 1980er Jahre erst wieder formieren musste. Der jetzige Staatspräsident Recep Tayyip Erdoğan war damals der Vorsitzende der Jugendorganisation der Islamisten.

Anfang der 1990er Jahre errang er dann als Kandidat von Erbakans Wohlfahrtspartei in İstanbul den ersten großen Erfolg und wurde Oberbürgermeister der Stadt. Im Sommer 1996 gelang es Erbakan, an der Spitze einer Koalitionsregierung zum ersten islamistischen Ministerpräsident der Türkei gewählt zu werden. Doch er konnte sich nur ein knappes Jahr halten. Zwar putschte das Militär nicht offen, zog aber hinter den Kulissen die Fäden und zwang Erbakans damalige Partnerin Tansu Çiller im Juni 1997, die Koalition aufzukündigen. Es folgte ein Verbotsverfahren gegen die Wohlfahrtspartei und ein Politikverbot für Erbakan.

Erdoğan verlor wegen einer scharfen Rede gegen das Militär seinen Posten als İstanbuler Oberbürgermeister und musste für einige Monate ins Gefängnis. Dort, im Gefängnis in Kırklareli, nahe der bulgarischen Grenze, traf sich der Freundeskreis islamistischer Politiker, um die Grundzüge der späteren AKP zu diskutierten. Als es dann im August 2001 so weit war, stellte Erdoğan als neuer Vorsitzender eine Partei vor, die offiziell den Islam aus ihrem Programm verdrängt hatte und die stattdessen eine rechtskonservative Bewegung sein wollte, innerhalb derer der Islam nur mehr als Privatmeinung der Mitglieder eine Rolle spielen sollte.

Man zog damit die Konsequenzen aus der Niederlage der Erbakan-Bewegung und wollte zukünftig eine direkte Konfrontation mit dem Militär, dem Hüter der säkularen Republik, vermeiden.

In den ersten Jahren an der Regierung hielt sich die Partei auch an diesen Vorsatz. Sie zeigte sich offen für alle möglichen gesellschaftlichen Gruppen und suchte überall Unterstützung gegen mögliche neue Repressalien des Militärs, auch bei der EU.

Die Reformphase

Die erste Regierungszeit der AKP von 2002 bis 2007 gilt deshalb als die Reformphase, eine Zeit des Aufbruchs für die gesamte Gesellschaft. Nie habe er sich in der Türkei freier gefühlt als in den Jahren 2003 bis 2005, sagte der deutsch-türkische Filmemacher Fatih Akın einmal und traf damit das Gefühl vieler Linker und Liberaler, die vorher unter der Repression des Militärs gelitten hatten. Es gab zwar schon damals etliche Oppositionspolitiker aus dem kemalistischen Lager, die meinten, Erdoğan verhalte sich rein taktisch und würde, wenn er erst einmal seine Macht konsolidiert hat, die Maske fallen lassen und seine islamistische Agenda umsetzen, doch solche Stimmen wurden damals als Ausdruck der Ängste des alten Establishments zurückgewiesen.

Es mag im Rückblick merkwürdig erscheinen, dass viele türkische Liberale und auch viele Europäer Erdoğan als Reformer ernst nahmen, doch gerade sein intensives Werben um einen Beitritt der Türkei zur EU erschien als sicherer Beleg dafür, dass die AKP unter Erdoğan kein islamistisches Gesellschaftsmodell mehr im Auge hatte. Denn die AKP verabschiedete eine Reihe von Reformgesetzen, die das Land näher an die EU heranführen sollten. Besonders bemerkenswert war die Stärkung der Frauenrechte, zumindest auf dem Papier. Im Zivilrecht wurde der Haushaltsvorstand abgeschafft und beide Ehepartner rechtlich gleichgestellt. Auch im Scheidungsrecht wurden alte Traditionen gekappt. Frauen haben jetzt im Scheidungsfall und beim Erbrecht ein Anrecht auf einen gleichen Anteil. Besonders hervorgehoben wurde damals von türkischen Frauenrechtlerinnen eine Änderung im Strafrecht bei der Strafbemessung für sogenannte Ehrenmorde. Hatte es in der Vergangenheit für die Täter immer einen Bonus gegeben, weil diese ja nur die Ehre der Familie retten wollten, muss jetzt wie in jedem anderen Mordfall entschieden werden. Doch viele dieser Reformen kamen in der Realität nie an, nicht zuletzt auch deshalb, weil die regierenden AKP-Männer – Frauen gibt es in AKP-Regierungen seit 2002 nur auf dem Posten der Familienministerin – im gesellschaftlichen Diskurs nie einen Zweifel am Vorrang des Patriarchats ließen und deshalb viele Richter auch bei ihrer alten Haltung blieben.

Diese Reformphase, der kurze Frühling der Freiheit, ging in den Jahren 2005 bis 2006 spürbar zu Ende. Das hatte mehrere Gründe. Einer davon war das Verhalten der EU. Mit dem Wahlsieg Angela Merkels gegen Gerhard Schröder im Herbst 2005 und der sich anschließenden CDU/CSU/FDP-Regierung wurde schnell klar, dass Deutschland hinsichtlich der Türkei seine Position radikal veränderte und einen EU-Beitritt der Türkei jetzt ablehnte. Als wenig später in Frankreich auch noch der konservative Nicolas Sarkozy Präsident wurde, war die türkische EU-Mitgliedschaft de facto erledigt. Auch weil die Hoffnung auf eine EU-Mitgliedschaft schwand, verschärfte sich die innenpolitische Auseinandersetzung in der Türkei.

Im Frühjahr 2007 lief die Amtszeit des Präsidenten aus, und ein Neuer musste gewählt werden. Seit Atatürk besitzt das Präsidentenamt das höchste Prestige im Land, es ist zugleich aber auch in der Tagespolitik wichtig, wer Präsident ist. Denn obwohl laut Verfassung der Ministerpräsident die Richtlinien der Politik bestimmt, besitzt der Präsident erhebliche Vollmachten. Seine Unterschrift ist entscheidend für die Besetzung aller hohen Posten in der Bürokratie, ohne seine Unterschrift tritt kein Gesetz in Kraft. Der Präsident ist zudem Oberbefehlshaber der Streitkräfte und bestimmt die Mitglieder des Generalstabes. Bis zum Frühjahr 2007 war mit Ahmet Necdet Sezer ein ehemaliger Verfassungsrichter und ausgewiesener Kemalist Präsident. Über ihn hatten die alten Kader in der Justiz der Bürokratie und in der Armee nach wie vor großen Einfluss auf die Politik. Die AKP hatte die Mehrheit im Parlament, stellte den Ministerpräsidenten und Parlamentspräsidenten, musste sich aber mit dem Präsidenten abstimmen, wodurch eine gewisse Machtbalance gewahrt blieb. Das würde sich dramatisch ändern, wenn es der AKP gelang, einen eigenen Mann zum Präsidenten zu machen. Gewählt wurde im Parlament, und mit ihrer absoluten Mehrheit hätte die AKP im dritten Wahlgang ihren Kandidaten durchbringen können.

Die Wahl sollte im April/Mai stattfinden, scheiterte aber an diversen Tricks der Opposition, die vom Verfassungsgericht und dem Militär gedeckt wurden. Indirekt drohte das Militär sogar mit einem Putsch, sollte der frühere Außenminister Abdullah Gül, wie von der AKP vorgeschlagen, Präsident werden. Erstmals seit dem Amtsantritt der AKP Ende 2002 kam es nun zum offenen Konflikt mit den alten Repräsentanten des kemalistisch-säkularen Staates. Denn allen war klar, sollte die AKP auch das Präsidentenamt besetzen, stünde einem Umbau der Institutionen in ihrem Sinne nichts mehr im Wege. Doch noch galt die AKP auch vielen nichtreligiösen, modernen Türken als die Reformkraft schlechthin gegen die verkrusteten Strukturen des Staatskemalismus. Um den alten Kräften des Systems zu zeigen, dass sie die Mehrheit der Türken hinter sich hatte, setzte die Regierung vorgezogene Neuwahlen an.

Die AKP gewann im Juli 2007 zum zweiten Mal die Parlamentswahlen und erreichte nicht nur erneut eine absolute Mehrheit, sondern legte gegenüber den Wahlen 2002 noch erheblich zu. Ein Putsch gegen eine so überzeugend wiedergewählte Regierung war unmöglich. Ende August 2007 wurde Abdullah Gül deshalb im dritten Wahlgang zum Präsidenten der Türkei gewählt. Die AKP zog aus der gescheiterten Präsidentenwahl im

Frühjahr noch eine weitere Konsequenz. Mit Unterstützung der rechtsnationalistischen MHP änderte sie die Verfassung dahingehend, dass zukünftig der Präsident nicht mehr vom Parlament, sondern in allgemeiner Wahl vom Volk gewählt werden sollte. Damals konnte noch kaum jemand absehen, welche Konsequenzen Recep Tayyip Erdoğan 2014 aus dieser Verfassungsänderung ableitete: als vom Volk gewählter Präsident stehe ihm nun auch die ganze Macht im Staate zu, erklärte er direkt nach seiner Wahl im August 2014.

Die Kampfphase

Doch so weit war es 2007 noch lange nicht. Zunächst einmal konsolidierte die AKP ihre Macht. Sie startete eine Verhaftungswelle gegen ihre Widersacher, die später unter dem Schlagwort »Ergenekon«-Prozess zusammengefasst wurde. Unter dem Vorwand, ein geheimes Netzwerk aus Vertretern des alten Establishments plane verschiedene Anschläge und Attentate auf Moscheen, Militäreinrichtungen und prominente Bürger, um den Staat so weit zu erschüttern, dass das Militär als Retter in der Not die Macht übernehmen kann, wurden etliche bekannte Kemalisten aus den Medien, der Wirtschaft, der Bürokratie und dem Militär verhaftet. Die AKP-Regierung setzte dafür besondere Ermittlungseinheiten bei Polizei und Geheimdienst ein, schuf eine Sonderjustiz, von der die Beschuldigten abgeurteilt wurden, und richtete im Westen İstanbuls, in Silivri, eine neue große Haftanstalt ein, in der alle Angeklagten zentral interniert wurden.

Die Verhaftungen politischer Gegner, jeweils unter dem Vorwand, einen Putsch vorbereitet zu haben, wurden immer weiter ausgeweitet. Nicht nur das gesamte kemalistische Spektrum wurde verfolgt, auch kritische linke Journalisten und vor allem führende Militärs wurden verhaftet. Hatten sich die Ermittlungen zu Beginn nur gegen bereits pensionierte Militärs gerichtet, geriet später das gesamte Offizierscorps bis hin zum Generalstabschef in den Fokus der Justiz. Am Ende saßen mehr als ein Drittel der gesamten höheren Offiziere im Gefängnis, einige Admiralsposten in der Marine konnten mangels Personal gar nicht mehr besetzt werden.

Alle diese Prozesse zeichneten sich dadurch aus, dass die Beweislage sehr dünn war, ja es stellte sich sogar heraus, dass einige Beweise von den Anklägern selbst fabriziert worden waren. Im Nachhinein muss man sagen: Es gab im Militär, in der Bürokratie und auch in der etablierten Wirtschaft sicher etliche Leute, die sich durch die AKP bedroht sahen und einen Putsch begrüßt hätten. Tatsächlich hat es aber zu keinem Zeitpunkt einen echten Putschplan gegeben. Stattdessen nutzte die AKP die Prozesse, um mit ihren angeblichen oder tatsächlichen politischen Gegnern umfassend abzurechnen. Mit rechtsstaatlichen Verfahren hatte das wenig zu tun, die extra dafür geschaffene Sonderjustiz hatte einen klaren politischen Auftrag.

In den ersten Jahren nach der zweiten gewonnenen Wahl der AKP 2007 rückte die Justiz insgesamt in den Mittelpunkt der Auseinandersetzung. Das hatte zum einen mit den Ergenekon-Prozessen zu tun, zum anderen damit, dass sich die Gegner der AKP ebenfalls der Justiz bedienten, um Erdoğan und seine Mitstreiter auszuschalten. Denn abgesehen von den aus eigenen Gefolgsleuten gebildeten Sondergerichten war die Justiz 2007 noch weitgehend von kemalistischen Kadern geprägt. Im März 2008 reichte deshalb der zuständige Generalstaatsanwalt beim Verfassungsgericht einen Antrag auf Verbot der AKP ein. Dieser Antrag sah außerdem vor, den amtierenden Ministerpräsidenten Erdoğan wie auch den amtierenden Präsidenten Abdullah Gül für mindestens fünf Jahre politisch aus dem Verkehr zu ziehen.

Man darf wohl davon ausgehen, dass der Generalstaatsanwalt damals nicht von sich aus auf die Idee dieses Verbotsverfahrens gekommen war, sondern Militär und Bürokratie damit auf die Ergenekon-Verfahren reagierten. Zwar hatte es in der Türkei immer mal wieder Parteiverbote gegeben, davon war aber nie eine Regierungspartei betroffen. Der formale Vorwurf lautete, die Partei verletze den Verfassungsgrundsatz des Laizismus, was mit dem Versuch der Regierung begründet wurde, das Kopftuchverbot an den Universitäten aufzuheben. Vier Monate lang, bis zum Herbst, tobte nun eine politische Schlacht um das Verbot der AKP. Im Sommer mobilisierten die Gegner der AKP, kemalistische, nationalistische Vereine, ihre Anhänger zu Protesten auf der Straße. Riesige Massendemonstrationen in İstanbul, Ankara und vielen anderen Städten der Türkei forderten den Erhalt des säkularen Staates. Doch am Ende kam die AKP mit einem blauen Auge davon. Mit knapper Mehrheit entschied das Verfassungsgericht gegen ein Parteiverbot und das ebenfalls geforderte Politikverbot gegen Erdoğan und andere AKP-Führungsfiguren. Lediglich eine Geldstrafe wurde fällig.

Damit war der letzte Versuch des alten Establisments gescheitert, den Durchmarsch der AKP noch zu verhindern. Und Erdoğan setzte sofort nach. Per Referendum ließ er die Verfassung ändern. Bis zu diesem Zeitpunkt unterstützten die meisten liberalen Intellektuellen nach wie vor die AKP. Trotz der unrechtmäßigen, jeder wirklichen demokratischen Haltung widersprechenden Abrechnung der AKP mit ihren kemalistischen Gegnern hielt das liberale und linksliberale Meinungsspektrum weiterhin zur AKP, weil sie hofften, nach dem Sieg über das Militär würde die AKP den Weg für eine echte Demokratisierung der Türkei freimachen. Das zeigte sich besonders bei der Kampagne der AKP für eine Verfassungsänderung, mit der nicht nur die Macht des Militärs eingeschränkt werden sollte, sondern gleichzeitig der Regierung die Kontrolle über die Justiz eingeräumt wurde.

Viele Liberale ließen sich für diese Kampagne einspannen. Unter dem Schlagwort »Yetmez ama evet«, was soviel bedeutet wie »Es reicht nicht, aber trotzdem Ja«, halfen sie damit, den Weg der AKP in den Autoritarismus zu ebnen. Am Ende des ersten Jahrzehnts des neuen Jahrhunderts und nach acht Jahren an der

Regierung hatte die AKP es geschafft: Die Macht des Militärs war gebrochen und Justiz und Bürokratie unter ihre Kontrolle gebracht. Ganz nebenbei hatte die AKP auch das Kopftuchproblem in ihrem Sinne gelöst: Der von der AKP neu besetzte oberste Hochschulrat wies die Rektoren an, Studentinnen mit Kopftuch nicht mehr zurückzuweisen.

Da außerdem der Börsencrash von 2008, der den Ökonomien der USA und Europas so viele Probleme bereitete, in der Türkei kaum Auswirkungen hatte, gewannen Erdoğan und seine AKP die Parlamentswahlen im Juni 2011 mit einem historischen Sieg. Die Hälfte der türkischen Wähler, 49,8 Prozent, wählten die AKP.

Die Machtphase

Erdoğan war jetzt auf dem Zenit seiner Macht. Aus seiner Zeit als Vorsitzender der Jugendorganisation der damaligen Erbakan-Islamisten wird gern ein Satz zitiert: »Demokratie«, sagte er damals, »ist für uns wie Straßenbahn fahren. Wenn wir am Ziel sind, steigen wir aus.« Viele Beobachter hielten diesen Spruch für eine Jugendsünde, doch Erdoğan machte bald deutlich, dass sich an seiner damaligen Auffassung nicht viel geändert hatte. Er verkündete zwar nicht den Ausstieg aus der Demokratie, aber er definierte Demokratie in einem fast schon totalitären Verständnis um. Für Erdoğan und die AKP bedeutet Demokratie die uneingeschränkte Herrschaft der Mehrheit.

Die Grundhaltung ist: Wer nicht für uns ist, ist gegen uns und muss bekämpft werden. Kritik an der Mehrheitsmeinung, eine offene politische Debatte um eine richtige Entscheidung ist unzulässig, denn das Volk hat ja schon entschieden, und Erdoğan in Person repräsentiert den Volkswillen. Das gilt auch für die Gewaltenteilung. Gewaltenteilung im klassischen Sinne ist überflüssig, denn es behindert ja nur die Ausübung des Willens der Mehrheit. Mit der Wahl 2011 entstand der Führerkult um Erdoğan.

War er bis dahin zwar der wichtigste Mann der Partei, aber doch immer noch Teil einer Führungsgruppe, wurde er nun Schritt für Schritt zum Alleinherrscher. Nach und nach verschmolzen in der Person von Erdoğan Nationalismus und Islamismus. Er wurde zum religiösen und nationalen Führer, der die Innen- und Außenpolitik des Landes allein bestimmte. Widerspruch wurde nicht mehr geduldet, weder vom politischen Gegner noch aus den eigenen Reihen.

Doch noch musste Erdoğan um seine Macht kämpfen. Zuerst rebellierte die säkulare Jugend, dann wurde aus einem jahrelangen konservativ-islamischen Bündnispartner, der Gülen-Bewegung, ein erbitterter Gegner, der Erdoğan an den Rand einer Niederlage brachte.

Der säkulare Aufstand begann ganz unscheinbar im Frühjahr 2013. Da besetzten rund 50 Leute einen kleinen Park in İstanbul, um zu verhindern, dass auch noch der letzte grüne Flecken im Zentrum der Stadt zubetoniert wird. Hintergrund der Aktion war zunächst nur die Stadtentwicklungspolitik der AKP in İstanbul. Für die AKP ist der Großraum İstanbul aus wirtschaftlichen, aber auch aus politisch-historischen Gründen die mit Abstand wichtigste Region des Landes. Hier wird das große Geld verdient, vor allem im Bau- und Immobiliensektor. Nirgendwo sind die Gewinnspannen größer und nirgendwo wird auf die Bedürfnisse der Bevölkerung weniger Rücksicht genommen. Große Baukonzerne waren der Motor für den türkischen Wirtschaftsboom und am meisten gebaut wurde in İstanbul.

Dazu kommt, dass nirgendwo sonst die Verquickung zwischen Wirtschaft und Politik enger ist. Baugenehmigungen und der Verkauf staatlichen Grund und Bodens in zentralen Lagen sind die Einfallstore für üppige Provisionen. Nirgendwo sonst ist die Korruption so verbreitet wie im Bausektor. Die Folge davon ist, dass İstanbul gnadenlos zubetoniert wird und ganze historische Viertel verschwinden. Für Erdoğan und seine AKP war es deshalb eine Anmaßung, dass sich einige Anwohner zusammen mit ökologisch orientierten jungen Leuten gegen die Vernichtung des Gezi-Parks stellten und damit den Bau einer weiteren riesigen Shopping Mall im Stadtzentrum verhindern wollten. Mit beispielloser Arroganz wurde das Anliegen der Bürgerinitiative ignoriert und stattdessen die Polizei geschickt, um den Park zu räumen.

Doch der Gezi-Park war eine Bausünde zu viel. Aus den anfänglich 50 Leuten wurden zuerst Hunderte, dann Tausende, die sich einfanden, um den Park zu verteidigen. Als Erdoğan nur mit mehr Polizei und Gewalt reagierte, wurde die ganze Innenstadt zum Schlachtfeld. Plötzlich und zunächst völlig unerwartet geriet ein kleiner lokaler Konflikt zu einem landesweiten Aufstand. Der gesamte Frust über Erdoğans Arroganz und Härte gegenüber jeder von seiner Überzeugung abweichenden Meinung brach sich landesweit Bahn. In über 50 Städten der Türkei gab es Demonstrationen und wurden ähnlich wie im Gezi-Park öffentliche Plätze besetzt. Die Wucht des Aufstandes überraschte die Partei und führte erstmals innerhalb der AKP zu besorgten Fragen über die Weisheit ihres »Führers«. Der Oberbürgermeister von İstanbul und andere führende AKP-Leute wollten sich lieber mit der Bürgerinitiative zusammensetzen, als den Konflikt durch Gewalt weiter zu schüren. Doch Erdoğan sah seine Autorität bedroht und setzte weiter auf eine harte Linie.

Er mobilisierte seine Anhänger gegen die Demonstranten. Plötzlich erschienen neben der Polizei mit Messern und Knüppeln bewaffnete Hardcore-Fans ihres Führers und gingen auf die Demonstranten los. In Eskişehir, einer Universitätsstadt auf halber Strecke zwischen İstanbul und Ankara, wurde ein Student totgeprügelt. In Ankara schoss ein Polizist einem unbewaffneten Demonstranten aus kürzester Distanz in den Kopf, und auch in İstanbul wurden Demonstranten von der Polizei getötet. Erdoğan ließ den Gezi-Park in einer Gewaltorgie räumen. Wer jetzt noch Widerstand leistete, musste damit rechnen, erschossen zu werden. Für die meisten Demonstranten, zumeist die Kinder des säkularen Mittelstands des Landes, war das zu viel. Gegen so massive staatliche Gewalt zogen sie sich zurück, Erdoğan hatte gesiegt. Auf der Strecke blieb die Hoffnung auf eine demokratische, freie Türkei. Der neue, autoritäre islamische Staat hatte sein Gesicht gezeigt.

Der Kampf innerhalb des konservativ-islamischen Lagers

Der Konflikt um den Gezi-Park – der übrigens immer noch existiert, also bis heute nicht zubetoniert wurde – war noch nicht ganz abgeklungen, da erschütterte ein Korruptionsskandal das Land, wie ihn die Türkei noch nicht erlebt hatte. Auf einen Schlag wurden rund 80 Geschäftsleute und Politiker aus dem unmittelbaren Umfeld von Erdoğan wegen Bestechung oder Vorteilsnahme festgenommen. Es ging um illegalen Handel mit dem Iran und um Bauprojekte, bei denen enorme Bestechungssummen geflossen sein sollen. Im Internet tauchten Fotos aus der Wohnung des Direktors einer staatlichen Bank auf, der Dollarbündel unter seinem Bett gehortet hatte; zwei Ministersöhne, die offenbar im Namen ihrer Väter Geld genommen hatten, wurden öffentlich angeprangert. Zur Krönung des Ganzen wurde ebenfalls im Internet ein illegaler Mitschnitt eines Telefonats von Erdoğan mit seinem ältesten Sohn Bilal veröffentlicht, in dem Erdoğan Bilal beauftragte, illegal gehortetes Bargeld in großen Summen schnellstens verschwinden zu lassen.

Erdoğan schien erledigt. Angeschlagen durch den Gezi-Aufstand und nun auch noch als Oberhaupt eines umfassenden Korruptions-Kartells entlarvt, schien er den Bogen überspannt zu haben. Seine innerparteilichen Kritiker, die sich bis dahin fast nie an die Öffentlichkeit getraut hatten, kamen jetzt aus der Deckung. Doch Erdoğan überlebte die Krise nicht nur, er ging sogar gestärkt aus ihr hervor. Nach dem Motto, dass Angriff die beste Verteidigung sei, drehte er den Spieß um. Statt auf die Korruptionsvorwürfe einzugehen, beschuldigte er die Ermittler, ein Komplott gegen ihn und die Regierung angezettelt zu haben.

Was sollte das für ein Komplott sein? Erdoğan und seine AKP waren zu Beginn ihrer Regierungszeit eine strategische Allianz mit der islamischen Gülen-Sekte eingegangen. Die Gülen-Sekte ist, oder war zumindest, eine der einflussreichsten islamischen Bewegungen in der Türkei. Entstanden aus einem anderen islamischen Orden in den 1970er Jahren des letzten Jahrhunderts, hatte ihr oberster Scheich, Fethullah Gülen, eine Bewegung geschaffen, die nach den typischen Merkmalen einer geschlossenen Geheimbewegung nach außen und nach innen zwei völlig unterschiedliche Gesichter zeigte. Die »Cemaat«, zu Deutsch »die Gemeinde«, wie sie in der Türkei zumeist genannt wird – sie selbst nennt sich »Hizmet«, »die Dienenden« –, setzt sich offiziell für einen Dialog zwischen dem Islam und dem Christentum ein, gibt sich als moderater Vordenker einer toleranten, demokratischen islamischen Gesellschaft und betreibt in diesem Sinne auf der ganzen Welt islamische Privatschulen. Die Schulen sind das Aushängeschild der Cemaat und zumindest im westlichen Ausland, in den USA, in Europa und auch in Deutschland, werden sie zunächst einmal nicht zur Indoktrinierung der Schüler genutzt.

In der Türkei, aber auch in ärmeren Ländern in Zentralasien und Afrika, bekommen viele Schüler Stipendien und leben in Internaten, die den Schulen angeschlossen sind. In diesen Internaten gibt es sogenannte Lichthäuser, Versammlungsorte, zu denen die Schüler eingeladen werden, um in die Lehren von Fethullah Gülen eingeführt zu werden. Hier wird der Nachwuchs der Bewegung rekrutiert. Absolventen von Gülen-Schulen bilden dann später Netzwerke, durch die wiederum neue Schulen unterstützt werden und in denen sich die Mitglieder gegenseitig unterstützen.

Diese Netzwerke, über deren Mitglieder nach außen nichts bekannt wird, sind das Rückgrat der Cemaat. Zum Netzwerk gehören Industrieholdings, Medienhäuser, ja selbst Banken, die alle die Cemaat mit Geld und Einfluss versorgen. Dies ist das teilöffentliche Netzwerk der Cemaat, es gibt aber auch noch ein geheimes. Über Jahrzehnte, so jedenfalls Erdoğan, aber auch unabhängige Rechercheure, hat die Cemaat gezielt Leute in die Bürokratie eingeschleust. Bevorzugtes Ziel dieser Infiltration soll die Justiz und die Polizei gewesen sein.

Erdoğan musste das wissen, denn er hatte sich bis 2013 jahrelang dieses geheimen Netzwerkes bedient. Als die AKP Ende 2002 überraschend die absolute Mehrheit gewann und die Regierung bildete, bestand das Kabinett ganz überwiegend aus Amateuren, die noch nie eine Behörde, geschweige denn ein ganzes Land gemanagt hatte. Dazu kam, nicht nur das Militär, auch der größte Teil der über Jahrzehnte kemalistisch orientierten Ministerialbürokratie und der Justiz stand diesen Anfängern feindlich gegenüber. In dieser Situation bot die Cemaat der AKP eine strategische Allianz an. Ihre Leute würden die AKP mit ihren jahrelangen Erfahrungen in den Institutionen stützen und beraten, im Gegenzug würde die neue Regierung die Netzwerke der Cemaat fördern.

Der Höhepunkt dieser Zusammenarbeit war der gemeinsame Kampf gegen das »kemalistische Militär«. Die Sonderermittlungsgruppen, die Sonderstaatsanwaltschaften und die Sondergerichte, mit deren Hilfe Erdoğan und die AKP ab 2007 gegen das Militär und die vermeintlichen kemalistischen Netzwerke in der Bürokratie, in den Medien und der Justiz vorging, waren durchweg mit Cemaat-Leuten besetzt. Das war zwar jahrelang nur ein Gerücht, und Journalisten, die versuchten, die geheimen Strukturen der Cemaat aufzudecken, verschwanden allesamt im Gefängnis. Doch plötzlich, angesichts der Korruptionsbeschuldigungen, legte Erdoğan alles offen. Denn dieselben Staatsanwälte, dieselben Richter und oft auch dieselben Polizeiführer, die in seinem Auftrag von 2007 bis 2011 gegen seine säkularen Gegner vorgegangen waren, trieben jetzt die Korruptionsermittlungen gegen ihn voran. Das war über einen längeren Zeitraum so verdeckt passiert, dass die formal zuständigen Minister nichts davon mitbekommen hatten.

Die große Frage war, warum plötzlich dieser Kampf zwischen Erdoğan und der Cemaat? Was war der Grund für das Zerwürfnis?

Es gab zwar im Jahr davor immer mal wieder Indizien und Gerüchte, dass die AKP-Spitze und die Cemaat interne Konflikte hätten, doch wirkliche unabhängige, überprüfte Informationen gab es nie. Am Ende war es das bekannte Phänomen von der Revolution, die ihre Kinder frisst. Die Cemaat wurde Erdoğan zu mächtig, er sah das durch ihn repräsentierte Machtmonopol des Staates bedroht und vor allem, er brauchte die Unterstützung der Gülenisten nicht mehr. Nach zehn Jahren im Amt waren alle Schlüsselpositionen mit seinen eigenen Leuten besetzt, vom Militär und den früheren kemalistischen Eliten drohte keine Gefahr mehr. Die Cemaat hatte Erdoğan keine Forderungen mehr zu stellen. Offenbar hatten sie es dennoch getan und Erdoğan hatte sich geweigert, dem nachzukommen.

Öffentlich sichtbar wurde der Konflikt erstmals 2012, als die Cemaat Protokolle an die Öffentlichkeit brachte, die zeigten, dass Erdoğan Geheimverhandlungen mit der kurdischen PKK-Guerilla führen ließ. Als Erdoğan die Verhandlungen dennoch nicht ganz einstellte, sondern stattdessen den Chef des staatlichen Geheimdienstes MİT beauftragte, mit dem inhaftierten PKK-Chef Abdullah Öcalan direkt zu sprechen, setzte die Cemaat noch eins drauf. Gülen-nahe Staatsanwälte ließen hohe MİT-Beamte festnehmen und wollten selbst den Chef des MİT vorladen. Der Vorwurf: landesverräterische Gespräche mit den Terroristen der PKK.

Erdoğan platzte der Kragen. Er sah sein Machtmonopol bedroht. Im Eilverfahren ließ er ein Gesetz durchs Parlament peitschen, durch das der MİT generell vor dem Zugriff der Justiz geschützt wurde, solange der Ministerpräsident nicht persönlich seine Erlaubnis zu Ermittlungen gegeben hatte. Zweitens veranlasste er, dass die Privatschulen der Cemaat nach und nach geschlossen werden sollten. Als der Druck auf die Schulen, die die Grundlage für die Rekrutierung von Mitgliedern und der Absolventennetzwerke bildeten, durch die Erdoğan-Regierung 2013 noch erhöhte wurde, schlug die Cemaat mit den Korruptionsvorwürfen zu.

Zwar ist es nie zu einer gerichtlichen Überprüfung der Anschuldigungen gekommen, weil Erdoğan das verhinderte, man darf aber getrost davon ausgehen, dass das meiste davon stimmt. Viele Vorwürfe waren so offensichtlich, dass Erdoğan zumindest die beiden Minister, deren Söhne Bestechungsgelder angenommen hatten, aus dem Kabinett entfernte. Aber das war es denn auch. Statt sich auf die Korruptionsvorwürfe einzulassen, holte Erdoğan zum großen Gegenschlag aus. Die ermittelnden Staatsanwälte wurden von ihren Aufgaben entbunden und versetzt, oft in die hinterste Provinz. Genauso erging es den Polizisten, die in Spezialteams für die Staatsanwälte gearbeitet hatten. Als Nächstes wurden die Polizeichefs gefeuert, die die Ermittlungen geduldet hatten. Doch das war erst der Anfang: Erdoğan kündigte eine umfassende Säuberung des gesamten Staatsapparates von allen Gülen-Anhängern an. Die Gülen-Bewegung wurde zu einer illegalen »Parallelorganisation« im Staate erklärt, die mit allen Mitteln bekämpft werden musste. Später wurde diese Parallelorganisation sogar in den Rang einer »Terroristischen Vereinigung« erhoben. Gülen-Leute oder Leute, die als Gülen-Sympathisanten verdächtigt werden, verlieren fast automatisch ihren Job.

Die erste Phase dieses innerislamischen Machtkampfes dauerte bis zu den Kommunalwahlen im Frühjahr 2014. Die Cemaat, gemeinsam mit ihren Unterstützern innerhalb der AKP, setzte darauf, dass Erdoğan nach dem Gezi-Aufstand und nach den Korruptionsenthüllungen bei den Kommunalwahlen im Februar 2014 erstmals seit dem Regierungsantritt der Partei 2002 einen Einbruch bei den Wählern erleiden würde. Verliert die AKP İstanbul und Ankara, so das Kalkül, kann Erdoğan sich nicht mehr an der

Spitze der Partei halten, zumindest wäre sein absoluter alleiniger Machtanspruch innerhalb der AKP in Frage gestellt.

Doch trotz aller diskreditierenden illegalen Telefonmitschnitte, die die Cemaat im Januar und Februar 2014 noch präsentierte, kamen Erdoğan und die AKP mit einem blauen Auge davon. Erdoğan ist der Meister der Wahlkampagne, und die AKP nutzt mittlerweile völlig ungeniert alle staatlichen Ressourcen, die sie braucht, um einen erfolgreichen Wahlkampf zu führen. Zur Not kann auch noch ein wenig manipuliert werden, damit am Ende das Ergebnis stimmt.

Viele Beobachter waren jedenfalls überzeugt, dass der äußerst knappe Sieg in Ankara nur durch Manipulationen zustande kam, aber da es der AKP außerdem gelang, in İstanbul trotz Gezi-Aufstand mit einem deutlichen Abstand zu gewinnen, schaffte Erdoğan es letztlich, seine Macht zu sichern. Nach diesen für ihn überaus kritischen Kommunalwahlen tauchten die innerparteilichen Kritiker wieder ab. Wer nicht schnell genug kuschte, verschwand in der politischen Versenkung.

Porträt: Fethullah Gülen und seine Bewegung

Der Mann ist ein Phantom. Der einflussreichste islamische Prediger des Landes wurde in der Türkei schon seit fast 20 Jahren nicht mehr gesehen. Er lebt seit 1999 in einem selbstgewählten Exil in den USA und wird dort von einer kleinen Gruppe engster Anhänger abgeschirmt. Audienzen bei Gülen erhalten nur wenige Auserwählte, Journalisten, die ihn interviewen durften, sind mehr oder weniger devote Stichwortgeber.

Die Verbindung zu seiner weltweiten Gemeinde (Cemaat) hält der Guru über eigene Fernsehkanäle, in denen seine Predigten ausgestrahlt werden, die in der Regel langatmigen Monologen gleichen, bei denen er gelegentlich auch in Tränen ausbricht. Nach außen gibt er sich als alter weiser Mann, der von der Liebe Gottes redet und die Welt auf friedlichen Weg zum Islam bekehren will. Doch es gibt andere Berichte über Gülen, in denen er als hartleibiger Machttaktiker und umtriebiger Geschäftsmann charakterisiert wird, der seinen weltweiten Religionskonzern mit harter Hand regiert.

Geboren wurde der Prediger 1941 im Nordwesten der Türkei in der Provinz Erzurum, wo er auch zur Schule ging. Erzurum ist eine der rückständigsten und reaktionärsten Provinzen der Türkei. Gülens formale Schulbildung endete nach der Grundschule, danach besuchte er jedoch weiter religiöse Schulen, wo er letztlich zum Imam ausgebildet wurde und als staatlicher bezahlter Prediger in einer Moschee ganz im Westen des Landes, in Edirne seine berufliche Laufbahn begann. Später wechselte er nach İzmir, von wo aus er in den 1970er Jahren seine Bewegung startete.

Gülen gilt als Schüler von Said Nursi, einem kurdischen Scheich, der 1923 eine religiöse Bruderschaft in Ablehnung Atatürks und der modernen Türkischen Republik gründete. Said Nursi sah allerdings die Notwendigkeit, den Koran mit der modernen Wissenschaft zu versöhnen. Er begründete eine Theologie, die versucht, Vernunft und Offenbarung miteinander zu versöhnen. Said Nursi veröffentlichte etliche Schriften, auf die sich seine Anhänger beziehen. In İzmir begann Gülen, die Theologie Said Nursis auszubauen und zu einem neuen Lehrgebäude aufzurichten, in dem Islam und Demokratie, freie Marktwirtschaft und wissenschaftliche Bildung zusammengehen, ohne die Dominanz des Korans und der Scharia anzutasten.

So gelang es Gülen, den Anschein eines modernen reformierten Islams zu erwecken, mit dem er viele gebildete Türken von seinen Lehren überzeugen konnte. Gülen begab sich auf Predigerreisen durch die Türkei, nutzte zur Verbreitung seiner Lehre Audio- und Videokassetten und setzte sich dafür ein, Kinder aus islamischen Familien eine gute Bildung zukommen zu lassen. Aus dieser Haltung heraus gründeten seine Anhänger Nachhilfeschulen, die Grundlage des Gülen-Imperiums.

Kurz nach dem Militärputsch 1980, den Gülen im Gegensatz zur islamischen Partei von Necmettin Erbakan (Millî Görüş) übrigens begrüßte, verließ Gülen den Staatsdienst und widmete sich ganz dem Aufbau seiner Bewegung. Jetzt begann seine große Zeit, denn er wurde sowohl von der Nach-Putsch Regierung Özals wie auch den Militärs protegiert. Özal und die Militärs sahen in der Gülen-Bewegung, der sogenannten Cemaat (Gemeinde), ein gutes Mittel in der intellektuellen Auseinandersetzung mit der sozialistischen Linken, vor allem an den Universitäten und Gymnasien. Da Gülen explizit darauf verzichtete, eine islamische Partei zu gründen, sahen sie auch keine Gefahr in seiner Bewegung.

Tatsächlich hatte Gülen einen anderen Plan als sein Konkurrent Necmettin Erbakan, der politische Ziehvater des politischen Islam in der Türkei. Statt die Macht in Wahlen anzustreben, setzte Gülen auf den Marsch durch die Institutionen. Mit langem Atem sollte die Türkei wieder für den Islam gewonnen werden, indem mehr und mehr fromme Männer unerkannt in Schlüsselpositionen der Bürokratie, Wirtschaft und Gesellschaft aufrückten. Die Basis bildeten die Gülen-Schulen, aus denen heraus Netzwerke von Absolventen entstanden, die wiederum neue Schulen und sich gegenseitig bei ihrer weiteren Karriere unterstützten. Was die Gülen-Sekte von anderen Alumni-Organisationen unterscheidet, ist ihr islamisches Sendungsbewusstsein und die Steuerung durch ihren Führer Fethullah Gülen.

So entstand eine Organisation auf drei Säulen: Erstens dem Bildungsbereich mit Schulen und privaten Universitäten, der sich bald von der Türkei aus auf Zentralasien, Europa und die USA ausdehnte. Vor allem außerhalb der Türkei geben sich die Gülen-Schulen betont moderat bis geradezu areligiös. Im Umfeld der Schulen gibt es aber immer sogenannte »Lichthäuser«, Wohngemeinschaften oder Internate von Eingeweihten, in denen Besucher von Gülen-Schulen außerhalb des eigentlichen Schulbetriebes für die Bewegung rekrutiert und in die Lehren Fethullah Gülens eingeweiht werden. So modern sich Gülen nach außen gibt, letztlich vertritt er ein konservativ-islamisches Weltbild, in dem Koran und

Scharia über allem stehen. Das zweite Standbein waren Medien und andere Wirtschaftsunternehmen im Einflussbereich der Cemaat. Schon Anfang der 1980 Jahre gründeten Gülen-Leute die Zeitung *Zaman*, die zur Kernzelle eines ganzen Medienimperiums mit Zeitungen, Zeitschriften, Fernsehsendern und einer Nachrichtenagentur wurde. Das dritte, geheime Standbein war die Unterwanderung der Institutionen in der Türkei. Ein geheimes Video, in dem Gülen seine Leute aufforderte, unerkannt Schlüsselpositionen in Militär und Polizei anzustreben, wurde 1998 zu einem Skandal und führte zu einem Verfahren gegen Gülen. Der Prediger setzte sich vor seiner Festnahme in die USA ab, wo er trotz eines Freispruchs, der 2006 in Abwesenheit erfolgte, immer noch lebt.

Als 2002 erstmals in der Geschichte der Türkischen Republik mit der AKP eine islamische Partei die absolute Mehrheit im Parlament erreichte und allein die Regierung stellen konnte, schien Gülen am Ziel aller Träume. Jetzt kam sein geheimes Netzwerk zum Tragen. Mit Hilfe der Gülen-Leute gelang es der AKP nach und nach, die kemalistische Bürokratie zu entmachten und in der Polizei und Justiz die Kontrolle zu übernehmen. Weil das im Militär nicht so einfach war, begannen 2007 die großen Säuberungsprozesse, bei denen sich Gülen-nahe Staatsanwälte und Richter besonders hervortaten. Fethullah Gülen war auf dem Höhepunkt seiner Macht.

Doch als ob er geahnte hätte, was kommen würde, weigerte Gülen sich trotz Einladung Erdoğans, in die Türkei zurückzukehren. Wann das Zerwürfnis zwischen der AKP-Regierung und der Cemaat begann, wissen nur die unmittelbar Beteiligten. Nach außen sichtbar wurde es erstmals 2012, als Differenzen erkennbar wurden, wie mit der kurdischen PKK umzugehen sei. Während Erdoğan die Guerilla durch Gespräche dazu bewegen wollte, die Waffen niederzulegen, setzte die Cemaat auf militärische Gewalt. Cemaat-nahe Staatsanwälte wollten Hakan Fidan, Chef des Geheimdienstes MİT, der im Auftrag Erdoğans mit der PKK verhandelte, festnehmen. Äußerlich führte diese Aktion zum Bruch zwischen Erdoğan und Gülen. Letztlich waren aber wohl weniger inhaltliche Differenzen als Machtfragen der Grund. Erdoğan war der Prediger zu mächtig geworden und er wollte seinen Einfluss zurückdrängen. Außerdem wurde die Cemaat nicht mehr gebraucht. Nach mehr als 10 Jahren in der Regierung hatte Erdoğan längst seine eigenen Leute in allen Schlüsselstellen positioniert. Der Apparat hörte auf sein Wort und die größte Bedrohung, das Militär, war mithilfe der Cemaat scheinbar erledigt worden.

Aber die Gülen-Leute wollten sich von Erdoğan nicht einfach abspeisen lassen. Ende 2013 machten sie eine Fülle von schweren Korruptionsfällen in der unmittelbaren Umgebung Erdoğans öffentlich. Der verstand das sofort als Angriff auf seine Person und schlug entsprechend zurück. Der Schlagabtausch dauerte ungefähr drei Monate, dann, nach den Kommunalwahlen im März 2014, war klar, dass Erdoğan weiterhin den Zuspruch der islamischen Massen hatte und darüber hinaus längst auch den Sicherheitsapparat und die Justiz kommandierte. Es begann eine gnadenlose Jagd auf die Cemaat. Jetzt richteten sich die Säuberungswellen, die sie 2007/2008 noch selbst gegen Kemalisten, Säkularisten und Offiziere organisiert hatten, gegen ihre eigene Bewegung. Der leiseste Verdacht, Gülen-Anhänger zu sein, genügte, um aus dem Staatsdienst zu fliegen. Die großen Gülen-Wirtschaftsunternehmen wurden verstaatlicht, zuletzt kamen die Gülen-Medien unter staatliche Kuratel. In den Gülen-Schulen und -Universitäten wurden die Leitungsebenen ausgewechselt.

Es schien, als sei die Gülen-Bewegung zerschlagen. Dann kam der Abend des 15. Juli 2016. Ein Teil des Militärs putschte, Erdoğan kam angeblich nur knapp mit dem Leben davon. Bis heute ist vieles an diesem Putschversuch unklar, angefangen dabei, ab wann der Geheimdienst, die Putsch-unwilligen Militärs und letztlich Erdoğan selbst Bescheid wussten, bis hin zur Frage, welche Männer hinter dem Putsch standen. Öffentlich behauptete Erdoğan noch in der Nacht des Umsturzversuches, Fethullah Gülen sei derjenige, der seine Anhänger zum letzten Gefecht aufgerufen habe. Während Fethullah Gülen aus seinem amerikanischen Exil heraus alle

Vorwürfe zurückwies, setzte Erdoğan in der Putschnacht eine Säuberungswelle in Gang, die innerhalb der staatlichen Institutionen selbst die nach dem Militärputsch 1980 übertrifft.

Diese »Säuberungen« wird die Gülen-Gemeinde innerhalb der Türkei politisch kaum überleben. In Europa und den USA ist die Gemeinde dagegen noch aktiv und nach wie vor gut vernetzt. Man kann warten, bis die Erdoğan-Zeit sich dem Ende zuneigt. Nur dem Prediger selbst geht es nach unbestätigten Berichten gesundheitlich sehr schlecht. Er wird Erdoğan wohl kaum überleben.

Vom politischen Führer zum neuen Sultan

Durch den Erfolg bei den Kommunalwahlen war Erdoğan in seiner Partei wieder völlig unumstritten. Doch das reichte ihm nicht. Erdoğan wollte die alleinige Macht nun nicht mehr nur de facto, sondern auch de jure. Er kündigte an, für die Wahlen zum Staatspräsident im August 2014 zu kandidieren und gleichzeitig die jetzt zwischen Präsident und Ministerpräsident geteilte Machtausübung ganz auf den Präsidenten übertragen zu wollen. Eine dafür neue Verfassung sollte vorbereitet und so schnell wie möglich verabschiedet werden. Ziel war, bei den Parlamentswahlen, die für das Frühjahr 2015 anstanden, eine Zweidrittelmehrheit zu erzielen, um dann eine Präsidialverfassung durchzusetzen.

Erdoğan strebt eine Präsidialverfassung an, die ihn für mindestens zehn Jahre zum Alleinherrscher der Türkei macht. In dieser Zeit will er sein Projekt einer »Neuen Türkei« so weit vorantreiben, dass es für lange Zeit unumkehrbar wird. Formal bedeutet das, die Türkei mit einem autoritären Präsidialsystem auszustatten, in dem der Präsident auf Zeit eine Machtfülle genießt, die an die osmanischen Sultane erinnert, weshalb Erdoğan schon jetzt nur noch halb im Scherz der neue Sultan genannt wird. Inhaltlich soll die säkulare kemalistische Republik durch eine islamisch-nationalistische Symbiose abgelöst werden, die durch die Schul-

und Universitätsausbildung vermittelt wird und den Alltag durch die Gebote und Verbote des Koran prägt.

Außenpolitisch wird die Ambivalenz zwischen Europa und der Welt der islamischen Staaten abgelöst durch eine klare Zuordnung der Türkei zur islamischen Welt.

Der erste Schritt des Programms gelang ohne Probleme. Mit einer Mehrheit von knapp über 50 Prozent wurde Erdoğan im August 2014 bereits im ersten Wahlgang zum neuen Präsidenten gewählt, und zwar nicht vom Parlament, sondern in einer allgemeinen Wahl vom Volk. Schwierig wurde es beim zweiten Schritt. Die Parlamentswahlen im Juni 2015, die nach Erdoğans Plan eigentlich eine Zweidrittelmehrheit für die AKP und damit die Möglichkeit der Verfassungsänderung aus eigener Kraft bringen sollte, wurde zum Desaster.

Statt zuzulegen, verlor die AKP erstmals überhaupt bei einer Wahl. Gleich um zehn Prozent ging der Anteil der AKP nach unten. Da gleichzeitig die Kurden erstmals überhaupt als eigene Partei mit 13 Prozent ins Parlament kamen, ging der AKP auch noch die absolute Mehrheit verloren. Ich werde im nächsten Kapitel über die Kurden auf diese Situation genauer eingehen. Zunächst einmal nur so viel:

Wie zu erwarten war, akzeptierte Erdoğan diese demokratische Entscheidung der Wähler nicht. Er verhinderte, dass die AKP eine Koalitionsregierung einging, und erzwang dadurch Neuwahlen, die dann am 1. November stattfanden. Nach einem der blutigsten Wahlkämpfe in der Geschichte der Türkei holte die AKP sich bei der Neuauflage der Wahlen ihre absolute Mehrheit zurück. Die Kurden blieben im Parlament, kamen aber nur noch ganz knapp über die in der Türkei für den Einzug ins Parlament geltende Zehn-Prozent-Hürde.

Seitdem funktioniert das gesamte politische Leben bereits so, als hätte die Türkei schon eine neue Verfassung mit einem Präsidenten, der die gesamte Entscheidungsgewalt auf sich vereint. Nicht nur in innenpolitischen Fragen, auch in der Außenpolitik ist Erdoğan die letzte Instanz. Ausländische Delegationen haben sich bereits darauf eingestellt, dass Ministerpräsident Binali Yıldırıms Wort nur noch unter Vorbehalt gilt. Das letzte Wort hat jetzt immer der große Mann im Präsidentenpalast.

Der Putschversuch

Die vorerst letzte Stufe auf dem Weg zur Alleinherrschaft erklomm Erdoğan nach dem Putschversuch vom 15. Juli 2016. Noch in der Putschnacht befahl er eine große Säuberungswelle, durch die die letzten Gegner innerhalb der staatlichen Institutionen beseitigt oder aber völlig eingeschüchtert wurden.

Regierungsmitglieder gaben später zu, dass die »Schwarzen Listen« dazu bereits vorlagen. Zunächst wurden fast 10 000 Offiziere und Soldaten festgenommen, von denen anschließend mehrere Tausend in Haft landeten. Neben der Armee wurden Polizei und Geheimdienst gesäubert, dann kamen Universitäten, Schulen, Gewerkschaften und Vereine dran. Der Vorwurf ist immer derselbe: Die Betroffenen sollen Verbindungen zu der »terroristischen Gülen-Bewegung«, genannt »FETÖ«, haben, die Erdoğan und die Regierung für den Putschversuch verantwortlich machen.

Außer einigen in Haft, vermutlich unter Folter zustande gekommenen Geständnissen wird nach der Evidenz der Behauptung nicht weiter gefragt, echte Aufklärung über das, was in dieser Putschnacht wirklich geschah, findet nicht statt. Stattdessen blüht die Legendenbildung darüber, wie der große Führer dem Tod noch einmal knapp entkam.

Nach dem Putschversuch ist nur eines sicher: Erdoğan ist aus der Gewaltorgie, die in der Nacht vom 15. auf den 16. Juli in Ankara, İstanbul und anderen Städten der Türkei stattfand, noch einmal enorm gestärkt hervorgegangen. Anhänger von ihm sind im Kugelhagel putschender Militärs für ihn gestorben, er hat überlebt und ist jetzt zusätzlich zu allem anderen noch mit dem Glorienschein des »Retters der Demokratie« ausgestattet – völlig ungeachtet der Tatsache, dass er seit Jahren damit beschäftigt ist, die türkische Demokratie auf eine bloße inhaltsleere Hülle zu reduzieren.

Porträt: Recep Tayyip Erdoğan – der Mann und seine Idee

Es war ein absurdes Bild. Bundeskanzlerin Angela Merkel zu Besuch bei Recep Tayyip Erdoğan – mühsam versuchte die Kanzlerin auf einem überdimensionierten vergoldeten Sessel Platz zu nehmen, während Erdoğan sie aufforderte, sich zu seiner Begrüßung wieder zu erheben. So desorientiert Merkel in der Umgebung des ehemaligen Sultan-Palastes wirkt, so sehr scheint Erdoğan sich dort heimisch zu fühlen. Der wiederbelebte Prunk vergangener osmanischer Zeiten, das ist sein Reich. Wo immer Erdoğan residiert, herrschen Protz und osmanischer Kitsch. So sublimiert ein Mann eine Kindheit in Armut und lebt nun ganz ungeniert seinen Traum. Seine Vorbilder sind keine Politiker der Gegenwart, sein Held ist Süleyman der Prächtige, der erfolgreichste Sultan der Osmanen, der im 16. Jahrhundert ein Reich von Ägypten bis Budapest kontrollierte.

Ein märchenhafter Aufstieg, denn geboren wurde Erdoğan am 26. Februar 1954 in einem der ärmsten Stadtteile İstanbuls, in Kasimpaşa am Goldenen Horn. Jahre zuvor war sein Vater Ahmet aus dem kleinen Dorf Güneysu aus der Provinz Rize am Schwarzen Meer nach Kasimpaşa eingewandert. Er traf dort auf andere ehemalige Bewohner von Rize, die alle versuchten, in der Großstadt am Bosporus ihr Glück zu machen. Was dem Sohn später so glänzend gelang, blieb dem Vater noch verwehrt. Ahmet Erdoğan war und blieb Hafenarbeiter und Seemann in Kasimpaşa. Damit die Familie überleben konnte, mussten die fünf Kinder früh mithelfen. Auch Recep Tayyip Erdoğan hat seine Karriere nach Berichten damaliger Nachbarn als Verkäufer von Sesamkringeln (Simit) gestartet, bevor er durch Protektion eines Lehrers von der Grundschule auf die weiterführende religiöse İmam-Hatip-Schule wechseln konnte. Das war zwar eigentlich eine Berufsschule für İmame, er konnte nach Abschluss an der Imam-Hatip-Schule aber dann an der Marmara-Universität Wirtschafts- und Verwaltungswissenschaft studieren. Ob er dort je einen Anschluss gemacht hat – eigentlich eine Voraussetzung, um als Staatspräsident gewählt werden zu können –, ist bis heute umstritten.

Recep Tayyip Erdoğan engagierte sich von früher Jugend an in islamistischen Organisationen und Parteien. Schon in der Grundschule soll er den Spitznamen der »Vorbeter« erhalten haben. Mitte der 1980er Jahre war er bereits als 30-Jähriger ein wichtiges Mitglied im Vorstand der damals vom Ziehvater des politischen Islam, Necmettin Erbakan, geleiteten Wohlfahrtspartei. Sein eigentlicher Aufstieg aber begann, als er 1994 überraschend zum Oberbürgermeister von İstanbul gewählt wurde. Erdoğan nutzte damals eine wechselseitige Blockade der etablierten Kräfte, und so genügten ihm nur wenig mehr als 20 Prozent der Wählerstimmen, um als Sieger aus den Wahlen hervorzugehen. Für das İstanbuler Bürgertum und die etablierten säkularen Parteien war er ein Parvenü, ein illegitimer muslimischer Aufsteiger, der auf dem Posten des Oberbürgermeisters eigentlich nichts zu suchen hatte.

Doch Erdoğan zeigte bald, dass seine Wahl kein Zufall war. Er machte allen islamistischen Sprüchen zum trotz eine pragmatische Politik und kümmerte sich um Wasser- und Stromversorgung der Bürger weit besser als seine Vorgänger. Insbesondere verbesserte er so die Situation in den Slums und Vorstädten, wo der Großteil seiner Wähler lebte. In İstanbul machte Erdoğan bereits vor, was ihn auch später, als Premier, so erfolgreich machte. Er ist ein begnadeter Wahlkämpfer, er geht jedes Hindernis frontal und aggressiv an, kann aber auch, wenn nötig, taktisch geschickte Zurückhaltung zeigen. So gab er als Bürgermeister sein Wahlkampfversprechen, in städtischen Bussen die Geschlechter zu trennen, schnell wieder auf, setzte aber in allen öffentlichen Einrichtungen ein Alkoholverbot durch, das bis heute Bestand hat.

Sein wirksamstes Propagandamittel ist: Er gibt sich immer als Opfer. Zunächst als Opfer des Militärs und des kemalistischen Establishments. Später dann als Opfer von Verschwörungen und ausländischer Komplotte. Er kann noch so mächtig sein, seinen Wählern gegenüber erscheint er bis heute als Opfer sinistrer Kräfte, gegen die sie ihn schützen sollen.

Als das Militär die Wohlfahrtspartei verbot und er zeitweilig ins Gefängnis musste, entwarf er die Grundzüge der neuen Partei AKP so, dass sie zunächst jeden Widerspruch gegen die säkulare Grundordnung vermied. Er dauerte fast zwei Legislaturperioden, bis er das Kopftuchverbot an den Universitäten und im öffentlichen Dienst aufheben ließ – stattdessen widmete er sich zunächst dem Ziel, die gesamte Rechte in der AKP zu versammeln.

Bis heute darf darüber gerätselt werden, ob Erdoğan die Türkei trotz seiner islamistischen Grundhaltung wirklich in die EU geführt hätte, so diese denn zugestimmt hätte. Merkel und der damalige französische Präsident Nicolas Sarkozy haben die Probe aufs Exempel verhindert. Spätestens aber seit seiner dritten Wiederwahl als Premier 2011 und seiner Wahl zum Präsidenten 2014 ist der angeblich immer noch angestrebte Beitritt zur EU ein reines Lippenbekenntnis beziehungsweise dient nur anderen strategischen Zielen. Erdoğan denkt nicht mehr im Traum daran, irgendwelche Souveränität an die EU abzutreten. Im Gegenteil, sein Ziel ist, die Größe des Osmanischen Reiches unter seiner Führung in zeitgemäßer Form wieder zu restaurieren. Im Kern bedeutet das, ein Bündnis unter seiner Führung zu schmieden, das vom Balkan bis Ägypten reicht.

Mit der Wahl des islamischen Präsidenten Mursi in Ägypten war für ihn ein großer Schritt gemacht – für den Muslimbruder in Kairo war Erdoğan ein Vorbild und enger Bündnispartner. Nichts hat Erdoğan dem Westen deshalb so übelgenommen wie die Unterstützung des Putsches gegen Mursi. Seitdem hat er für die westlichen Werte nur noch Verachtung übrig. Wenn er sich unter seinesgleichen glaubt, macht er auch keinen Hehl daraus. Bei einem Treffen der Organisation für islamische Zusammenarbeit Ende November 2014 sagte er laut der Zeitung *Hürriyet*: »Sie (die westlichen Länder) mögen die Muslime nicht, sie lieben nur unser Öl, Gold und Diamanten. Sie scheinen vordergründig unsere Freunde zu sein, aber sie freuen sich über unseren Tod und den Tod unserer Kinder.«

Innerhalb seiner Partei – der er als Präsident offiziell nicht mehr vorstehen darf, die er aber dennoch völlig in der Hand hat – ist Erdoğan für seine cholerischen Anfälle gefürchtet. Minister wurden von ihm regelmäßig gedemütigt, einige sollen sogar geohrfeigt worden sein. Privat ist Erdoğan ein wohlmeinender Familienvater. Seine Frau Emine, die öffentlich nie ohne ihre streng islamische Kopfbedeckung auftritt (im Türkischen Türban genannt), lernte er in der Jugendorganisation der islamischen Wohlfahrtspartei kennen. Das Paar heiratete 1978 traditionell als arrangierte Ehe. Sie haben vier Kinder, zwei Söhne und zwei Töchter, die beide in den USA studierten, weil sie zu der Zeit an einer türkischen Universität noch das Kopftuch hätten ablegen müssen. Als echter Patriarch sorgt Erdoğan für die Seinen. Das gilt nicht nur für die Familie im engeren Sinne, sondern auch für Freunde und Bekannte. Die beiden Söhne wurden im Windschatten des Vaters reiche Geschäftsleute, die beiden Töchter sind mit Geschäftsleuten verheiratet, die Erdoğan reich gemacht hat. Bei der Vergabe staatlicher Großaufträge sorgt Erdoğan dafür, dass befreundete Firmenpatriarchen zum Zuge kommen. Die AKP hat es mittlerweile geschafft, eine regelrechte islamische Bourgeoisie großzuziehen. Über den Reichtum der Präsidentenfamilie gibt es keine offiziellen Informationen. Laut US-Botschaft, deren Depeschen über Wikileaks veröffentlicht wurden, soll Erdoğan allerdings mehrere Milliarden Dollar in der Schweiz und den Emiraten bunkern.

Seine Amtszeit beträgt fünf Jahre. Er darf noch einmal wiedergewählt werden, könnte also bis 2024 Präsident bleiben.

Wer wählt Erdoğan? Und warum?

Warum wählen immer noch knapp 50 Prozent der Türken und Türkinnen einen Mann, der schon lange keinen Hehl mehr daraus macht, dass er ein autoritäres Ein-Mann-System durchsetzen will, das noch dazu auf einer religiösen Weltanschauung beruht?

Zunächst einmal ist Erdoğan kein Einzelfall. Weltweit gibt es zunehmend mehr autoritäre, reaktionäre Regierungen, und zwar nicht nur in Afrika, Asien und dem europäisch-asiatischen Russland, sondern selbst in Osteuropa und innerhalb der EU. Nimmt man den Vormarsch des »Front National« in Frankreich und den Erfolg eines Donald Trump in den USA dazu, sieht man, dass Erdoğan eher im Trend liegt, als die große Ausnahme zu markieren.

In wirtschaftlich schwierigen Zeiten hat der allein entscheidende »Führer« offenbar mehr Charme als langwierige demokratische Prozesse. Die große Popularität Erdoğans hat jedenfalls nicht zuletzt damit zu tun, dass er die Türkei nach Jahrzehnten wirtschaftlicher Stagnation in den ersten zehn Jahren seiner Herrschaft eindeutig zu großen wirtschaftlichen Erfolgen geführt hat. Zwar verteilte sich der enorme Zuwachs des Bruttosozialproduktes auch in der Türkei wie fast überall sehr ungleich, trotzdem haben aufgrund der Sozialpolitik der AKP etliche Leute vom Aufstieg profitiert.

Erdoğan ist, wie bereits beschrieben, der Held desjenigen Bevölkerungsteils, der in den letzten 30 Jahren vom Land in die Stadt gezogen ist und bis heute ein Leben zwischen Stadt und Land führt. Genau diese Leute haben vom Erdoğan-Regime massiv profitiert. Plötzlich bekamen Firmen aus der Provinz große Staatsaufträge, wurden in vielen Provinzstädten Universitäten gegründet und mit Leuten besetzt, die vorher kaum eine Lehrerstelle bekommen konnten und nun gleich Professor wurden. Das gilt nicht nur für den Bildungsbereich, sondern den gesamten Apparat bis hinunter in die Kommunen, wo Parteigänger Erdoğans, Leute, die vorher im Staatsapparat keine Chance gehabt hätten, nun mit gut dotierten Jobs ausgestattet wurden. Die Zahl dieser Menschen dürfte mehrere Millionen betragen. Weil die alle fest davon überzeugt sind, dass sie bei einem Regierungswechsel wieder rausfliegen, sind sie bedingungslose Erdoğan-Loyalisten.

Das gilt aber weit über die unmittelbaren Profiteure hinaus. Erdoğan hat die Herzen vieler armer Türken mit zwei Programmen gewonnen: dem Wohnungsbau und dem Gesundheitssystem.

Erdoğan hat eine flächendeckende Gesundheitsversorgung für alle eingeführt, auch für die, die keinen Job haben. Jeder und jede ist seit ein paar Jahren pflichtversichert; wer kein Geld verdient, zahlt nur einen Minimalbetrag in die Kasse oder wird ganz von Zahlungen entbunden. Und die Leute werden versorgt. Auch Pflichtversicherte, die ihre Gesundheitskarte umsonst bekommen, werden anständig behandelt. Der Klassendünkel früherer Jahre in den Krankenhäusern İstanbuls und Ankaras gegenüber armen Leuten vom Land ist vorbei. Auch Arme bekommen, wenn es sein muss, eine Herztransplantation, und dafür sind sehr viele Erdoğan zu recht dankbar.

Das zweite ist der soziale Wohnungsbau. Erdoğan hat eine direkt dem Ministerpräsidenten unterstehende Behörde, »TOKI«, geschaffen, die für den Bau von Sozialwohnungen zuständig ist und dies mit Effizienz betreibt. Dabei kommt Erdoğan zugute, dass das meiste Land in der Türkei Staatsland ist und TOKI damit kostenlos zur Verfügung steht. Mit unglaublicher Geschwindigkeit hat TOKI in den türkischen Großstädten Neubauviertel hochgezogen und die früheren Slums fast flächendeckend ersetzt. Wenn heute eine Familie aus dem Dorf in die Stadt zieht, kommt sie in eine TOKI-Wohnung. Diese Wohnungen sind keine Mietwohnungen, sondern Eigentumswohnungen, die die Leute über 30 Jahre mit minimalen Beträgen abzahlen. Gleichzeitig ist TOKI in den Markt der Luxusimmobilien eingestiegen, wo sie die Gewinne für den sozialen Wohnungsbau generieren. Das Ganze ist oft eine ästhetische Zumutung, doch die Leute, die eine Toki-Wohnung bekommen, sind zumeist überglücklich.

Ausgestattet mit einer Eigentumswohnung, einer Krankenversicherung und womöglich noch einem kleinen Job bei der Stadtreinigung, ist es diesen Leuten völlig gleichgültig, ob Erdoğan dissidente Journalisten in den Knast steckt, die Justiz aushebelt und durch und durch korrupt ist. »Immerhin gibt er uns auch etwas ab«, ist die übliche Reaktion dieser Wähler, wenn sie gefragt werden, warum sie den Mann so bedingungslos unterstützen.

Da die meisten seiner Kritiker aus dem weltoffenen, säkularen Teil der türkischen Gesellschaft kommen, ist es für Erdoğan nützlich, den Islam zur ideologischen Grundlage seines »Wir-und-die-anderen-Diskurses« zu machen. Wir, die Gläubigen, die angeblich so lange von den Ungläubigen unterdrückt wurden, haben für unseren gesellschaftlichen Durchmarsch nicht nur die Wahlergebnisse, sondern auch Gottes Willen auf unserer Seite. Das ist die Attitüde, mit der Erdoğan mittlerweile jede Kritik als Majestätsbeleidigung verfolgen lässt. Aber auch auf diesem Gebiet liegt er weltweit im Trend. Dass die Religion zu politischen Zwecken instrumentalisiert wird, ist ja nicht nur in islamischen Ländern so, sondern selbst in vermeintlich aufgeklärten Gesellschaften wie den USA zu beobachten. Auch Putin bedient sich der orthodoxen Kirche wieder als Herrschaftsinstrument, und bekanntlich wollen die Anhänger von Pegida ja auch nur das christliche Abendland retten. So gesehen ist Erdoğan weniger ein größenwahnsinniger Exot, als vielmehr eine politische Erscheinung, die global im Kommen zu sein scheint.

Die Kurden

Das kurdische Erwachen

So wie der Aufstieg des politischen Islams in der Türkei untrennbar mit dem Namen Recep Tayyip Erdoğan verbunden ist, hat auch die kurdische Nationalbewegung in der Türkei ein prägendes Gesicht. Abdullah Öcalan, der Mann, der seit 1999 isoliert auf einer Gefängnisinsel im Marmarameer festgehalten wird, ist wie kein anderer für das kurdische Erwachen der Neuzeit verantwortlich. Wobei man eine Einschränkung machen muss. Die Kurden im Nahen Osten leben seit dem Ende des Ersten Weltkrieges und der danach erfolgten Aufteilung des Osmanischen Reiches in vier Nationalstaaten. Das sind neben der Türkei Irak, Iran und Syrien. Im Süden und Osten, also im Irak und Iran, leben jeweils knapp fünf Millionen Kurden, in der Türkei allein dagegen zwischen 15 und 20 Millionen, während in Syrien, dem kurdischen Westzipfel, lediglich zwei Millionen Kurden zu Hause sind. Die Kurden im Irak und Iran haben in den letzten hundert Jahren eine andere Entwicklung durchgemacht als die Kurden in der Türkei und Syrien. Sie sprechen einen stark unterschiedlichen kurdischen Dialekt und sie sind geprägt von den Auseinandersetzungen in ihren Nationalstaaten Irak und Iran. Auf die Kurden im Süden und Osten hat Öcalan deshalb nur einen begrenzten Einfluss.

Dafür ist er bis heute der unumstrittene Führer der kurdischen Befreiungsbewegung in der Türkei und, wie sich in den letzten Jahren immer klarer herausstellte, auch der Kurden in Syrien. Obwohl Öcalan seit seiner Verhaftung im Frühjahr 1999 keinen unmittelbaren Einfluss mehr auf die von ihm 1978 gegründete

Kurdische Arbeiterpartei (Partiya Karkerên Kurdistanê, PKK) hat, wird er von der jungen Generation in den kurdischen Gebieten geradezu mythisch verehrt. Öcalans Wort, wie immer es von der Gefängnisinsel İmralı nach außen dringt, ist für sie Gesetz.

Weil das auch die türkische Regierung weiß, hat der damalige Ministerpräsident und heutige Präsident Recep Tayyip Erdoğan im Jahr 2012 bei Öcalan vorfühlen lassen, unter welchen Bedingungen der Gründer der PKK einem Frieden mit dem türkischen Staat zustimmen würde. Zu diesem Zeitpunkt waren fast 30 Jahre Bürgerkrieg ins Land gegangen und für beide Seiten eigentlich längst klar, dass dieser Konflikt militärisch nicht zu entscheiden ist.

Begonnen hatte alles in den 1970er Jahren. Die Zeit war, ähnlich wie in den USA und Europa, geprägt von einer starken linken Bewegung, die ausgehend vom Krieg in Vietnam den US-Imperialismus in Frage stellte und für eine sozialistische Türkei kämpfen wollte. Im Umfeld dieser Gruppen bewegten sich auch eine Reihe kurdischer Studenten, die über die Unterentwicklung in den kurdischen Gebieten der Türkei diskutierten und publizierten.

Ungefähr Mitte der 1970er Jahre schloss sich eine Gruppe um Öcalan zu dem Verein »Die Revolutionäre Kurdistans« zusammen, zu denen unter anderem auch Cemil Bayık und Duran Kalkan gehörten, die heute noch führende Positionen in der PKK einnehmen. Sie unterschieden sich von anderen kurdischen Intellektuellen-Vereinen vor allem dadurch, dass sie fast von Beginn an die Auffassung vertraten, dass nur ein bewaffneter Kampf zu einem »freien unabhängigen Kurdistan« führen könnte. Noch ein anderer Punkt unterschied die frühen PKK-Gründer von den anderen politischen Organisationen der Kurden in der Türkei: Niemand war der Sohn eines Clanchefs, keiner von ihnen kam aus einer der führenden kurdischen Familien, sondern alle aus mehr oder weniger armen. Öcalan beispielsweise stammt aus einem kleinen Dorf am Unterlauf des Euphrats, nahe dem heutigen Birecik-Staudamm.

Nachdem dann 1978 die Arbeiterpartei gegründet worden war, begann diese ihren Kampf auch nicht gegen die »türkischen Besatzer«, sondern gegen die kurdischen Großgrundbesitzer und Stammeschefs (Aghas) zur Befreiung der abhängigen Dörfler.

Das Ganze änderte sich dramatisch mit dem Militärputsch von September 1980. Das Ziel des Putsches war die Zerschlagung der Gewerkschaften und der linken Bewegungen insgesamt, zu denen auch die kurdischen Gruppen gehörten. Öcalan und seine PKK flohen nach Syrien, wo sie unter dem Schutz des syrischen Geheimdienstes in der Bekaa-Ebene begannen, Camps zur Ausbildung ihrer Kämpfer einzurichten. Der Startschuss für den bewaffneten Aufstand in der Türkei fiel dann im August 1984. An vier Punkten unweit der irakischen Grenze griffen Guerillaeinheiten der PKK gleichzeitig türkische Militär- und Polizeiposten an. Diese Schüsse beendeten eine jahrzehntelange Phase, in der von den Kurden in der Türkei kaum die Rede gewesen war. Nach Gründung der Republik 1923 hatte es in den ersten zwei Jahrzehnten zwar mehrere kurdische Aufstände gegeben, die allerdings eher religiös als ethnisch motiviert waren. Die Abschaffung des Kalifats passte den Konservativen kurdischen Scheichs gar nicht und die straffe Zentralisierung der Macht rief den Widerstand der kurdischen Clanchefs hervor, die im Osmanischen Reich noch eine relative Autonomie genossen hatten. Doch diese Aufstände, zuletzt in den 1930er Jahren im Dersim-Gebiet, wurden brutal niedergeschlagen. Danach herrschte Ruhe. Vor allem unter den Kurden, die in die Großstädte abwanderten, zeigte die angestrebte Assimilierung Wirkung. Bildung gab es nur mit dem Erwerb der türkischen Sprache und je weniger man seinen kurdischen Hintergrund herausstellte, umso besser konnte man Karriere machen. Denn das Herausstellen ethnischer Differenz galt als Gefährdung der Einheit des Staates und wurde nicht geduldet.

Doch anders als die vielen Flüchtlinge, die aus allen Teilen des Osmanischen Reiches in die neue Türkei gekommen waren, siedelten die Kurden seit grauer Vorzeit in dem Gebiet, dass dann zum Südosten der Türkei wurde. Sie verloren in der Republik die Autonomie, die sie im Osmanischen Reich noch genossen hatten, und gleichzeitig war ihr Siedlungsgebiet weit weg von İstanbul und Ankara und profitierte daher nicht von der industriellen Entwicklung des Landes. Anders als im Westen der Republik blieb die feudale Struktur in den kurdischen Siedlungsgebieten weitgehend erhalten. Die Bauern waren quasi Leibeigne ihres Clanchefs und Großgrundbesitzers, die als Einzige von der Entwicklung in der Türkei profitierten und ihren Stamm (Aşiret) oft auch als Abgeordnete im Parlament in Ankara vertraten. Bei den Parteien waren sie beliebt, weil der Clanchef bei Wahlen gleich Tausende Stimmen mitbrachte, denn seine Tagelöhner mussten selbstverständlich die Partei wählen, die ihr Agha ihnen vorgab.

Gegen diese feudalen Strukturen trat die PKK an, und sie tat es von Beginn an mit dem Gewehr in der Hand. Solange die Auseinandersetzung nur Kurden unter sich betraf, nahm im Rest der Türkei kaum jemand davon Notiz. Das änderte sich dramatisch, als die PKK im August 1984 ihre Kampagne gegen das türkische Militär und alle anderen türkischen »Kolonialisten« begann. Mit dem Militärputsch 1980 waren außer der PKK auch alle anderen kurdischen Parteien und Vereine verboten worden, sodass die PKK jetzt relativ zügig zur einzigen kurdischen Widerstandsbewegung aufsteigen konnte. Die PKK konzentrierte sich in den 1980er und 1990er Jahren auf die Gebiete entlang der irakischen und iranischen Grenze, wo sie versuchte, sogenannte befreite Zonen zu schaffen, die sie dann gegen das Militär verteidigte. Viele Bauern und Hirten gerieten in diesen Gebieten zwischen die Fronten. Die PKK verlangte von den Dörflern Unterschlupf und Verpflegung, weshalb sie vom Militär der Kollaboration mit der Guerilla verdächtigt wurden. Dörfer, die sich weigerten, der PKK zu helfen, wurden von der Guerilla schwer »bestraft«, halfen sie der PKK, wurden sie anschließend vom Militär niedergemacht. Mehr als 3000 Dörfer wurden zerstört, die Bauern wanderten ab in die Slums der Großstädte, die Viehwirtschaft wurde nachhaltig geschädigt.

Obwohl es der PKK nie gelang, größere Gebiete tatsächlich zu »befreien«, schaffte es das Militär trotz aller Brutalität dennoch nicht, die Guerilla zu besiegen. Das lag zum einen daran, dass die türkische Armee in der Logik des Konflikts in den kurdischen Gebieten tatsächlich immer mehr zu einer Besatzungsarmee wurde, die jedem Kurden misstraute und deshalb auch von immer mehr Kurden gehasst wurde. Wenn die Armee in Dörfern einrückte, die der Kollaboration mit der PKK verdächtig waren, kam es oft zu schlimmen Szenen. Alle Bewohner wurden auf dem Dorfplatz zusammengetrieben und nach der PKK befragt. Gab es keine zufriedenstellenden Antworten, wurden die Männer brutal geschlagen, Frauen gezwungen, sich auszuziehen, um die Männer zu demütigen, und in einigen Fällen wurden einzelne Dorfbewohner sogar gezwungen, ihren Kot zu essen.

Es fiel der Guerilla deshalb nicht schwer, mehr und mehr junge Bauern für sich zu rekrutieren. Viele flohen einfach vor dem Militär in die Berge. Das Entscheidende aber war, dass sich die Guerilla dem Zugriff durch das türkische Militär immer mit einem Rückzug in den Nordirak und nach Syrien entziehen konnte, bis 1998 unter dem damaligen Ministerpräsidenten Mesut Yılmaz die Spitze des türkischen Militärs dem syrischen Assad-Regime (damals herrschte noch Hafiz al-Assad, der Vater des jetzigen Diktators Baschar al-Assad) offen mit Krieg drohte. Mit Billigung der USA ließ die türkische Armee ihre Panzerdivisionen an der syrischen Grenze Aufstellung nehmen und verlangte ultimativ die Auslieferung von Abdullah Öcalan.

Assad ließ Öcalan zwar fallen, erlaubte ihm aber noch die Ausreise, statt ihn an die Türkei auszuliefern. Damit begann für Öcalan eine monatelange Odyssee durch Europa und Afrika, die im Januar 1999 mit seiner Festnahme in Kenia endete. Von Moskau über Rom und Athen versuchte er vergeblich, politisches Asyl zu bekommen. Immer den türkischen Geheimdienst im Nacken, wurde er zwar nicht ausgeliefert, aber alle Länder bedeuteten ihm, möglichst bald wieder zu verschwinden. Schließlich landete er in der griechischen Botschaft in Kenia, wo die CIA ihn an den türkischen Geheimdienst verriet. Weil Griechenland ihn nicht länger schützen wollte, konnte der MİT ihn schnappen und wie eine Trophäe nach Hause bringen.

Die innere Entwicklung der PKK

Die Verhaftung Öcalans war ein Wendepunkt in der Auseinandersetzung zwischen der Guerilla und dem türkischen Staat. Es war aber, anders als zunächst angenommen, längst nicht das Ende der PKK. Denn Öcalan war zwar das Gesicht der PKK, aber unterhalb der Ebene ihres »Führers« war aus der früheren, kleinen Guerillatruppe eine transnationale, komplexe Organisation geworden, die nicht nur im Nahen Osten, sondern auch in Europa fest verankert ist.

Über den Charakter der PKK ist viel diskutiert worden und tatsächlich hatte die Organisation in unterschiedlichen Phasen ihrer Geschichte ganz unterschiedliche Gesichter. Sie startete als eine linke Guerilla, die die armen kurdischen Bauern befreien wollte. Schon bald verschob sich der Akzent allerdings mehr auf den Aspekt der nationalen Befreiungsbewegung. Spätestens als die PKK ihren bewaffneten Kampf aus dem syrischen Exil begann, ging es mehr um einen eigenen kurdischen Staat als um die Vision einer sozialistischen Gesellschaft. Das wurde im Laufe der Jahrzehnte immer mal wieder modifiziert und den aktuellen Gegebenheiten angepasst. In den letzten Jahren lag der Fokus wieder mehr auf einer regionalen Autonomie innerhalb der Grenzen der existierenden Nationalstaaten, wobei sich nicht nur die PKK, sondern auch die kurdischen Parteien im Nordirak und Syrien erhoffen, dass die nationalen Grenzen, die die kurdischen Siedlungsgebiete teilen, sehr durchlässig sein werden. In Anlehnung an die EU sprechen einige kurdische Politiker von einem kurdischen »Schengen-Raum«.

Bereits in den ersten Jahren des bewaffneten Kampfes wurde Öcalan innerhalb der PKK zum unumstrittenen Führer, der starke despotische Züge entwickelte. Die innere Verfasstheit der PKK war totalitär, die Partei kontrollierte alle Lebensbereiche ihrer Mitglieder zu 100 Prozent. So waren Liebesbeziehungen innerhalb der Guerilla verboten, Zuwiderhandlungen konnten mit dem Tod bestraft werden. Als bewaffnete Organisation war die PKK geradezu zersetzt von der Angst, durch den türkischen Geheimdienst infiltriert zu werden. Verratsvorwürfe waren schnell bei der Hand und endeten nicht selten mit der Exekution des Verdächtigen. Widerstand gegen Öcalan galt schon bald generell als Verrat, wobei auch Kritik am Führer als Widerstand galt. Besonders problematisch war immer die Beziehung zwischen den kämpfenden Verbänden im Nahen Osten und den PKK-Organisationen in Europa. Die PKK hatte schnell erkannt, dass die Sympathisanten unter den kurdischen Migranten in Europa ihre wichtigste finanzielle Quelle sind. Die europäischen Vorfeldorganisationen, die mit den Jahren immer größer und komplexer wurden, waren zuständig für den Nachschub an Geld und Kämpfern.

Doch die Distanz zwischen Syrien und Europa und die gänzlich unterschiedlichen Lebenssituationen von Guerillakämpfern in Syrien, dem Irak und der Türkei und den kurdischen Migranten in Europa machten es für Öcalan schwierig, die Organisation in Europa genauso straff zu führen wie im Nahen Osten. Öcalan versuchte es zunächst mit denselben Mitteln wie bei seinen Kämpfern vor Ort. Kritiker wurden verfolgt und als Abtrünnige regelrecht gejagt und getötet. Doch die Morde in Deutschland, in Skandinavien und den Beneluxländern sorgten für ein derart schlechtes Image in Europa, dass es der Partei mehr schadete als es lebende Kritiker je vermocht hätten. Statt mit Mord arbeitete die PKK deshalb später mehr mit moralischem Druck. Kritikern wurde vorgeworfen, ein Leben im Luxus zu suchen, während die Guerilleros in strengster Askese in den Bergen leben.

Nach und nach entwickelte die PKK aber auch Strukturen demokratischer Repräsentanz, die zusammen mit einem Wirtschafts- und Mediensektor die Kurden in der Türkei und in Europa viel wirkungsvoller kontrollierten, als es die frühere Drohung mit der Waffe konnte. In Europa wurde ein kurdisches Parlament gegründet, in dem verschiedene Organisationen vertreten waren, die PKK aber immer die wichtigste Stimme hatte. Auch in der Türkei wurden kurdische Parteien gegründet, die auf legalem Weg politischen Einfluss gewinnen sollten. Obwohl diese Parteien immer wieder verboten wurden und eine Zehn-Prozent-Hürde den Einzug der kurdischen Bewegung ins Parlament lange verhinderte, ist der türkische Staat seit den 1980er Jahren mit einer immer selbstbewusster werdenden kurdischen Nationalbewegung konfrontiert. Trotz aller Verbote und massiver Repression gegen die kurdischen Aktivisten gewannen diese doch Stück für Stück auch an legalem Einfluss. Das begann mit kurdischen Bürgermeistern in Städten im Südosten der Türkei, über Abgeordnete im Parlament, die zunächst nur als unabhängige Einzelkandidaten gewählt wurden, bis hin zu einer ersten kurdischen Fraktion nach den Wahlen 2007 die sich noch aus Unabhängigen zusammensetzte und dem großen Wahlsieg der kurdisch-linken HDP, die im Juni 2015 erstmals als Partei die Zehn-Prozent-Hürde überwand und mit 13 Prozent ins Parlament einzog.

Die staatliche Politik gegenüber den Kurden

Der türkische Staat kannte gegenüber der erwachenden kurdischen Nationalbewegung zunächst nur eine Antwort: Repression. Wer über Kurden publizierte oder den Begriff Kurdistan verwendete, landete im Gefängnis. Nach herrschender Staatsdoktrin war das Bekenntnis zu einer anderen ethnischen Herkunft als der türkischen gleichbedeutend mit separatistischen Bestrebungen.

Exemplarisch nachzuvollziehen ist das am Schicksal des Soziologen İsmail Beşikçi. Obwohl selbst Türke, interessierte er sich für die kurdische Stammesgesellschaft und schrieb Ende der 1960er Jahre eine Doktorarbeit über den kurdischen Stamm (Aşiret) der Alikan. Er wurde deshalb wegen kurdischer Propaganda angeklagt, von der Universität verwiesen und nach dem Militärputsch 1971 bis 1974 ins Gefängnis gesteckt. Doch Beşikçi lies sich von seinem Thema nicht abbringen, sondern forschte weiter. Bis in die 1990er Jahre wurde er immer wieder verhaftet und verurteilt. Er saß insgesamt mehr als 17 Jahre im Gefängnis. Von seinen 36 Büchern wurden 32 verboten.

Vor allem nach dem Militärputsch 1980 wurden die Kurden massiv unter Druck gesetzt. Die Generäle verboten generell, in der Öffentlichkeit kurdisch zu sprechen. Statt von Kurden war nun von Bergtürken die Rede, die lediglich einen etwas eigentümlichen Dialekt sprechen, aber keinesfalls eine eigene Sprache hätten. Nachdem Ende 1983 wieder eine zivile Regierung unter Ministerpräsident Turgut Özal an die Regierung kam, lockerte sich die Repression zunächst etwas, wurde dann aber noch einmal verstärkt, als die PKK im August 1984 ihren bewaffneten Kampf begann.

Özal stammte aus Malatya und seine Familie hatte selbst kurdische Wurzeln, weshalb er Ende der 1980er Jahre begann, erstmals nach einer politischen Lösung des Kurdenkonflikts zu suchen. Es kam zu geheimen Gesprächen, die allerdings ein abruptes Ende nahmen, als Özal überraschend an einem Herzinfarkt starb. Bis heute hält sich das Gerücht, dass er ermordet wurde, weil er einen Friedensschluss mit der PKK vorbereitet hätte – Beweise dafür gibt es aber nicht. Statt eines Friedensschlusses kam es dann in der ersten Hälfte der 1990er Jahre zu den brutalsten Kämpfen in der Auseinandersetzung, die das Land bis dahin erlebt hatte. Die PKK erzielte entlang der irakischen Grenze erhebliche Geländegewinne und kontrollierte bald auch kleinere Städte im Grenzgebiet, woraufhin die Armee begann, auch die Luftwaffe einzusetzen und PKK-Stellungen innerhalb der Türkei zu bombardieren. Erstmals seit Ende des Ersten Weltkrieges trafen türkische Bomben auf kurdische Siedlungen innerhalb des Landes.

Dazu wurde die geheime Kriegsführung intensiviert. Es begann die Zeit der »Weißen Toros«. Toros war eine Automarke – ein in der Türkei in Lizenz hergestellter Renault 12 – und der Geheimdienst der Gendarmerie fuhr weiß lackierte Modelle. Wenn also weiße Toros in einem Dorf auftauchten, wussten die Bewohner, dass nun die kurdischen Männer verschleppt wurden, von denen kaum jemand wieder auftauchen würde. Denn die meisten wurden ermordet. Der Verdacht, sie könnten mit der PKK sympathisieren, genügte. Im Westen der Türkei engagierte der Geheimdienst dagegen Killer aus dem kriminellen Milieu, um kurdische Geschäftsleute zu ermorden, die im Verdacht standen, die PKK zu unterstützen.

Doch der schmutzige Krieg stärkte den Widerstand der Kurden eher, als dass er die PKK in die Knie zwang. Bevor der Geheimdienst sie abholen konnte, flüchteten viele junge Männer in die Berge und schlossen sich der Guerilla an.

Die Armee beschloss deshalb, der PKK ihren Rückzugsraum zu nehmen. Mit der Drohung einer Invasion wurde Syriens Diktator Assad, wie beschrieben, im November 1998 gezwungen, die PKK aus dem Land zu verweisen. Im Nordirak, wo die irakischen Kurden unter dem Schutz der US-Luftwaffe nach dem ersten Irakkrieg 1991 eine autonome Zone entwickelt hatten, setzte der türkische Geheimdienst immer mehr Leute ein, die verhindern sollten, dass die PKK sich dorthin zurückziehen konnte.

Doch während das Manöver gegenüber Syrien gelang, blieben der türkische Geheimdienst und das Militär im Nordirak weitgehend erfolglos. In den Kandil-Bergen, nahe der iranischen Grenze, etablierte die PKK ein neues Hauptquartier, nachdem Öcalan im Februar 1999 in Kenia verhaftet worden war.

Die Zeit relativer Entspannung

Abdullah Öcalan wurde im Sommer 1999 in einem Prozess auf der Gefängnisinsel İmralı im Marmarameer zum Tode verurteilt. Das Todesurteil wurde dann im Jahr 2000 in lebenslängliche Haft umgewandelt, nachdem die Türkei Ende 1999 von der EU als Beitrittskandidat anerkannt worden war und die Abschaffung der Todesstrafe eine der Voraussetzungen war, um eine Annäherung an die EU weiter voranzutreiben.

Während des Prozesses bot Öcalan der türkischen Regierung an, mit ihr zu kooperieren, um eine politische Lösung der Kurdenfrage zu erreichen. Obwohl der damalige Regierungschef Bülent Ecevit darauf nicht reagierte, rief Öcalan die Kämpfer der PKK dazu auf, sich in den Nordirak zurückzuziehen und den bewaffneten Kampf in der Türkei zunächst zu beenden.

Damit begann im kurdischen Südosten der Türkei eine Phase eines hybriden Friedens, der zwar immer wieder durch Anschläge einerseits und Militäreinsätze andererseits unterbrochen wurde, aber nicht mehr die Intensität der Kämpfe der 1990er Jahre erreichte.

Die Entspannung setzte sich fort, als Ende 2002 die AKP mit einem Erdrutschsieg bei den Parlamentswahlen an die Regierung kam. Schritt für Schritt wurde nun der Ausnahmezustand in den kurdischen Provinzen aufgehoben, der dort teilweise seit mehr als zehn Jahren in Kraft gewesen war.

Anders als die früheren Regierungen glaubte die AKP, den Konflikt mit der kurdischen Minderheit über die Religion lösen zu können. »Wir sind doch alle Muslime«, hieß es plötzlich, »was spielt es da für eine Rolle, ob jemand kurdische oder türkische Wurzeln hat.« Tatsächlich hatte die AKP mit dieser Ansprache zunächst großen Erfolg. Denn anders als die PKK und die mit ihr verbündeten Parteien oft glauben machen wollen, ist die kurdische Gesellschaft in weiten Teilen zutiefst patriarchalisch, konservativ und religiös. Dagegen ist die aus der Linken kommende

PKK aber auch nach ihrer Mutation von einer sozialistischen in eine nationalistische Bewegung eine durch und durch säkulare Bewegung. Dass in ihren Reihen die Frauen nicht nur kochen, sondern auch kämpfen, war für viele kurdische Patriarchen schon immer ein Unding.

Bei den konservativen Bauern konnte die AKP deshalb schnell Erfolge erzielen. Als die Regierung dann auch tatsächlich ihre Versprechen wahrmachte und in die Infrastruktur und Versorgung der kurdischen Gebiete investierte, konnte sie bei den Wahlen 2007 und 2011 mit den kurdischen Parteien fast gleichziehen. Es wurden Straßen gebaut, sämtliche Dörfer elektrifiziert und mit Wasser versorgt und in Diyarbakır und Urfa entstanden moderne Neubauviertel, in denen sich ein kurdischer Mittelstand entwickelte. Schritt für Schritt gab es auch kleine Zugeständnisse im Alltag. Kurdische Musik dröhnt in Diyarbakır aus jedem Lautsprecher und auch die kurdische Sprache ist mittlerweile in der Öffentlichkeit rehabilitiert. Sprachkurse außerhalb der Schule wurden zugelassen und nach den letzten Reformen kann theoretisch an der Oberstufe Kurdisch als Wahlfach zugelassen werden. Erdoğan machte der PKK dadurch erfolgreich den Anspruch streitig, sie und ihre jeweiligen Parteien seien die einzig legitimen Sprecher der Kurden. Aus dieser Position heraus begann er dann 2012 seine Friedensverhandlungen mit der PKK.

Nachdem die Gespräche mit Öcalan zunächst noch geheim gehalten wurden, machten die Regierung und die legale kurdische Partei (zu dem Zeitpunkt noch die BDP) die Verhandlungen zu Beginn 2013 öffentlich. Sowohl die legalen kurdischen Politiker wie auch die Regierung warben offensiv für eine Verständigung und die endgültige Beendigung des bewaffneten Kampfes. Delegationen der BDP durften Öcalan auf İmralı besuchen und mit ihm über die kurdischen Erwartungen diskutieren. Es wurden Forderungen laut, Öcalan aus der Haft zu entlassen, damit er als freier Verhandlungsführer auftreten kann. Was wenige Jahre zuvor noch völlig undenkbar war, schien nun nicht mehr ausgeschlossen. Zumindest eine Milderung der Haft und eine Umwandlung in einen Hausarrest wurde ernsthaft erwogen. Bei den Newroz-Feierlichkeiten, dem Neujahrs- und Frühlingsfest, am 21. März 2013 ließ Öcalan dann eine Botschaft aus dem Gefängnis verlesen, in der die PKK aufgefordert wurde, den bewaffneten Kampf innerhalb der Türkei zu beenden und alle Guerillaverbände in den Nordirak abzuziehen. Später sollte dann über eine Demilitarisierung und eine Eingliederung der PKK in den normalen politischen Prozess verhandelt werden. Amnestiepläne machten die Runde und Gerüchte, dass den wichtigsten PKK-Kadern ein Exil in Skandinavien angeboten werden könnte.

Das Leben in den kurdischen Städten veränderte sich dramatisch. Nach Jahrzehnten der Kämpfe, Kriegsrecht und Ausnahmezustand verschwanden die schwerbewaffneten Gendarmerie-Einheiten aus dem Stadtbild, die Checkpoints wurden abgebaut und eine neue Normalität hielt Einzug. Die Altstadt von Diyarbakır, Sur, erwachte zu neuem Leben. Cafés wurden eröffnet, Touristenhotels erlebten einen Boom und selbst nachts flanierten die Menschen durch ihr Viertel. Im Jahr 2014 schien es noch undenkbar, dass der Krieg nach Diyarbakır zurückkehren könnte.

Das Scheitern der Verhandlungen

Das vorläufige Scheitern der Verhandlungen und die Rückkehr des Krieges, schlimmer als je zuvor, hat viele Gründe. Viele davon sind im Detail auch längst nicht klar, weil die Verhandlungen ja überwiegend geheim geführt wurden, aber grundsätzlich scheint es doch so zu sein, dass weder Erdoğan und seine Mannschaft noch die PKK-Führung um Cemal Bayık in den nordirakischen Kandil-Bergen ernsthaft und in letzter Konsequenz einen Frieden wollten. Abdullah Öcalan und die politischen Führer der BDP/HDP scheinen die einzigen Schlüsselfiguren zu sein, die wirklich

Frieden wollen. Für Öcalan ist das nicht zuletzt die einzige Chance, jemals wieder die Isolation der Gefängnisinsel İmralı verlassen zu können.

Für Erdoğan sieht die Sache ganz anders aus. Auf der einen Seite ist er der erste politische Führer seit Beginn des PKK-Kampfes 1984, der die Macht und die Kraft hätte, gegen alle Widerstände im Militär und in der Gesellschaft einen Frieden mit der PKK durchzusetzen. Trotz großen Murrens würden ihm die meisten seiner Wähler wohl folgen und für viele seiner linken und liberalen Gegner, bis hinein in die kemalistische CHP, waren die Verhandlungen mit der PKK einer der wenigen Pluspunkte, die sie Erdoğan anrechneten. Eine gesellschaftliche Mehrheit wäre wohl möglich gewesen, wenn es beispielsweise eine Volksabstimmung über einen Friedensschluss gegeben hätte.

Doch für Erdoğan ging es nie um den Frieden an sich. Damit die Türkei wirklich zu der starken Regionalmacht im Nahen Osten werden kann, von der er und auch sein früherer Außenminister Ahmet Davutoğlu träumen, braucht sie ein Ende des bewaffneten Kampfes im eigenen Land. Nur dann kann das Land sein wirtschaftliches Potenzial voll entfalten und nur dann kann es seine Aufmerksamkeit und nicht zuletzt seine diplomatischen und militärischen Kapazitäten nach außen wenden. Erdoğan wollte vor allem deshalb ein Ende des bewaffneten Kampfes. Was er bereit war, der PKK und letztlich der kurdischen Minderheit insgesamt dafür zu geben, blieb im gesamten Verhandlungsprozess unklar. Auf der einen Seite zirkulierten in den Medien und kurdischen Kreisen immer wieder Papiere und Entwürfe, die angeblich von Abdullah Öcalan und dem türkischen Geheimdienstchef Hakan Fidan stammten und in denen die Grundzüge kurdischer Autonomie detailliert beschrieben wurden, auf der anderen Seite weigerte sich Erdoğan immer, das Stadium der unverbindlichen Sondierungen zu verlassen, solange die PKK als Vorleistung nicht ihre Waffen niedergelegt hätte. Nicht nur ihre Verbände aus der Türkei zurückgezogen, nein, tatsächlich ihre Waffen auch im Nordirak physisch abgegeben hätte. Doch davon ist die PKK weit entfernt. Sie denkt nicht daran, ihre Waffen niederzulegen. Nicht nur, weil sie bislang keine handfesten, unumkehrbaren Gegenleistungen – wie eine neue Verfassung mit entsprechenden Rechten für die kurdische Minderheit – bekommen hat, sondern weil sich für die PKK-Führung in den letzten Jahren ganz neue Perspektiven ergeben haben. Statt nur in den kurdischen Gebieten in der Türkei, kämpft die PKK jetzt in Syrien und im Nordirak, wo sie zurzeit viel schnellere und spektakulärere Erfolge erzielt als in den 30 Jahren zuvor.

Die PKK-Kämpfer, die nach dem Aufruf von Öcalan 2013 aus der Türkei abgezogen wurden, tauchten wenig später im Sindschar-Gebirge, in Kirkuk und in Kobane in Nordsyrien wieder auf. Sie retteten an der Front in Kirkuk die wichtigste Erdölstadt der Kurden vor dem »Islamischen Staat« (IS), im Sindschar-Gebirge waren es PKK-Kämpfer, die den vom IS bedrängten Jesiden eine Fluchtmöglichkeit vom Gebirge in sichere Gebiete in Nordsyrien eröffneten, und in Kobane, der Stadt im syrischen Kurdengebiet, wo der IS seine erste schwere Niederlage überhaupt hinnehmen musste, war es neben den Luftangriffen der U.S. Air Force die Unterstützung der PKK für ihre syrischen Verbündeten, durch die es den Kurden gelang, die Stadt von den Dschihadisten zurückzuerobern. Kobane wurde für die Kurden zum Fanal und hat die PKK, auch in der innerkurdischen Konkurrenz zum nordirakischen Autonomiepräsidenten Messoud Barsani, so stark gemacht, wie sie noch nie war.

Nichts liegt der PKK deshalb im Jahr 2015 ferner, als ihre Waffen abzugeben. Nicht jetzt, wo sie sich im Verein mit der von ihr weitgehend kontrollierten syrisch-kurdischen YPG gerade als wichtigste militärische Kraft im Kampf gegen den IS profiliert hat.

Erdoğan war sich dieser Gefahr bewusst, als im Sommer 2014 die Kämpfe um Kobane auch international ins Scheinwerferlicht rückten.

Am liebsten hätte er einen Sieg der Kurden in Kobane aktiv verhindert. Weil er das vor den Augen der Weltöffentlichkeit nicht tun konnte, unterstützte er unter der Hand den IS. Verwundete IS-Kämpfer wurden in geheimen türkischen Kliniken versorgt, IS-Kämpfer konnten problemlos die Grenze überqueren und nicht zuletzt gab es immer wieder Indizien dafür, dass der türkische Geheimdienst den IS auch mit Waffennachschub versorgte.

Der Kampf um Kobane im Sommer und Herbst 2014 leitete deshalb bereits das Scheitern der Verhandlungen mit der PKK ein. Mit zunehmender Wut musste Erdoğan mitansehen, wie die DYP/PKK militärisch immer stärker wurde – und auf der anderen Seite verspielte er bei den Kurden, auch bei denen, die der PKK nicht nahestehen, alles mühsam aufgebaute Vertrauen, weil er im kurdischen Überlebenskampf um Kobane mehr oder weniger offen auf Seiten des IS stand. In diesem Herbst 2014 hat Recep Tayyip Erdoğan, der im August desselben Jahres zum Staatspräsidenten gewählt worden war, die beste Chance für einen dauerhaften Frieden mit den Kurden, die er je hatte, verspielt. Hätte er gemeinsam mit den Amerikanern die Kurden gegen den IS unterstützt, die Herzen der Kurden wären ihm zugeflogen und im Westen hätte man ihn als großen Staatsmann gefeiert. Die Perspektive der Türkei wäre es gewesen, Schutzmacht der autonomen kurdischen Gebiete im Irak und Syrien zu werden und auf dieser Basis Frieden mit den Kurden im eigenen Land zu schließen.

Doch Erdoğan entschied sich für den gegenteiligen, türkisch-nationalistischen Weg. Mit allen Mitteln will er verhindern, dass in Nordsyrien auch eine autonome kurdische Region entsteht, zumal er befürchtet, dass diese Region dann, anders als im Nordirak, weitgehend von der PKK kontrolliert wird.

Diese Haltung Erdoğans führte nicht nur dazu, dass er fortan von den USA und dem Westen insgesamt im Syrienkrieg als unsicherer Kantonist angesehen wird, sie hatte vor allem innenpolitisch verheerende Konsequenzen. Seine bisherigen Anhänger unter den Kurden in der Türkei wandten sich von ihm ab, und es schlug die Stunde von Selahattin Demirtaş. Demirtaş war bereits seit der Wahl 2011 einer der Sprecher der kurdischen Fraktion im Parlament und war im Frühjahr 2014 zu einem der beiden Parteivorsitzenden der HDP, der kurdisch-linken Partei, die aus der BDP hervorging, gewählt worden. Bei der Präsidentschaftswahl im August 2014 war er gegen Erdoğan und den kemalistischen Kandidaten angetreten und hatte respektable 9,8 Prozent geholt, weit mehr, als eine kurdische Partei bis dahin landesweit je erreicht hatte.

Vor der Parlamentswahl im Juni 2015 intensivierte die HDP ihre Zusammenarbeit mit der türkischen Linken. Die Voraussetzung dazu schuf Demirtaş, als er dem Lieblingsprojekt Erdoğans, einer Präsidialverfassung für die Türkei, eine klare Absage erteilte. Noch während der Gezi-Protestbewegung hatte die damalige kurdische BDP sich mit der Unterstützung der Proteste sehr zurückgehalten. Dafür gab es einen klaren Grund: Im Sommer 2013 befand man sich noch mitten in den Sondierungsgesprächen mit der Regierung und wollte diese nicht gefährden.

Einer der Punkte, die bei den Gesprächen immer wieder eine Rolle spielten, war eine neue Verfassung. Die Türkei lebt bis heute mit einer Verfassung, die 1982 nach dem Militärputsch von den Generälen in Auftrag gegeben worden war und per Volksabstimmung legitimiert wurde. Seit den 1990er Jahren wird bereits darüber diskutiert, dass die Türkei eine neue, demokratischere Verfassung braucht, aber bislang kam es nur zu einzelnen Änderungen. In den Gesprächen zwischen der Regierung und kurdischen Vertretern ging es um die Forderungen, Kurden neben den Türken als gleichberechtigtes Staatsvolk anzuerkennen und den zentralistischen Staat so weit zu dezentralisieren, dass die Kurden in ihrer Region gewisse Autonomieformen realisieren könnten. Im Gegenzug sollten die kurdischen Abgeordneten im Parlament zustimmen, dass der Präsident in der neuen Verfassung weitgehende Regierungsvollmachten bekommen würde.

Nachdem Erdoğan sich im Kampf um Kobane im Herbst 2014 klar gegen die Kurden positionierte, erklärte Demirtaş nun erstmals ganz deutlich, dass die HDP niemals einem autoritären Präsidialsystem zustimmen würde, weil damit die weitere demokratische Entwicklung der Türkei verhindert würde.

Zwar verhandelte die Regierung unter dem neuen Ministerpräsidenten Ahmet Davutoğlu, der nach Erdoğans Wahl zum Präsidenten von der Mehrheit der AKP-Abgeordneten im Parlament zu dessen Nachfolger als Ministerpräsident gewählt worden war, weiterhin mit Öcalan und einigen HDP-Vertretern über eine Friedensregelung mit der PKK, doch das hatte, wie sich bald zeigen sollte, nur noch begrenzten Wert. Als im April 2015 von der Regierung Davutoğlu und Vertretern der HDP eine Vereinbarung verkündet wurde, nach der nunmehr aus den bisherigen Sondierungen formelle Verhandlungen mit echten Verhandlungsteams werden sollte – die sogenannte Dolmahbace-Vereinbarung –, schritt Erdoğan öffentlich ein und erklärte, er könne diese Vereinbarung nicht akzeptieren. Damit war nicht nur Ministerpräsident Davutoğlu desavouiert, sondern de facto wurde der gesamte, 2012 begonnene Verhandlungsprozess auf Eis gelegt. Seit April 2015 durfte kein politischer Führer der Kurden Öcalan mehr auf seiner Gefängnisinsel İmralı besuchen. Seitdem weiß niemand mehr, was der historische Führer der PKK zu der weiteren Entwicklung zu sagen hat. Erdoğan dagegen verkündete öffentlich, »es gibt keine kurdische Frage in der Türkei mehr, es gibt nur noch ein Terrorproblem«.

Dieser Schwenk Erdoğans um 180 Grad hatte für die Parlamentswahl im Juni 2015 weitreichende Konsequenzen. Die Kurden stimmten nahezu geschlossen für die HDP und auch die türkische Linke versammelte sich hinter Demirtaş und der HDP. Damit schaffte die HDP eine historische Sensation: Erstmals gelang es einer überwiegend kurdischen Partei, die Zehn-Prozent-Hürde zu knacken und mit mehr als 13 Prozent ins Parlament einzuziehen. Bis dahin waren es immer nur Einzelkandidaten, die als Unabhängige kandidiert hatten, um sich dann im Parlament zu einer Fraktionsgemeinschaft zusammenzuschließen. Jetzt zog erstmals eine kurdisch-linke Partei mit mehr als 80 Abgeordneten ins Parlament ein. Gleichzeitig verlor Erdoğans AKP, die formal unter der Führung von Davutoğlu in den Wahlkampf gegangen war, fast zehn Prozent und rutschte von knapp 50 Prozent auf gut 40 Prozent ab. Weil mit der HDP nun vier statt wie vorher drei Parteien im Parlament vertreten waren, veränderte sich die Verteilung der Sitze so dramatisch, dass die AKP auch ihre absolute Mehrheit verlor. Nach 13 Jahren Alleinregierung stand die Partei Erdoğans nun erstmals ohne eigene Mehrheit da. Für Erdoğan war das eine Katastrophe. Nicht nur war die AKP weit davon entfernt, eine neue Präsidialverfassung, für die sie im Wahlkampf getrommelt hatte, durchzusetzen, Erdoğan musste auch damit rechnen, dass sein Einfluss in einer zukünftigen Koalitionsregierung dramatisch schwinden würde. War Davutoğlu bis dahin ein Ministerpräsident von Erdoğans Gnaden, stand zu erwarten, dass der Präsident von einer Koalitionsregierung auf seine verfassungsmäßigen Rechte beschränkt werden würde.

Die Rückkehr des Krieges

Es war deshalb nicht verwunderlich, dass Erdoğan in den kommenden Wochen alles dafür tat, eine Koalitionsregierung zu verhindern und stattdessen Neuwahlen anzupeilen. Es hätte eines Aufstandes von Davutoğlu und anderer relevanter AKP-Politiker bedurft, um gegen den Willen Erdoğans eine Koalitionsregierung zu bilden, doch der fand nicht statt. Obwohl Erdoğan nach seiner Wahl zum Präsidenten den Parteivorsitz der AKP niederlegen musste – laut Verfassung soll der Präsident neutral sein –, hat er die Partei absolut im Griff. Schwieriger war es da schon, die verlorenen zehn Prozent Wählerstimmen zurückzuholen. Erdoğan und Davutoğlu bedienten sich dafür einer höchst perfiden »Strategie der Spannung«, die durch ein gewollt hergestelltes Chaos beim Wähler den Wunsch nach Stabilität zum vorherrschenden Wahlmotiv machte. Und Stabilität, so hämmerten Präsident und Ministerpräsident den Türken ein, gäbe es nur mit einer Alleinregierung der AKP.

Ein wichtiger Schritt dahin war, die HDP wieder unter zehn Prozent zu bringen. Dafür musste die HDP ihre türkischen Unterstützer verlieren und die Partei wieder ins ethnische Getto zurückgedrängt werden.

Der Auftakt für diese Kampagne war der 25. Juli, eineinhalb Monate nach der verlorenen Wahl Anfang Juni. Am Mittag dieses 25. Juli tötete ein Selbstmordattentäter 34 zumeist junge Leute, im Garten eines Kulturzentrums in Suruç. Suruç ist die kurdische Kleinstadt, die Kobane auf der türkischen Seite der Grenze genau gegenüberliegt. Im Kulturzentrum von Suruç hatten sich an diesem Morgen Mitglieder mehrerer sozialistischer Jugendorganisationen aus der gesamten Türkei versammelt, um sich an einer Kampagne zum Wiederaufbau von Suruç zu beteiligen. Später am Tag wollte man in mehreren Gruppen die Grenze überqueren, um sich für ein oder zwei Wochen eigenhändig am Wiederaufbau von Schulen und Krankenstationen zu beteiligen. Es waren idealistische junge Leute, überwiegend Kurden, aber auch etliche ethnische Türken.

Suruç war das erste von dann folgenden weiteren Selbstmordattentaten, die die türkische Regierung dem IS zuschreibt. Überraschend schnell – ein Merkmal, das auch für die folgenden Attentate zutrifft – wurde ein Täter anhand von DNA-Spuren identifiziert. Der junge Mann gehörte zu einer Gruppe türkischer IS-Sympathisanten aus der Kleinstadt Adıyaman, die der türkischen Polizei wohlbekannt war. Sie war bereits seit zwei Jahren unter Beobachtung, die Polizei wusste, dass Mitglieder dieser Gruppe nach Syrien gegangen und wieder zurückgekommen waren.

Wie man heute weiß, konnte trotzdem ein Mitglied der Gruppe bereits Wochen zuvor ein Attentat auf eine Wahlkundgebung der HDP in Diyarbakır verüben und vor allem ließ die Polizei es zu, dass der ältere Bruder des Suruç-Attentäters nur wenige Wochen später ein noch verheerenderes Selbstmordattentat auf eine Friedenskundgebung der HDP in Ankara verüben konnte. Dabei starben 102 Menschen, der schlimmste Terrorakt, den die Türkei je erlebt hatte. Nicht nur Anhänger der HDP fragten sich, wie es der Gruppe islamistischer Jugendlicher aus Adıyaman gelingen konnte, drei schwere Attentate durchzuführen, obwohl alle längst von der Polizei beobachtet wurden.

Zwei Tage nach dem Selbstmordanschlag in Suruç tötete die PKK zwei Angehörige der Sicherheitspolizei zu Hause in ihren Betten, aus Rache, weil die Polizei angeblich mit dem IS zusammenarbeitet.

Die Morde an den Polizisten nutzte Erdoğan als Vorwand, um ganz offiziell den Krieg gegen die PKK wiederaufzunehmen. Wenige Stunden später stiegen türkische Kampfflugzeuge vom Militärflugplatz in Malatiya auf und bombardierten nach drei Jahren Waffenstillstand erstmals wieder PKK-Lager im Nordirak. Um die vorhersehbare Kritik aus dem Westen abzumildern, ließ Erdoğan auch IS-Stellungen bombardieren und erlaubte den USA, den Militärstützpunkt İncirlik für Einsätze gegen den IS zu nutzen, doch das war nicht viel mehr, als von der Wiederaufnahme des Krieges gegen die PKK abzulenken.

Ende Juli kehrte der Krieg in den kurdischen Südosten der Türkei zurück. Zunächst beschränkte sich die PKK darauf, Militärfahrzeuge mit gut getarnten Minenfallen in die Luft zu sprengen und so immer neue Opfer unter den türkischen Militärs zu produzieren. Die Machart dieser Minenfallen legte nahe, dass sich während des Waffenstillstandes nicht nur Erdoğan, sondern auch die PKK durchaus auf eine Wiederaufnahme der Kämpfe vorbereitet hatte. Das erste Opfer dieses Krieges wurde die HDP. Nicht nur physisch, durch das Attentat in Ankara am 10. Oktober, sondern auch politisch: Jeder getötete Soldat wurde zu einer Propagandavorlage für Erdoğan und die Regierung, um die HDP als verlängerten Arm der Terrororganisation PKK zu denunzieren. Tatsächlich fiel es der HDP schwer, sich angesichts der neuerlichen Kämpfe überzeugend von der PKK zu distanzieren. Erdoğan erreichte so, dass sich viele türkische Unterstützer wieder von der Partei abwandten.

Außerdem wurden etliche HDP-Büros im Westen der Türkei von einem nationalistischen Mob angegriffen und teilweise niedergebrannt, was ebenfalls viele Unterstützer im Westen dazu bewog, sich zurückzuziehen.

Angesichts der zunehmenden Gewalt und angesichts der Erfahrung, dass es der Opposition nach den Juni-Wahlen nicht gelungen war, eine eigene Regierung zu bilden, ging Erdoğans Kalkül auf. Bei den Neuwahlen am 1. November erreichte die AKP wieder knapp 50 Prozent der Wählerstimmen, die HDP schaffte nur noch hauchdünn den Sprung über die Zehn-Prozent-Hürde. Für die AKP reichte es dennoch zu einer neuen absoluten Mehrheit.

Doch wer gehofft hatte, die Gewalt würde nun wieder abnehmen und die Anschläge aufhören, sah sich getäuscht. Weder Erdoğan noch die PKK wollten ihren Krieg stoppen, im Gegenteil, er ging nun erst richtig los.

Jugendliche PKK-Anhänger begannen sich in den kurdischen Städten entlang der syrischen und irakischen Grenze und in der Altstadt von Diyarbakır zu verbarrikadieren. Sie hoben Gräben aus und errichteten Barrikaden und erklärten die Stadtteile hinter den Barrikaden zu befreiten Zonen. Die örtliche Polizei und Gendarmerie wurde mit Waffengewalt vertrieben. Anfang Dezember startete die türkische Armee daraufhin eine Großoffensive, um diese »befreiten Zonen« zurückzuerobern. Erstmals wurde nicht mehr nur in den Bergen und den Dörfern gekämpft, sondern in den Zentren der kurdischen Städte. Hunderte Zivilisten, Soldaten und Polizisten starben, die Armee behauptet, Hunderte PKK-Kämpfer getötet zu haben, ein großer Teil der kurdischen Städte ist völlig zerstört.

Nur ein Jahr nach der Dolmabahçe-Vereinbarung zwischen der

Davutoğlu-Regierung, Öcalan und der HDP, die zur Grundlage formaler Verhandlungen hatte werden sollten, steht der gesamte kurdische Südosten der Türkei in Flammen. Unterdessen schaffen die Kurden in Syrien immer neue Geländegewinne, was fast auch noch zu einem Einmarsch der türkischen Armee ins Nachbarland geführt hätte. Dass es bis zum April 2016 nicht dazu gekommen ist, ist weniger dem amerikanischen Druck als vielmehr der Präsenz der russischen Armee in Syrien zu verdanken. Ein türkischer Einmarsch in Syrien hätte fast zwangsläufig einen Zusammenstoß mit Russland zur Folge gehabt, ein Alptraum für die gesamte Nato.

Die kurdische Frage ist damit endgültig zu einem wichtigen Faktor der Weltpolitik geworden. Strategisch ist die PKK mit ihren syrischen Verbündeten dabei eindeutig im Vorteil. Der Konflikt ist für Erdoğan nicht mehr national lösbar, auf keinen Fall militärisch. Ohne eine politische Lösung der Kurdenfrage wird es in der gesamten Region keinen Frieden mehr geben.

Porträt: Abdullah Öcalan – Staatsfeind Nummer 1

Es ist der 29. Juni 1999. Im Prozess gegen den Führer der kurdischen Guerilla PKK wartet die gesamte Türkei und mit ihr Sympathisanten Abdullah Öcalans in aller Welt auf das Urteil. Das Gericht tagt, streng von der Öffentlichkeit abgeschirmt, auf der Gefängnisinsel İmralı im Marmarameer. Der Staatsfeind Nummer 1 wird bewacht wie früher die Kronjuwelen. Überall im Gerichtssaal ist Militär verteilt. Die Besucher sind handverlesen, Pressevertreter mussten sich Wochen vorher strengen Sicherheitsüberprüfungen unterziehen und wurden anschließend per Losverfahren ausgewählt. Öcalan sitzt in einem Glaskäfig und kann sich nur über eine Sprechanlage melden.

Abdullah Öcalan ist ein großer wuchtiger Mann mit ausgeprägten Augenbrauen und einem wuchtigen Schnauzer. Er strahlte früher so etwas wie eine natürliche Autorität aus, jetzt macht er einen leicht desorientierten Eindruck. In seinem Schlusswort bietet er dem türkischen Staat Kooperation bei der Lösung der kurdischen Frage an. Öcalan hat Angst vor einem Todesurteil. Der Richter äußert so etwas wie Verständnis für Öcalan. Im Prozess habe der Angeklagte sich angeblich reumütig gezeigt. Trotzdem ließe ihm die Gesetzeslage keine Wahl. Abdullah Öcalan, auch Apo genannt, wird zum Tode verurteilt. Soldaten betreten den Glaskäfig und zerren ihn hoch. Öcalan wird abgeführt. Das war das letzte Mal, dass der historische Führer der PKK in der Öffentlichkeit gesehen wurde.

Geboren wurde Abdullah Öcalan im April 1949 in dem kleinen Dorf Ömerli am Euphrat. Seine Mutter ist Türkin, sein Vater Kurde. Er hat mehrere Geschwister, von denen aber nur ein Bruder zeitweilig eine wichtige Rolle in der PKK spielte. Seine Nichte Dilek Öcalan sitzt für die kurdisch-linke HDP im Parlament in Ankara. Dank des von den Kemalisten aufgebauten Dorfschulsystems erhielt Apo die Möglichkeit, entsprechend seiner Begabung zu einer weiterführenden Schule und später an die Universität in Ankara zu gehen. Dort engagierte sich der junge Student in verschiedenen linksradikalen Bewegungen rund um die THKP-C. Er war ein Anhänger der türkischen Revolutionsikonen Mahir Çayan und Deniz Gezmiş, die beide vom Staat getötet wurden.

Doch Öcalan wollte schon früh nicht nur eine soziale Revolution in der Türkei, ihn bewegte vor allem die extreme Armut der meisten Kurden. Viele Kurden lebten damals noch innerhalb von Clan-Strukturen und waren vom Clanchef, der in aller Regel auch der Großgrundbesitzer war, auf dessen Feldern sie arbeiteten, abhängig wie Leibeigene. Der Kampf der PKK begann denn auch als Kampf gegen die kurdischen Großgrundbesitzer. Doch die Befreiung der Bauern stellte sich schnell als schwierig heraus. Sie konnten mit den revolutionären Parolen der PKK nichts anfangen und missbilligten zumeist die Gewalt, mit der die PKK vorging. Als ein Mitglied des Führungszirkels der PKK im Sommer 1979 verhaftet wurde, setzte Öcalan sich gut ein Jahr vor dem Militärputsch 1980 nach Syrien ab.

Nach dem Motto, der Feind meines Feindes ist mein Freund, baute er dann mit Hilfe des syrischen Geheimdienstes nach und nach die PKK-Guerilla auf. Der Putsch trieb viele linke Aktivisten auf der Flucht vor dem Militär nach Syrien und füllte dort die Camps der PKK. Bis zu seiner Vertreibung 1998 lebte Öcalan in Damaskus und in den PKK-Camps im Bekaa im syrisch kontrollierten Teil des Libanon. Hier wurde er zum unumstrittenen Führer der Bewegung. Öcalan verfasste etliche theoretische Schriften zur kurdischen Revolution, zu seiner Person als Führer und zur Rettung der Welt. Vieles davon liest sich wie die Vorstellung eines größenwahnsinnigen Phantasten, doch Öcalan ist bei aller Verstiegenheit und allem orientalischen Despotismus ein kühl kalkulierender Realist.

Er paktierte nicht nur mit dem syrischen Geheimdienst, sondern verschaffte seinen Leuten auch die Möglichkeit, vom Irak oder dem Iran aus zu agieren. Als er im August 1984 den bewaffneten Kampf in der Türkei startete, wurde er zunächst vom türkischen Militär nicht ernst genommen. Doch das änderte sich bald. Anfang der 1990er Jahre kontrollierte seine PKK ganze Landstriche entlang der türkisch-irakischen Grenze. Öcalan gab nicht nur die ideologische Marschrichtung vor, er kontrollierte auch jeden militärischen Schritt. Er ließ sogar die Funkgespräche mit seinen Feldkommandanten in einem Buch *Telsiz Konuşmaları* veröffentlichen.

PKK-Aussteiger haben Öcalan immer als paranoiden Despoten beschrieben, der innerparteiliche Kritik sofort als Verrat wertete und etliche Mitstreiter hinrichten ließ, die sich gegen ihn aufgelehnten. Einer der bekanntesten von ihnen ist Selim Çürükkaya, selbst Gründungsmitglied der PKK, der wegen seiner Kritik an Öcalan auch in Europa verfolgt wurde und gegen den Öcalan angeblich einen Tötungsbefehl verhängte.

Çürükkaya war im Mai 1980 – Öcalan hatte sich bereits nach Syrien abgesetzt – verhaftet und in das berüchtigte Militärgefängnis in Diyarbakır gebracht worden. Er überlebte Folter, Hungerstreiks und Todesfasten und wurde elf Jahre später, im April 1991, entlassen. Öcalan ließ ihn zu sich nach Damaskus rufen und schickte ihn auf die Parteischule »Mahsum Korkmaz Akademie« im Bekaatal. Çürükkaya erlebte dort einen Schock. Aus der Partei, die er von vor seiner Verhaftung kannte, war eine große Organisation geworden, die einem bedingungslosen Führerkult huldigte. Die Führung, schrieb Çürükkaya später in seinem Buch *PKK – Die Diktatur des Abdullah Öcalan*, war für die Partei nicht nur eine Person, sie war die Nation, personifiziert in Öcalan. Kein Einzelner durfte die Nation kritisieren. Çürükkaya beschrieb die damalige PKK als einen Verein von Speichelleckern, der sich Öcalan bedingungslos unterordnete.

Er wurde festgesetzt und floh aus dem PKK-Lager nach Beirut. Im Libanon schrieb er sein PKK-Abrechnungsbuch und gelangte später nach Deutschland. Dort bot ihm Günter Wallraff Schutz und eine Bleibe an und erreichte, dass der Fischer-Verlag eine deutsche Übersetzung seine Buches veröffentlichte. Wallraff, der wegen seines Bestsellers *Ganz Unten* bei Türken und Kurden gleichermaßen sehr bekannt und beliebt war, fuhr ins Bekaa, um dort Öcalan zu treffen und von ihm die Aufhebung des Mordbefehls an Çürükkaya zu erreichen. Wallraff beschrieb Öcalan anschließend als selbstverliebten Führer, der nicht diskutierte, sondern nur monologisierte.

Doch aller berechtigten Kritik zum Trotz: Der jahrelange Kampf der PKK gegen eine materiell und quantitativ hoch überlegene türkische Armee hatte Öcalan in den Augen der meisten Kurden längst zum Helden gemacht. Ja mehr noch, durch Öcalans Kampf war in den kurdischen Gebieten der Türkei das kurdische Nationalgefühl erst zu einem Massenphänomen geworden.

Nachdem Öcalan 1999 hinter den Gefängnismauern auf İmralı verschwunden war, wurde aus dem Helden geradezu eine Legende. Für die meisten Kurden in der Türkei, insbesondere den jungen

Leuten, die Öcalan nie in Freiheit erlebt haben, ist er heute eine Figur wie Arafat und Mandela in einem. Jugendliche, die Ende 2015 in den selbstgeschaufelten Gräben in der Altstadt von Diyarbakır gegen die Armee kämpften, sagten, sie würden sich von keinem Politiker etwas sagen lassen, nur Abdullah Öcalans Wort zähle für sie.

Doch was ist das Wort von Öcalan? Der Mann befindet sich seit 17 Jahren in mehr oder weniger strenger Isolationshaft. Er spricht hauptsächlich mit seinen Bewachern vom türkischen Geheimdienst. Er bekommt unregelmäßigen Besuch von Familienangehörigen und Anwälten, oft jedoch monatelang nicht. Während der Friedensgespräche durften ihn im Jahr 2014 immer mal wieder auch Vertreter der HDP besuchen. Alle diese Besucher gaben anschließend regelmäßig politische Erklärungen ab, die Öcalan ihnen so mit auf den Weg gegeben haben soll. Während der Friedensgespräche fürchteten aber auch viele, dass Öcalan vom Geheimdienst manipuliert wurde. Trotzdem hielt die PKK sich weitgehend an Öcalans Vorgaben. Cemil Bayık, der Öcalan als Militärführer der PKK vertritt, ist einer der wenigen, der seit Gründung der Partei 1978 an vorderster Front mit dabei ist. Heute sagt Bayık sinngemäß: Ja, wir erkennen Öcalan als historischen Führer der PKK an. Aber Öcalans Wort ist das eine, unsere Entscheidungen das andere. Jeder von uns hat seine Rolle.

Land und Leute

Klima

Im kalten Deutschland stellt man sich die Türkei für gewöhnlich als warmes Land im Süden vor. Das trifft auch zu, allerdings nur für einen schmalen Streifen entlang des Mittelmeeres, wo auch im Winter das Thermometer nicht unter zehn Grad fällt. Doch was für die sozialen und ethnischen Differenzen gilt, gilt in der Türkei auch für das Klima. Die Unterschiede zwischen den verschiedenen Klimazonen sind erheblich. Wer in İstanbul im März oder April einen vorweggenommenen Frühling genießen will, erlebt in der Regel eine Enttäuschung. Thrakien, der gesamte Raum um das Marmarameer, und die westliche Schwarzmeerküste gehören zur sogenannten gemäßigten Klimazone und werden maßgeblich vom Wetter auf dem Balkan und in Südrussland beeinflusst. Die Winter sind nicht so kalt wie in Mitteleuropa, aber es kann durchaus schneien, und vor allem die ersten drei Monate des Jahres sind zumeist nasskalt und ziemlich ungemütlich. Nach einem sehr kurzen Frühling kommt dann ein Sommer, der vor allem im Juli und August Temperaturen von 35 Grad und mehr bietet. Wer kann, flieht in dieser Zeit aus der Großstadt. Da die Schulen im Sommer von Mitte Juni bis Mitte September schließen, verlassen die meisten Familien, die in den Jahren zuvor aus Anatolien nach İstanbul gekommen sind, in dieser Zeit die Stadt und gehen zurück in ihre Dörfer. Das obere Drittel der İstanbuler Gesellschaft fährt dagegen ins Sommerhaus an die Ägäis – wer keine Ferien machen kann, pendelt. Der Herbst zieht sich im Gegensatz zum Frühjahr lange hin – noch im Dezember gibt es immer wieder

Tage, an denen die Sonne genug Kraft hat, dass man seinen Kaffee oder Tee im Freien genießen kann.

Das eigentliche Mittelmeerklima beginnt dagegen erst weiter südlich bei İzmir und zieht sich dann die gesamte Küste bis zur syrischen Grenze hin.

Das Besondere an der Türkei ist, dass dieses fast subtropische Klima nur an einem durchweg schmalen Küstenstreifen existiert. Der Grund dafür ist das Taurusgebirge, das wie eine Barriere die anatolische Hochebene auf der West-Ost-Ausdehnung vom Meer abriegelt. Mit bis zu 4000 Metern Höhe ist das Taurusgebirge eine Klimascheide, die dafür sorgt, dass zwischen dem Küstenstreifen und Zentralanatolien ein abrupter Unterschied besteht: auf der einen Seite subtropisch, auf der anderen Seite ein ziemlich trockenes und im Winter kaltes Steppenklima. In Zentralanatolien sind die Temperaturunterschiede zwischen Sommer und Winter erheblich. Während im Sommer das Thermometer zwischen 30 und 40 Grad Celsius pendelt, wird es im Winter so kalt, dass Archäologen lange glaubten, neolithische Siedlungen gäbe es in der Türkei nur im Bereich des sogenannten Fruchtbaren Halbmondes, der vom Libanon über Syrien bis in den Quellbereich von Euphrat und Tigris nach Ober-Mesopotamien im heutigen Irak reicht. Erst in den 1960er Jahren entdeckte der britische Archäologe James Mellaart die 9000 Jahre alte neolithische Großstadt Çatalhöyük in der Nähe von Konya und wies damit nach, dass auch Zentralanatolien bereits seit der Steinzeit besiedelt ist, auch wenn im Winter die Temperatur bis auf 20 Grad minus fallen kann. Ankara ist berüchtigt für seine kalten Winter.

Die eigentliche Kältekammer des Landes ist aber die Osttürkei. Wie an der Mittelmeerküste ist auch die östliche Schwarzmeerküste von einem über 4000 Meter hohen Gebirgszug abgeriegelt. Die Schwarzmeerküste hat deshalb im Winter eher gemäßigte Temperaturen und das ganze Jahr über einen hohen Niederschlag, da sich die Wolken an den Bergen kurz hinter dem Küstenstreifen abregnen. Die hohe Feuchtigkeit hat es ermöglicht, am östlichen Schwarzmeer Teekulturen anzulegen, die sich so gut entwickelt haben, dass die Türken zu einem Volk von Teetrinkern wurden und trotzdem noch über den Eigenbedarf hinaus Tee exportieren können.

Das hinter der Küste beginnende Gebirge ist dann aber, anders als der Taurus am Mittelmeer, nicht nur eine schmale Gebirgskette, sondern erstreckt sich über die gesamte Osttürkei, mit Ausnahme der Obermesopotamischen Tiefebene zwischen Euphrat und Tigris, entlang der Grenze zu Syrien. Dort, in der Osttürkei, herrscht das halbe Jahr über Frost, in Städten wie Erzurum, Kars und Doğubeyazıt beginnt es oft schon im Oktober zu schneien und der Winter dauert bis in den Mai.

Entsprechend diesen extrem unterschiedlichen klimatischen Bedingungen sind natürlich auch die Segnungen der Natur höchst ungleich verteilt. Während zwischen Alanya und Antalya Bananen wuchern und Zitrusplantagen blühen, an der Ägäisküste die angeblich besten Oliven der Welt wachsen und in Zentralanatolien große Getreidefelder wogen, wächst im gebirgigen Osten gerade mal genug hartes Gras, um eine Herde Schafe zu ernähren.

Der Osten hat dafür eine Ressource, die in den kommenden Jahrzehnten immer wichtiger werden wird: Wasser! Hier entspringen die beiden biblischen Ströme Euphrat und Tigris, die immerhin über 1000 beziehungsweise über 500 Kilometer durch die Türkei fließen, bevor sie dann durch Syrien und den Irak zum Persischen Golf gelangen. Noch zwei weitere große Flüsse entspringen in den Bergen Ostanatoliens: der Kızılırmak, der nach einem großen Bogen durch Zentralanatolien ins Schwarze Meer fließt, und der Seyhan, der bei Adana ins östliche Mittelmeer mündet.

Am Euphrat und Tigris hat die Türkei schon in den 1970er Jahren ein gigantisches Entwicklungsprojekt (GAP) begonnen, dass bis heute noch nicht abgeschlossen ist. Durch den Bau von insgesamt 22, zum Teil riesigen Staudämmen sollen Wasserkraftwerke betrieben werden, mit denen man nach letzten Planungen bis zu 30 000 Megawatt Strom erzeugen will. Zweitens soll das Wasser aus den Staudämmen für ein riesiges Bewässerungsprojekt in der mesopotamischen Tiefebene zwischen Diyarbakır und Urfa genutzt werden. Können bislang in Ostanatolien lediglich zehn Prozent der Fläche landwirtschaftlich genutzt werden, sollen durch diese Bewässerungsprojekte Tausende von Hektar dazugewonnen werden – in den weitestgehenden Entwürfen eine Fläche von der Größe des Saarlandes. Damit will man die Grundlage für die wirtschaftliche Entwicklung des kurdisch besiedelten Südostens schaffen, um so zumindest einen Teilaspekt des Kurdenproblems anzugehen: die endemische Armut.

Es gibt aber auch erhebliche Probleme durch den Staudammbau und die damit verbundene extensive Wassernutzung. Jeder Staudamm vernichtet Kulturland, Dörfer müssen geräumt werden, Tausende Menschen verlieren ihre angestammte Heimat. Hinzu kommt, dass am Oberlauf von Euphrat und Tigris wertvolle historische Stätten unter dem Wasser verschwinden. Das Gebiet gehört zu den ältesten menschlichen Siedlungsgebieten überhaupt, einige Archäologen glauben, dass hier einmal der biblische Garten Eden gelegen haben soll, weil Menschen hier erstmals Getreide kultiviert haben. Die bekanntesten Beispiele für die Bedrohung durch Staudämme sind die Ruinen von Hasankeyf, ein Ort an einer Tigrisfurt, wo jahrtausendealte Siedlungsspuren nachgewiesen wurden, sowie die Ruinen der römischen Stadt Zeugma, in denen wertvolle Mosaiken gefunden worden waren, bevor die Fluten des Birecik-Staudammes diese verschwinden ließen. Auch der Ilısu-Staudamm ist nun fast fertig und von der alten Stadt Hasankeyf wird bald nur noch das Minarett einer höher gelegenen Moschee aus dem Wasser ragen.

Die staatlichen Planer diskutieren seit langem noch eine weitere Möglichkeit, den Wasserreichtum auch kommerziell nutzbar zu machen. Unter dem Stichwort Wasser gegen Öl wird überlegt, Wasserpipelines in den Nahen Osten zu verlegen, um so quasi

Wasser gegen Öl zu tauschen. Dieses Vorhaben liegt angesichts der Kriege im Nahen Osten erst einmal auf Eis, stattdessen hat man nun eine Wasserpipeline nach Zypern verlegt. Ob dieses Wasser außer dem türkisch besiedelten Norden der Insel auch deren griechischem Süden zugutekommen wird, ist derzeit noch Gegenstand von Verhandlungen.

Landschaft und Kultur

So unterschiedlich wie das Klima, so vielfältig sind die Landschaften der Türkei. Es ist vielleicht übertrieben, wenn einige Türkei-Enthusiasten behaupten, man könne in dem Land alles finden, was es auf der Welt gibt – abgesehen vom tropischen Dschungel und den arktischen Eiswüsten –, aber es ist doch nur eine kleine Übertreibung. Alpine Gebirgslandschaften, Steppen und Wüsten, phantastische Strände, ausgedehnte, uralte Wälder, große Seengebiete – wer dieses Land wirklich erkunden will, muss sich Zeit nehmen und wird sicher nicht enttäuscht werden. Von der Fläche umfasst die Türkei rund 770000 Quadratkilometer – mehr als doppelt so viel wie Deutschland. Bei einer Bevölkerung von rund 75 Millionen zeugt das von einer deutlich dünneren Besiedelung als in Deutschland. Wenn man dann noch berücksichtigt, dass mittlerweile über 70 Prozent in den städtischen Ballungszentren konzentriert sind, kann man sich vorstellen, dass es auch heute noch ganze Landstriche gibt, die dem mitteleuropäischen Besucher vorkommen, als sei hier noch vollkommen unberührte Natur. Anders als in Deutschland ist die Natur für die Menschen in der Türkei jedoch noch kein postmaterialistisches Kulturgut, das man wandernd durchstreift und bestaunt, sondern entweder man lebt notgedrungen mit ihr, wie die Bauern, Hirten und Nomaden, oder man ist froh, ihren Launen endlich entronnen zu sein und in der Stadt die Vorteile der Zivilisation zu genießen.

Wer zu Fuß geht, wandert nicht, sondern ist einfach zu arm,

um sich ein Auto zu leisten. Freiwillig zu laufen fordert nur Kopfschütteln heraus. Leute, die wandern, sind fast immer westliche Ausländer. Deshalb bietet die Türkei unendlich viele Gelegenheiten, unberührte Landschaften zu entdecken und weitgehend ungestört genießen zu können. Damit die Grundbedürfnisse für Wanderer gedeckt werden können, haben englische Naturfreunde an besonders schönen Routen Wanderwege ausgezeichnet. Der bekannteste ist der Lykische Wanderweg, eine mehrere hundert Kilometer lange Strecke entlang der südwestlichen Mittelmeerküste durch das antike Lykien. Der Weg führt immer oberhalb der Küste durch das Taurusgebirge und berührt etliche spektakuläre antike Stätten. Ein anderes Beispiel ist der Apostel-Pfad, ein Weg, der östlich von Antalya von der Küste aus ins Gebiet der großen Seen führt, und den der Apostel Paulus, der ja bekanntlich aus Tarsus, einer antiken Stadt in unmittelbarer Nachbarschaft des heutigen Mittelmeerhafens Mersin, stammt, bei seiner Missionstätigkeit vor knapp 2000 Jahren genommen haben soll.

Bei Wanderungen durch diese uralten Kulturlandschaften entdeckt man eine Vielzahl von Tieren und Pflanzen, die es entweder nur hier gibt, oder die andernorts bereits ausgestorben sind. Nicht nur Bären und Luchse, auch seltene Schmetterlinge und, wenn auch schon lange nicht mehr gesichtet, den anatolischen Leoparden. Hunderte von Heilkräutern und Zierpflanzen stammen aus Anatolien. Im Taurusgebirge wachsen sogar noch die berühmten Libanon-Zedern, von denen es im Libanon selbst längst keine mehr gibt.

Doch obwohl das Wandern in der Türkei immer noch keine Massenbewegung geworden ist, haben in jüngster Zeit auch die türkischen Tourismusmanager erkannt, dass sich nicht mehr nur mit Bettenburgen am Strand Geld verdienen lässt. Als Erstes ist ihnen bewusst geworden, dass es entlang der Ägäis- und Mittelmeerküste mehr antike Stätten der abendländischen Kultur gibt, als selbst in Griechenland oder Italien. Angefangen von Troja im

Nordwesten, wo Homer die *Ilias* ansiedelte, über Ephesus, eine der besterhaltenen griechisch-römischen Großstädte der Antike, und Aphrodisias, aus deren Marmorbrüchen die meisten Skulpturen der römischen Kaiserzeit stammen, dem riesigen Theater von Aspendos und dem Apollo-Tempel in Side bis hin zu den unterirdischen christlichen Kirchen in Kappadokien und der ersten christlichen Kirche überhaupt, der Apostelkirche St. Peter in Antakya (dem damaligen Antiochien), wo der Apostel Petrus die erste Gemeinde nach dem Tode Jesu gegründet haben soll. Angesichts dieser Fülle antiker Sehenswürdigkeiten entwickelte sich neben dem Badeurlaub auch immer mehr ein echter Kulturtourismus von Leuten, die sich neben der Gegenwart auch für die Vergangenheit des Landes interessieren.

Selbst der Osten wird langsam touristisch erschlossen. Während man im Südosten im Tur-Abdin auf den Spuren der ersten Christen wandern kann, sind im Nordosten große Skigebiete entstanden, und auf dem Kızılırmak werden spektakuläre Rafting-Touren angeboten. Das Highlight im Osten aber ist der Ararat, mit 5165 Metern der höchste Gipfel des Landes. Seinen weltweiten Ruf verdankt der Ararat aber nicht seiner Höhe oder etwa einer besonderen Herausforderung für Bergsteiger, sondern der Bibel: Auf dem Ararat soll die Arche Noah gestrandet sein, nachdem die Sintflut langsam abzufließen begann. Vor allem amerikanische Bibelforscher aus fundamentalistischen Sekten sind ganz wild darauf, die vermeintlichen Reste der Arche Noah aus den Gletschern des Ararat auszugraben. Eine für jedermann leicht zugängliche Arche Noah findet sich auf halber Höhe des Berges. Greenpeace hat hier im Jahr 2007 eine Arche nachgebaut, die angesichts der drohenden Klimakatastrophe daran erinnern soll, dass heute mindestens so viele Arten bedroht sind wie durch die Sintflut – und daher dringend moderner Retter bedürfen.

Angesichts der Grenzlage und der unsicheren Situation im Osten ist für eine Besteigung des Ararats eine Genehmigung notwendig. Man sollte eine Bergbesteigung deshalb nicht ohne einen professionellen Reiseveranstalter unternehmen, der vorher die Papiere beschafft.

Politisches System

Für die Türkische Republik war in den Jahren nach ihrer Gründung 1923 Frankreich das große Vorbild. Sowohl aus staatstheoretischen Überlegungen als auch aufgrund der dominierenden Person des Republikgründers und ersten Präsidenten Mustafa Kemal (Atatürk) wurde die Türkische Republik zu einem zentralistisch gelenkten Staat mit einem starken Präsidenten. Wie in Frankreich ist das Land in Provinzen unterteilt (es gibt 81), die jeweils einen von der Regierung bestellten Gouverneur haben. Ebenfalls nach französischem Vorbild sind im Gegenzug die Kommunen und ihre gewählten Bürgermeister mit einer relativ starken Stellung versehen, so dass vor allem das Amt des Oberbürgermeisters in den großen Städten (İstanbul, Ankara, İzmir) eine herausgehobene politische Position darstellt, von der aus sich gut große politische Karrieren vorbereiten lassen. Bekanntestes Beispiel ist der heutige Staatspräsident Recep Tayyip Erdoğan, der in der ersten Hälfte der 1990er Jahre Oberbürgermeister von İstanbul war.

Im Prinzip wurde auch das französische Vorbild des Citoyen übernommen – jeder, der von sich sagt, er ist Türke, soll auch dazugehören und nicht aufgrund seiner Abstammung diskriminiert werden.

Das Problem der Türkei ist, dass aus diesem Diskriminierungsverbot ein Assimilierungsgebot wurde. Jahrhundertelang war das Osmanische Reich ein Vielvölkerstaat. Die Türken als Staatsvolk kamen darin kaum vor, verbindende Elemente waren die gemeinsame Huldigung des Sultans (bzw. des Hauses der Osmanen, die über 700 Jahre durchgehend den Sultan stellten) und der Islam. Die christlichen Minderheiten, die einen beachtlichen Teil des osmanischen Staatsvolkes bildeten, waren in eigenständigen Milliyets organisiert, hatten eigenständige Schulen und übten eine eigene Gerichtsbarkeit aus, mussten keinen Militärdienst leisten, dafür aber wesentlich höhere Steuern zahlen als die Muslime, und hatten keinen Zugang zu wichtigen Posten in der Bürokratie.

Für die neue Republik kam es deshalb erst einmal darauf an, ein Staatsvolk im modernen, nationalstaatlichen Sinne zu schaffen – und das waren nach Lage der Dinge die Türken. Die christlichen Minderheiten behielten nach dem Friedensvertrag von Lausanne 1923 einen Sonderstatus als Minderheiten, für alle anderen galt aber bald nicht nur: »Ich bin glücklich, sagen zu können, ich bin Türke«, wie es Atatürk für alle Bürger der Republik formulierte, sondern aus dem Versprechen wurde eine Drohung: Wenn du nicht Türke bist, hast du gefälligst einer zu werden oder zu gehen. Damit aber war die Saat für die späteren Auseinandersetzungen zwischen Türken und Kurden gelegt.

Die Kurden kamen als Gründungsvolk der Republik nicht mehr vor, später wurde von Staats wegen sogar zeitweilig die Existenz von Kurden innerhalb der Türkei grundsätzlich bestritten. Der staatliche Zentralismus und die Betonung des Türkentums, auch bei der Durchsetzung des Türkischen als alleiniger Sprache – nach dem Putsch 1980 verboten die Generäle sogar vorübergehend, kurdisch auf der Straße zu sprechen –, waren getrieben von der Angst vor einer Spaltung des Landes. Dieses Trauma der politischen Klasse rührt aus dem Niedergang des Osmanischen Reiches, als sich im Zuge des aufkommenden europäischen Nationalismus eine Nation nach der anderen abspaltete und nach blutigen Kämpfen für unabhängig erklärte, beginnend mit den Griechen zu Beginn des 19. Jahrhunderts über den gesamten Balkan bis zuletzt zu den arabischen Ländern, in denen während des Ersten Weltkrieges die Briten zur Schwächung der Osmanen erfolgreich einen arabischen Nationalismus entfacht hatten (man denke an Lawrence von Arabien).

Die Letzten, die dann vor dem endgültigen Ende des Osmanischen Reiches auf dem Gebiet des anatolischen Kernlandes noch einen unabhängigen Staat durchsetzen wollten, waren die Armenier – der Genozid von 1915, die brutale Vertreibung, Deportation und Ermordung der anatolischen Armenier während des Ersten Weltkrieges, war nicht zuletzt eine Antwort auf den Zerfall des Reiches, der im Kerngebiet mit allen Mitteln gestoppt werden sollte. Nach der Gründung der Republik waren deshalb die Kurden die einzige große ethnische nichttürkische Volksgruppe.

Zwar gibt es in der Türkei eine Vielzahl von ethnischen Minderheiten, doch außer den Kurden sind sie zahlenmäßig entweder nicht so relevant – wie die Lazen im Nordosten des Schwarzmeergebietes – oder aber es handelt sich um Bosniaken, Albaner, Tscherkessen, Tschetschenen u. a., die als Muslime vom Balkan oder aus dem Kaukasus vertrieben wurden und ins Kerngebiet des Osmanischen Reiches geflüchtet waren. Für sie, wie auch für die aus Griechenland vertriebenen Muslime, galt und gilt das Credo: Jeder, der sich Türke nennt, ist Türke. Es ist ein Versprechen im Sinne des Staatsbürgers. Sie gehören dazu wie in Deutschland die nach dem Zweiten Weltkrieg aus den Ostgebieten des Deutschen Reiches Vertriebenen.

Aufgrund dieser Geschichte fällt es den Türken auch heute so schwer, den Konflikt mit den Kurden über ein föderales System zu lösen. Für jeden Deutschen, der es gewohnt ist, seinen Staat in Bundesländern zu denken, ist es zunächst schwer verständlich, warum man nicht einfach ein Bundesland Kurdistan schafft und den Kurden so viel Autonomie einräumt wie in Deutschland den Bayern. In der Türkei, und zwar sowohl unter Türken wie Kurden, würde das jedoch mehrheitlich als Vorstufe zur Abspaltung verstanden werden. Türken und Kurden blicken dabei weniger auf Deutschland als vielmehr auf den Nordirak, wo die Kurden gerade versuchen, aus ihrem Autonomiegebiet einen unabhängigen Staat zu machen, und auch nach Spanien. Die Kurden träumen von einer Autonomie wie der im Baskenland oder in Katalonien, deren Bewohner die relative Selbständigkeit ihrer Provinzen ja auch einem Zentralstaat abgerungen haben. Allerdings sind die anhaltenden Unabhängigkeitsbestrebungen Kataloniens auch ein Indiz, das angeblich zeigt, dass Zugeständnisse der Zentralregierung die Abspaltungstendenzen immer nur weiter anfachen.

Statt über Föderalismus wird deshalb in der Türkei, wiederum ähnlich wie in Frankreich, eher über Dezentralisierung diskutiert, konkret über mehr Eigenständigkeit für die Kommunen. Das ist schön und gut, hat aber einen großen Haken. Auch wenn die Kommunen mehr Entscheidungskompetenzen erhalten, ihr Budget kommt doch weitgehend aus Ankara. Die Kommunen haben praktisch keine eigenen Steuereinnahmen und erhalten ihr Geld nach einem komplizierten Schlüssel aus der Hauptstadt. Dabei zeigt sich dann regelmäßig, dass es immer den Kommunen besonders gut geht, deren Bürgermeister zufällig Mitglied der regierenden Partei in Ankara ist. Das hat natürlich Auswirkungen darauf, wo die Bürger bei der nächsten Kommunalwahl ihr Kreuzchen machen, hat aber im kurdisch besiedelten Südosten noch einen besonderen Effekt. In der Friedensphase von 2002 bis 2015 konnte die eher linke, nationalistische kurdische Partei PKK erhebliche Gewinne erzielen und in fast allen Städten im Südosten den Bürgermeister stellen. Jenseits der ethnischen Auseinandersetzung, im Alltag der Kommunalpolitik, zeigte sich jedoch bald, dass viele schöne Projekte nicht realisiert werden konnten, weil das Geld aus Ankara nicht kam.

So wie über Zentralismus versus Dezentralisierung seit langem heftig diskutiert wird, ist auch die Rolle des Präsidenten als Oberhaupt des zentralen Staates immer wieder umstritten. Laut geltender Verfassung ist die Türkei eine parlamentarische Demokratie. Die Regierung wird vom Parlament gewählt, der Ministerpräsident hat die politische Richtlinienkompetenz. Der Präsident hat eher repräsentative Funktionen, auch wenn seine Kompetenzen weiter reichen als in Deutschland.

Dem amtierenden Präsidenten Recep Tayyip Erdoğan ist das jedoch nicht genug. Seit er Präsident ist, trommelt er für eine neue Verfassung, in der der Präsident auch die Richtlinien der Politik bestimmt und in allen Fragen die letzte Entscheidung hat. Erdoğan verweist dabei immer auf die USA und Frankreich, wo die Präsidenten ja auch die exekutive Gewalt innehaben, doch anders als in diesen westlichen Demokratien will er gleichzeitig die Rechte des Parlaments und der Justiz stark beschneiden. Niemand soll dem Präsidenten nach seiner Wahl (vorgesehen sind maximal zwei Wahlperioden von jeweils fünf Jahren) in den Arm fallen können, weswegen die Opposition mehr von dem Modell Kasachstan als dem Vorbild USA spricht.

Vor allem seit dem Wahlsieg der AKP im November 2015 drängt Erdoğan massiv auf eine neue Präsidialverfassung. Da der AKP jedoch im Parlament allein die notwendigen Stimmen für eine Verfassungsänderung fehlen, wird jetzt immer häufiger über eine Volksabstimmung geredet.

Wirtschaft

Obwohl das Wirtschaftswachstum der Türkei wie in fast allen Schwellenländern weltweit seit 2014 schwächelt, kann das Land doch auf mehr als ein Jahrzehnt erstaunlicher Wachstumsraten zurückblicken. Gelten in Deutschland schon zwei Prozent jährliches Wirtschaftswachstum als konjunkturelles Feuerwerk, konnte die Türkei von 2002 bis 2013, mit nur einer kurzen Unterbrechung während der Weltwirtschaftskrise 2008, Wachstumsraten von fast zehn Prozent jährlich vorweisen.

Der Boom am Bosporus hat international Eindruck gemacht. Die direkten Auslandsinvestitionen, die in den 1980er und 1990er Jahren des letzten Jahrhunderts immer weit unter einer Milliarde Dollar im Jahr lagen, stiegen in den Boomjahren dramatisch an und reichten 2007 bereits an die 20 Milliarden heran. Das schlug sich auch an der İstanbuler Börse nieder, die in diesen Jahren ordentlich zulegte. Türkische Aktien waren gefragt, und die hier notierten türkischen Konzerne verzehnfachten ihren Wert in diesen Aufschwung-Jahren. Da türkische Großkonzerne immer noch alle mehrheitlich im Besitz einzelner Familien sind, haben die Koç, Sabancı und andere Industriellenclans in diesen Jahren sagenhafte Reichtümer angehäuft. Aus ehemaligen Dollarmillionären wurden in etlichen Fällen vielfache Milliardäre.

Der Aufstieg der türkischen Wirtschaft glich dabei tatsächlich dem berühmten Phönix aus der Asche. Im Frühjahr 2001 erlebte die Türkei den schlimmsten Bankencrash seit Gründung der Republik 80 Jahre zuvor. Die damalige Regierung hatte mit dem Internationalen Währungsfonds (IWF), bei dem das Land seit Anfang der 1980er Jahre verschuldet ist, einen festen Wechselkurs zwischen Lira und Dollar vereinbart, an dem sie viel zu lange festhielt. Die Verschuldung des türkischen Staates war in immer größere Dimensionen gestiegen, die staatlichen Banken waren von den Parteien in großem Umfang als Selbstbedienungsläden missbraucht worden, und als sich abzeichnete, dass die Devisenreserven dem Ende zugingen, begannen zunächst die Insider und dann alle, die Wind davon bekamen, ihre Lira in Dollar umzuschichten, bis die Zentralbank die Notbremse ziehen musste.

Der feste Wechselkurs wurde von einem Tag auf den anderen aufgegeben, der Dollar verteuerte sich sofort um rund 50 Prozent oder mit anderen Worten, die Lira verlor in kurzer Zeit fast die Hälfte ihres Wertes. Es war ein Desaster, das das Wirtschaftsleben des Landes fast zum Erliegen brachte. In dieser Situation machte der damalige Regierungschef Bülent Ecevit den Vizepräsidenten der Weltbank, Kemal Derviş, zum neuen Wirtschaftsminister, dessen Aufgabe es vor allem war, frisches Geld zu beschaffen. Derviş handelte mit dem IWF neue Unterstützungspakte aus, die den türkischen Staat zunächst vor dem Bankrott retteten. Dass aus der daraus resultierenden enormen Abhängigkeit vom IWF keine Leidens-, sondern eine Erfolgsgeschichte wurde, haben die Türken der im November 2002 gewählten neuen Regierung der AKP zu verdanken.

Die AKP konnte erstmals seit zehn Jahren wieder eine Ein-Parteien-Regierung stellen und beendete damit ein Jahrzehnt permanenter Regierungswechsel und anhaltender Instabilität. Allein das schuf schon Vertrauen. Wichtiger aber war, dass die AKP, anders als ihre Vorgänger, mit dem angestrebten Beitritt zur EU wirklich Ernst machte. Der Kampf um den Beginn förmlicher Beitrittsverhandlungen, die dann Ende 2005 auch aufgenommen wurden, prägte die ersten Jahre der AKP-Herrschaft. Das führte zu enormen Anpassungsleistungen an die wirtschaftlichen Regeln der EU, was relativ schnell von ausländischen Investoren honoriert wurde. Das Ziel der AKP-Regierung, durch die Annäherung an die EU privates ausländisches Kapital ins Land zu holen und damit auch die Abhängigkeit vom IWF wieder zu verringern, ging voll auf. Die Türkei ist mit ihren 75 Millionen überwiegend jungen Menschen ein attraktiver Markt, und die Türken sind eifrige Konsumenten. Mit dem EU-Beitrittsprojekt einerseits und der weltweit guten Konjunktur andererseits waren die Bedingungen für eine kapitalistische Erfolgsgeschichte geschaffen.

Doch wie bei vergleichbaren Entwicklungen, die auf einer strikt neoliberalen Politik aufbauen, sind die Erfolge einer solchen Politik sehr ungleich verteilt. Die glänzenden makroökonomischen Daten und der sichtbar steigende Wohlstand im türkischen Speckgürtel rund um das Marmarameer, von İstanbul über İzmit bis Bursa, täuschen darüber hinweg, dass ein großer Teil der Bevölkerung von dem Aufschwung nur wenig profitierte. Der Boom war auf den Dienstleistungssektor in den großen westlichen Städten, den Tourismus und die Exportindustrie beschränkt. Zwar konnte der Automobilsektor, in dem in der Türkei fast alle Weltkonzerne vertreten sind, auch im Export punkten, doch dieser Ausbau industrieller Arbeitsplätze kann den ständigen zusätzlichen Ansturm auf den Arbeitsmarkt nicht einmal annähernd absorbieren. Durch die bereits genannte Technisierung in der Landwirtschaft und die hohe Geburtenrate kommen jedes Jahr zusätzlich eine halbe Million Menschen auf den Arbeitsmarkt. Seit einigen Jahren sorgen auch noch 2,5 Millionen syrischer Flüchtlinge für zusätzlichen Druck auf den Arbeitsmarkt.

Wobei Arbeitsmarkt in der Türkei doch noch immer etwas ganz anderes bedeutet als in Deutschland. Von 75 Millionen Menschen haben rund 20 Millionen einen festen Job. Doch höchstens die Hälfte davon hat auch tatsächlich ein sozialversicherungspflichtiges Arbeitsverhältnis. Weil die Lohnnebenkosten sehr hoch sind, arbeiten beinahe alle Firmen mit möglichst vielen nicht versicherten Leiharbeitern. Der größte Teil aller Jobs in Familienbetrieben ist sowieso unreguliert. Die in Deutschland erst in den letzten Jahren bekannt gewordenen prekären Arbeitsverhältnisse sind in der Türkei die Regel.

Selbst nach den offiziellen Angaben des staatlichen Statistischen Instituts leben knapp 13 Millionen von insgesamt 75 Millionen unter der Armutsgrenze. Rund 500 000 Menschen haben nicht genug zu essen, sie leiden regelrecht unter Hunger. Obwohl es natürlich auch in den Metropolen in der Westtürkei Armut gibt, ist das Wohlstandsgefälle von West nach Ost beträchtlich. Während in den reichsten Provinzen, im Großraum İstanbul, in Kocaeli, Bursa, İzmir und Aydın, das Durchschnittseinkommen bei fast 50 Prozent des Durchschnittseinkommens innerhalb der EU liegt (das ist mehr als in fast allen osteuropäischen EU-Ländern), kommt der Osten nur auf zehn Prozent des Durchschnitteinkommens der EU.

Leider ist auch nicht damit zu rechnen, dass die Lebensbedingungen am unteren Ende der türkischen Gesellschaft in absehbarer Zeit verändert werden können. Die ehemals starke Gewerkschaftsbewegung ist nach dem Putsch 1980 brutal zerschlagen worden und hat sich bis heute nicht davon erholt. Die Gesetzgebung ist nach wie vor sehr unvorteilhaft für die Gewerkschaften und erschwert eine Organisation in den Betrieben. Legale Streiks sind nur selten möglich, und die Gesetzeslage lässt sogenannte gelbe Gewerkschaften zu, in die die Arbeitnehmer von ihren Betrieben gedrängt werden. Das größte Problem für die Organisierung aber ist, dass die meisten Menschen sowieso nicht in Betrieben arbeiten, die die notwendige Größe für gewerkschaftliche Aktivitäten haben. Statt des gewerkschaftlichen Kampfes gilt das Ideal des »Selfmademan«. Sich als Geschäftsmann nach oben zu kämpfen ist der derzeitige türkische Traum. Nicht zuletzt, weil die AKP erfolgreich den Eindruck vermittelt, unter ihrer Regie fährt der Selfmademan am besten, wird sie trotz aller Kritik am undemokratischen Regierungsstil Erdoğans nach wie vor von fast 50 Prozent der Bevölkerung gewählt.

Türken und Europa, Türken und Deutsche

Gemeinsamkeiten in der Geschichte

Sucht man die gemeinsame europäisch-türkische Geschichte, erlebt man mehr Überraschungen, als man gemeinhin annimmt. Scheint es heute so, als sei die Türkei erst mit den sogenannten Gastarbeiterzügen, die in den 1960er Jahren dringend benötigte Arbeitskräfte aus Anatolien nach Deutschland brachten, am europäischen Horizont aufgetaucht, beginnt die türkisch-europäische Geschichte doch bereits tausend Jahre zuvor. Und obwohl Geschichte immer ein Prozess ist, gibt es für den Eintritt der Türken ins europäische Geschehen doch ein Datum, das diesen Beginn markiert. Denn 1071 schlug ein Heer seldschukischer Türken die Truppen des damaligen byzantinischen Kaisers Romanos IV. Diogenes unweit des Vansees in Malazgirt, an der heutigen türkisch-iranischen Grenze, vernichtend. Mit dieser Schlacht verlor das Byzantinische Reich den Krieg um Anatolien. Es musste innerhalb weniger Jahre eine Verteidigungsstellung nach der anderen räumen, so dass die Dynastie der seldschukischen Türken, die von Zentralasien aus über Persien immer weiter nach Westen vorgestoßen waren, weite Teile der anatolischen Hochebene für sich in Besitz nehmen konnte. Bereits knapp hundert Jahre nach der Schlacht von Malazgirt gab es ein Sultanat der anatolischen Seldschuken, die ihre Hauptstadt in Konya errichteten und für eine kurze, aber bis heute sichtbare Blütezeit in Anatolien sorgten. Die ersten Moscheen wurden gebaut, unter anderem das berühmte Minarett in Antalya, und eine ganze Kette von Karawansereien, von denen etliche bis heute überdauert haben.

Die nach der Schlacht von Malazgirt stattgefundene Einwanderung türkischer Nomadenstämme nach Anatolien markiert den Beginn der türkischen Präsenz in Europa. Wie immer heute über die Grenzen Europas diskutiert wird, um 1000 nach Christus gab es überhaupt keinen Zweifel daran, dass Byzanz ein Teil Europas ist. Im Gegenteil, zu der Zeit war Konstantinopel (das heutige İstanbul) unstrittig die größte und reichste Stadt Europas und bis zum sogenannten Schisma, also der Trennung der christlichen Kirche in eine byzantinisch-orthodoxe und römisch-katholische Linie, die 1054, nur knapp 20 Jahre vor der Schlacht an der iranischen Grenze, stattgefunden hatte, war Byzanz auch das Zentrum der gesamten Christenheit. Und das bereits seit 700 Jahren, seit der Gründung Konstantinopels im Mai 330.

Der römische Kaiser Konstantin der Große hatte, bevor er Konstantinopel zu seiner neuen Hauptstadt machte, das Christentum im Römischen Reich erstmals zu einer anerkannten, gleichberechtigten Religion neben den anderen Religionen im Einflussbereich Roms erklärt. Dieser Schritt erfolgte angeblich, nachdem ihm der Gott der Christen bei einer entscheidenden Schlacht gegen einen seiner vielen Rivalen, die er auf dem Weg zum Alleinherrscher zuvor beseitigen musste, durch ein Zeichen am Himmel beigestanden hatte. Die Legende dient als Erklärung dafür, warum Konstantin sich in seinem Machtkampf auf die wachsende Zahl der Christen im Römischen Reich stützte und sie zu nützlichen Verbündeten machte, um schließlich auch die Hauptstadt des Reiches formal von Rom nach Byzanz, in den Osten des Reiches, in dem die Christen besonders stark vertreten waren, verlegte. So wurde dann im neu gegründeten Konstantinopel, einer bis dahin griechischen Stadt am Bosporus, das Christentum im Laufe weniger Jahrzehnte auch offiziell zur Staatsreligion und die Tempel der alten römischen und griechischen Götter nach und nach vollständig zerstört, während Rom und das Weströmische Reich unter dem Ansturm der Barbaren (germanischer Stämme aus den Norden) zerfielen und für Jahrhunderte kaum mehr eine Rolle spielten. Damit wurde Konstantinopel als Hauptstadt Ostroms für die kommenden tausend Jahre zum Zentrum der hellenistisch-römischen Kultur, während in Westeuropa nach dem Zusammenbruch der römischen Herrschaft das »dunkle Zeitalter« begann.

Erst der Beginn der Kreuzzüge markierte den Wiederaufstieg Westeuropas und zeigte, dass der Westen um die erste Jahrtausendwende, 700 Jahre nach dem Fall Roms, erstmals wieder in der Lage war, nach außen zu expandieren. Der Anlass für den ersten Kreuzzug ab 1095 war nichts anderes als ein Hilferuf des byzantinischen Kaisers Alexios I. Komnenos an Papst Urban II., er möge dem christlichen Kaiser des Ostens Truppen zur Verteidigung gegen die Seldschuken schicken. Urban nutzte diesen Hilferuf geschickt, um seine eigene Position als Papst und Führer der westlichen Christenheit auszubauen, und trommelte deshalb nicht nur für eine Hilfsaktion zugunsten von Byzanz, sondern verband das Ganze mit einem Aufruf zur »Befreiung« Jerusalems.

Für Alexios I. war das ein vergiftetes Geschenk, denn Jerusalem gehörte zu der Zeit nominell noch zum Byzantinischen Reich, wenn es auch seit etlichen Jahren vom Kalifen von Damaskus besetzt war. Die Kreuzzüge, die erste Expansion Westeuropas in den Nahen Osten seit den römischen Eroberungen, wurden letztlich nicht den islamischen Herrschern, gegen die sie ja angeblich gerichtet waren, zum Verhängnis, sondern Byzanz selbst. So wie der Aufstieg von Byzanz um 300 den Untergang Roms markierte, waren die Kreuzzüge das Zeichen für das Wiedererstarken Roms und den langsamen Abstieg Konstantinopels. Das manifestierte sich beim vierten Kreuzzug endgültig, der 1204 mit der Eroberung und Plünderung Konstantinopels endete und zu einer knapp hundertjährigen lateinischen Herrschaft am Bosporus führte. Zwar gelang es den Byzantinern, ihre Hauptstadt wieder zurückzuerobern, doch erlangte Ostrom seine frühere Stärke nie mehr zurück. So ebneten paradoxerweise nicht zuletzt die Kreuzzüge den Türken den Weg nach Westen.

Das Osmanische Reich

Die Osmanen kontrollierten nach dem Zerfall des seldschukischen Großreiches anfangs nur ein relativ unbedeutendes Fürstentum im Nordwesten Anatoliens, also direkt an Byzanz angrenzend. Unter ihrem Stammesoberhaupt Osman gelang es ihnen jedoch um 1300, die Stadt Bursa von den Byzantinern zu erobern und dort ihre Hauptstadt zu errichten. Die Nachfolger expandierten mit großem Erfolg weiter, indem sie entweder byzantinische Truppen besiegten oder aber durch geschickte Heiratspolitik mit der byzantinischen Herrscherfamilie ihren Einflussbereich ausdehnten, so dass das Osmanische Reich Anfang des 14. Jahrhunderts schon Teile des Balkans umfasste und Byzanz mehr und mehr zu einer Insel inmitten osmanischer Gebiete wurde. Es war deshalb nur mehr eine Frage der Zeit, bis Konstantinopel fallen würde. Der junge Sultan Mehmed II. setzte nach mehreren halbherzigen Versuchen seiner Vorgänger dann alles an die Eroberung der Metropole und erstürmte das sogenannte Ostrom nach längerer Belagerung im Mai 1453. Dies war, nach der Schlacht von Malazgirt rund 400 Jahre zuvor, die endgültige Etablierung der Türken als europäische Macht. Es gibt etliche Hinweise darauf, dass Mehmed der Eroberer weniger Byzanz von der Landkarte tilgen als vielmehr Nachfolger der byzantinischen Kaiser werden wollte.

Anders als andere Eroberer nahmen die Osmanen viel von den »Rum«, den griechischen Römern, an. Mehmed warb auch um die griechische Bevölkerung, garantierte ihnen ihre Religionsfreiheit und setzte den Bischof zum Patriarchen der griechisch-orthodoxen Gemeinde ein. Zwar wurden die meisten Kirchen, so auch die Hagia Sophia, in Moscheen umgewandelt, doch die Griechen behielten einige Gotteshäuser und konnten sich unter ihrem Patriarchen autonom organisieren.

Viele Griechen spielten in den Jahrhunderten des Osmanischen Reiches eine wichtige Rolle im diplomatischen Dienst des Sultans, und viele ehemaligen Christen oder Kinder aus christlichen Familien vom Balkan brachten es im Reich zu höchsten Würdenträgern. Grundlage dafür war die sogenannte Knabenlese, bei der die Statthalter in den Balkanprovinzen Kinder aus christlichen Familien entweder zwangsweise rekrutierten oder aber die Familien ein Kind freiwillig in den Dienst des Sultans gaben, weil viele von ihnen dann entweder als Janitscharen, Angehörige der Elitetruppe der Osmanen, oder als Würdenträger am Hof Karriere machen konnten. Zwar war der Islam Staatsreligion, doch zeigten sich die Osmanen in Religionsfragen wesentlich toleranter als die christlichen Mächte der damaligen Zeit. Bereits unter Beyazıt, dem Nachfolger Mehmeds II., kam es zu regem diplomatischen Kontakt mit verschiedenen westeuropäischen Mächten, darunter auch mehreren Päpsten. Venedig und Genua, die schon zu byzantinischen Zeiten große Niederlassungen in Konstantinopel unterhielten, blieben bevorzugte Handelspartner und genossen auch unter den Osmanen erhebliche Privilegien, immer unterbrochen von kriegerischen Auseinandersetzungen. Während des osmanischen Vormarsches auf dem Balkan, der erst 1529 vor Wien gestoppt wurde, kam es immer wieder zu wechselnden Allianzen mit einzelnen italienischen Staaten oder auch Frankreich, die sich mit den Osmanen gegen die Habsburger verbündeten.

Was heute, gerade unter dem Eindruck einer angeblich neuen islamischen Bedrohung des Westens, als Geschichte des Kampfes zwischen Abend- und Morgenland, zwischen christlichem Europa und muslimischem Osmanischen Reich erzählt wird, verlief tatsächlich wesentlich komplizierter, auch wenn schon Luther ins Horn vom Kampf der Kulturen blies und seine Anhänger zum Widerstand gegen die muslimischen Türken aufrief. Schlimmer aber noch als die Türken waren für ihn die Juden und Papisten. Die Erzählung vom »Wir« gegen »Die« ist eine ideologische Aufbereitung von Geschichte, die heute unter anderem dazu dienen soll, eine Mitgliedschaft der Türkei in der EU abzulehnen.

Tatsächlich gab es Verbindungen nicht nur auf diplomatischer

Ebene, sondern auch durch Austausch auf technischem und kulturellem Gebiet. Bereits die großen Kanonen, mit denen die osmanische Armee die Mauern Konstantinopels 1453 sturmreif schoss, hatte ein Kanonengießer aus Österreich für den Sultan gebaut. Je größer die technische Überlegenheit West- und Mitteleuropas in den kommenden Jahrhunderten werden sollte, umso mehr bemühten sich die Sultane um Anschluss und Unterstützung im Westen. Den Höhepunkt osmanischer Macht markierte das 16. Jahrhundert, als unter Süleyman dem Prächtigen, genannt auch Süleyman der Gesetzgeber (1520 bis 1566), das Reich seine größte territoriale Ausdehnung erreichte und auch in seiner kulturellen Blüte stand. Doch schon damals schauten die Künstler am Hofe der Sultane nach Westen. In Orhan Pamuks Roman *Rot ist mein Name* wird sehr anschaulich beschrieben, wie die Elite der osmanischen Hofmaler, die traditionell im Stile der persischen Miniaturmalerei arbeiteten, allmählich begann, den westeuropäischen Porträtstil zu kopieren. Lebensechte Porträts gelten im Bilderverbot des Islams ja als Gotteslästerung, was aber einige Sultane nicht daran hinderte, echte Porträts von sich anfertigen zu lassen. Nachdem Mehmed II., der Eroberer von Konstantinopel, dafür noch auf den italienischen Maler Bellini zurückgriff – das Original des Bellini-Porträts hängt heute in London –, beauftragten seine Nachfolger bereits einheimische Künstler damit.

Es dauerte allerdings noch bis in die erste Hälfte des 19. Jahrhunderts, bis auch der osmanische Hof zu Reformen schritt, zu denen sich etliche Monarchen im Westen bereits im Gefolge der Französischen Revolution genötigt gesehen hatten. Auch in İstanbul erfolgten solche Reformen nicht freiwillig, sondern waren der Schwäche des Reiches geschuldet. Seit der Glanzzeit osmanischer Machtentfaltung im 16. Jahrhundert stagnierte das Reich oder musste sich sogar mit ersten Gebietsverlusten abfinden. Dieser Erosionsprozess setzte sich im 18. Jahrhundert mit zunehmender Geschwindigkeit fort, und im 19. Jahrhundert kämpfte das Reich bereits mehrmals um seine Existenz. Sowohl vonseiten der ehemaligen ägyptischen Vasallen wie auch vonseiten Russlands gerieten die Osmanen immer stärker unter Druck. Dadurch wuchs der Modernisierungsdruck im Innern, der als Erstes dazu führte, dass Sultan Mahmud II. 1826 die Janitscharen, jahrhundertelang das militärische Rückgrat der osmanischen Armee, nach einem Aufstandsversuch blutig liquidieren ließ, um seine Armee modernisieren zu können. Sein Nachfolger Abdülmecid I. dekretierte dann 1839 die sogenannten Tanzimat-Reformen, mit denen die Rechte der Untertanen gegenüber dem Staat erstmals klar definiert und Nicht-Muslime den Muslimen gleichgestellt wurden.

Im Zuge dieser Reformen schaffte man auch die Todesstrafe für Konvertiten ab, also für Muslime, die sich zu einer anderen Religion bekehren ließen, etwa dem Christentum. 1854 entstand die erste Universität nach westlichem Vorbild. Sichtbarstes Zeichen der Modernisierung wurde der Umzug des Sultans in der zweiten Hälfte des 19. Jahrhunderts. Seit der Eroberung Konstantinopels war das Reich von Topkapı aus, dem weitläufigen Sultanspalast auf der Spitze der Halbinsel, regiert worden. Nun ließ der Sultan am Ufer des Bosporus einen neuen Palast errichten, der den Schlössern Italiens und Frankreichs ähnelte und damit auch nach außen den Bruch mit der Tradition symbolisierte. Allerdings konnten die militärischen, technischen und auch verfassungsrechtlichen Anleihen aus dem Westen den Niedergang des Osmanischen Reiches letztlich nicht stoppen.

Der Virus, dem das Reich zum Opfer fiel, war eine Idee, die ebenfalls aus dem Westen kam. Die Idee hieß Nation und war mit dem osmanischen Vielvölkerstaat absolut nicht kompatibel. Die Stärke des Osmanischen Reiches hatte immer darin bestanden, als Zentralstaat den einzelnen Provinzen und eroberten Gebieten weitgehende kulturelle Autonomie und Selbstverwaltung zu überlassen, solange sie ihre Steuern entrichteten und Soldaten stellten. Dabei war die Steuerlast für die Bauern weit niedriger als in den westeuropäischen Feudalfürstentümern des Mittelalters, was einer der Gründe war, warum es den Osmanen relativ leicht fiel, den Balkan zu erobern. Was diese Staatsform nicht vorsah, war eine nationale Identität der Bewohner des Reiches. Die Untertanen im Reich waren Christen und Muslime, Türken, Bosniaken oder Araber, Bauern oder Handwerker – was sie nicht waren: Sie waren keine Osmanen, so wenig wie die Einwohner des österreichischen Vielvölkerstaates im 18. und 19. Jahrhundert sich als Habsburger begreifen konnten. Als die Idee der ethnisch einheitlichen Nation im 18. und vor allem 19. Jahrhundert wirkungsmächtig wurde, begannen die Aufstände, Rebellionen und Befreiungsbewegungen innerhalb des Reiches, und zwar zuerst im Westen, auf dem Balkan.

Die Griechen, Bulgaren und Serben strebten nach ihrem eigenen Nationalstaat. Während die Griechen dabei hauptsächlich von England unterstützt wurden, geriet der übrige Balkan zur russischen Einflusssphäre. Jenseits des heutigen Kroatien, das damals zu Habsburg gehörte und katholisch war, begann das Reich der orthodoxen Kirche. Seit der Eroberung Konstantinopels durch die Osmanen verstand sich das russische Zarenreich als Schutzmacht der Orthodoxie weltweit, und Moskau galt ihnen als drittes Rom, nach der Tiberstadt und Konstantinopel.

Die Erhebungen auf dem Balkan waren deshalb nicht nur national motiviert, sondern richteten sich auch gegen die Muslime, und die muslimische Bevölkerung in Bosnien und Albanien hatte unter den sogenannten Befreiungskriegen sehr zu leiden. Die Balkankriege setzten eine riesige Vertreibungswelle in Gang, weshalb heute an der Ägäis und in Anatolien viele Dörfer mit »Yeni« (neu) beginnen. So wie New York zu Beginn nichts anderes als das neue York war, gibt es in der Türkei etliche Yeniköy, Yenibosna und andere »Yeni«-Dörfer, die damit anzeigen, dass hier muslimische Vertriebene aus dem Balkan eine neue Heimat gefunden haben.

In der Türkei wird deshalb in der Armenien-Debatte immer wieder darauf verwiesen, dass die großen Vertreibungen des 19. und 20. Jahrhunderts ja nicht mit der Vertreibung der Armenier aus Ostanatolien, sondern mit der Vertreibung der Muslime vom Balkan begonnen habe. Die massive Einmischung Englands, Frankreichs und Russlands auf dem Balkan und später auch im gesamten Osmanischen Reich hat dazu geführt, dass die türkische Politik bis heute besonders empfindlich auf Einmischungen von außen reagiert. Beispielsweise vergleichen viele Publizisten in türkischen Medien die EU-Unterstützung für Minderheiten in der Türkei, vor allem die europäische Parteinahme für die Kurden, mit der früheren Unterstützung christlicher Minderheiten im Osmanischen Reich durch europäische Mächte, und unterstellen, dass die EU damit heute dasselbe Ziel verfolgt wie die europäischen Staaten damals: die Schwächung und Spaltung des Landes.

Die Jungtürken und die deutsche Karte

Entscheidend für die Entstehung der späteren türkischen Republik war die Ende des 19. Jahrhunderts aufkommende Bewegung der Jungtürken. Diese entstand aus der »Osmanischen Gesellschaft für Einheit und Freiheit«, einer der Oppositionsgruppen gegen den Sultan, die anfangs für eine konstitutionelle Monarchie nach westeuropäischem Vorbild eintrat und zunächst auch Vertreter der christlichen Minderheit umfasste. Der gesamten Opposition gemeinsam war, dass sie aus den Balkanprovinzen des Reiches stammte und ihre Ideen überwiegend aus Paris bezog. Ging es anfänglich noch um eine gemeinsame Opposition aller im Osmanischen Reich vertretenen Völker (beispielsweise protestierten die Jungtürken heftig gegen die Pogrome an Armeniern 1895, die sie der Geheimpolizei des Sultans anlasteten), so setzten sich angesichts der Kriege auf dem Balkan bald diejenigen durch, die analog zu den rebellierenden Völkern nun ihrerseits auf das Türkentum als Basis eines zukünftigen Staates setzen wollten. Damit war die Keimzelle eines türkischen Nationalismus geboren, der dann später mit dem armenischen und noch später mit dem kurdischen Nationalismus kollidieren sollte. Das »Komitee für Einheit und Fortschritt«, wie sich die Jungtürken später nannten, setzte sich in den turbulenten Auseinandersetzungen zwischen Sultan, Konstitutionalisten und Nationalisten durch und bildete im Jahr vor dem Ausbruch des Ersten Weltkrieges ein Triumvirat, in dessen Händen faktisch die Macht lag. Die schillerndste Figur dieser Führungsgruppe war Enver Pascha, ein Stabsoffizier, der mit Unterbrechungen drei Jahre lang (von 1909 bis 1911) als Militärattaché in Berlin gewesen war, die deutschen Rüstungsanstrengungen deshalb gut kannte und bei Ausbruch des Weltkrieges seine beiden Mitregenten dazu überredete, auf die deutsche Karte zu setzen.

Für die Entscheidung des Osmanischen Reiches, an der Seite Deutschlands und Österreich-Ungarns in den Krieg zu ziehen, gab es allerdings noch weitere Gründe aus der jüngeren Geschichte. Großbritannien, die Weltmacht des 19. Jahrhunderts, und Frankreich hatten den Niedergang des Osmanischen Reiches gnadenlos für ihre Interessen genutzt und sich für Militärhilfe und Kredite weitreichende Einflussmöglichkeiten im Osmanischen Reich einräumen lassen. Waren es zunächst nur Handelsprivilegien, kontrollierten die beiden Länder zuletzt eine große Behörde, die eigenständig im Reich Steuern eintrieb, mit denen dann die Schuldenrückzahlung bewältigt wurde. Um sich aus der Umklammerung der beiden Westmächte etwas zu befreien, wandte sich Sultan Abdülhamid II. an den deutschen Kaiser Wilhelm II., den er für eine Zusammenarbeit gewann, die sich auch gegen England und Frankreich richtete. Während die Briten die osmanischen Marineoffiziere und die Franzosen die Polizei ausbildeten, holte sich der Sultan für sein Heer – und da vor allem für die Artillerie – deutsche Berater, die dann auch dafür sorgten, dass die osmanische Armee mit Mauser-Gewehren und Krupp-Kanonen ausgestattet wurde. In der Tradition Helmuth von Moltkes, der bereits 50 Jahre zuvor als preußischer Offizier an den osmanischen Hof abkommandiert gewesen war, rückten nun etliche deutsche Stabsoffiziere in Konstantinopel ein.

Um den englischen Einfluss zu brechen, verlieh der Sultan den Deutschen die Konzession für den Bau der Anatolischen Eisenbahn, die dann später auf den Bau der Bagdadbahn, einem der größten Schienenprojekte in der damaligen Zeit, ausgedehnt wurde.

Kaiser Wilhelm II. reiste zweimal ins Reich von Abdülhamid II. und erklärte bei einem Besuch großspurig, die Deutschen würde ewig die Freunde der Muslime bleiben. Während Briten, Franzosen und Russen auf die christlichen Minderheiten im Osmanischen Reich setzten, wollte der deutsche Kaiser die muslimische Mehrheit für eine Allianz gewinnen. Bleibendes Relikt dieser Politik sind der Deutsche Brunnen gegenüber der Blauen Moschee, den Kaiser Wilhelm II. feierlich einweihte, und der Kopfbahnhof Haydarpascha als Ausgangspunkt der Bagdadbahn. Neben diesen Bauten aus der Kaiserzeit hat das damalige deutsch-türkische Bündnis aber vor allem auch tiefe Spuren im kollektiven türkischen Gedächtnis hinterlassen.

Während die Schrecken und Konsequenzen des Zweiten Weltkrieges und des Faschismus die gesamte deutsche Erinnerung prägen, ist für die Türken nach wie vor der Erste Weltkrieg mit seinen Folgen das entscheidende Ereignis, aus dem alles Weitere folgte. Deshalb ist in der Türkei auch die Erinnerung an die damalige »Waffenbrüderschaft« weit lebendiger als in Deutschland.

Für das jungtürkische Triumvirat war am Vorabend des Ersten Weltkrieges angesichts der Vorgeschichte ein Bündnis mit den Mittelmächten daher nicht abwegig. Die Alternative wäre Neutralität gewesen, aber zum einen sah sich das Osmanische Reich weiterhin von Russland bedroht, zum anderen waren England und Frankreich nicht bereit, zu Kriegsbeginn eine Erklärung abzugeben, dass sie die Grenzen des osmanischen Imperiums, zu dem ja damals noch der heutige Irak, Syrien, Palästina und Saudi-Arabien gehörten, respektieren würden. England wollte die Nachfolge der Osmanen im Nahen Osten antreten, einmal um sich den Zugriff auf die damals bereits bekannten Ölvorräte zu sichern, zum anderen um den Seeweg nach Indien durch den 1869 eingeweihten Suezkanal kontrollieren zu können. So fiel die Entscheidung letztlich für eine Kriegsteilnahme an der Seite der Mittelmächte, obwohl sich das Osmanische Reich und die Habsburger auf dem Balkan jahrhundertelang bekriegt hatten. Die Deutschen wollten über ihren Bündnispartner ebenfalls Einfluss im Nahen Osten gewinnen und schickten deshalb nicht nur Waffen, sondern auch etliche Offiziere zur Unterstützung der bereits ziemlich maroden osmanischen Armee an den Bosporus.

Bereits kurz nach Kriegsbeginn erlitt die osmanische Armee an der Nordostgrenze am Rande des Kaukasus eine verheerende Niederlage gegen die Truppen des Zaren. Auf russischer Seite traten dem osmanischen Heer unter anderen auch armenische Verbände entgegen, darunter auch Freiwillige, die aus Anatolien auf die russische Seite gewechselt waren. Als es dann noch zu einem armenischen Aufstand in Van kam, fiel in İstanbul die Entscheidung, die Armenier des Reiches, mit Ausnahme der armenischen Gemeinden in İstanbul und İzmir, aus ihren Siedlungsgebieten in die syrische Wüste zu deportieren. Hunderttausende mussten sich auf den Marsch nach Süden machen, ohne Versorgung und ohne Schutz gegen ständige Angriffe marodierender Milizen. Diese Deportation wurde für die Mehrheit der Vertriebenen zu einem Todesmarsch – von denen, die völlig entkräftet in den Lagern in der syrischen Wüste ankamen, starben dann dort noch viele an Hunger und mangelnder medizinischer Versorgung.

Nach den Niederlagen an der Nordfront, wo sich das Blatt erst nach der erfolgreichen russischen Revolution wendete, und den Niederlagen an den südlichen arabischen Frontabschnitten bestand das einstmals riesige Osmanische Reich, das zu seinen Glanzzeiten nahezu das gesamte Mittelmeer und die Gebiete rund ums Schwarze Meer kontrolliert hatte, bei Friedensschluss nur noch aus dem anatolischen Kernland und der Provinz Mossul, also dem heutigen Nordirak. Aus diesem militärischen Desaster ragte ein einsamer Erfolg heraus, der für die weitere Geschichte der Türkei noch von großer Bedeutung wurde: An den Dardanellen verhinderte die Armee unter großen Opfern auf beiden Seiten die Landung alliierter Truppen, hauptsächlich Engländer und Commonwealth-Soldaten aus Australien und Neuseeland. Kommandierender General auf osmanischer Seite war neben dem Deutschen Liman von Sanders Mustafa Kemal, der damit den Grundstein für seine spätere Karriere als Oberbefehlshaber im Unabhängigkeitskrieg und erster Präsident der neuen türkischen Republik legte.

Die Deutschen und die Armenische Frage im Osmanischen Reich

Am Stadtrand von Potsdam, direkt an der Havel gelegen, hat sich nach der Wende die Bundeswehr ein schönes Areal zugelegt. Hinter hohen Mauern liegt hier die »Villa Ingenheim«, ein Schlösschen mit angrenzenden Verwaltungsgebäuden, in denen zu DDR-Zeiten schon die NVA saß und ihr militärgeschichtliches Forschungsinstitut betrieb.

Seit 1994 ist hier nun das Militärgeschichtliche Forschungsamt der Bundeswehr untergebracht, das größte historische Institut außerhalb des Universitätsbetriebes, wie man stolz verkündet. Das Amt gehört zwar zum Verteidigungsministerium, rühmt sich aber einer freien und kritischen Forschung insbesondere zur Bundeswehr und der Geschichte der NVA.

Doch deutsche Militärgeschichte beginnt ja nicht erst mit der Bundeswehr. Oberstleutnant Dr. Gerhard P. Groß ist Spezialist für den Ersten Weltkrieg. Er hat über die deutsche Seekriegsführung promoviert und über den Schlieffen-Plan, der die Grundlage für einen Sieg über Frankreich hatte werden sollen, publiziert. Selbstverständlich kennt er sich auch mit dem deutschen

Engagement im damaligen Osmanischen Reich aus. Er berichtet über Treffen mit türkischen Offizierskollegen, die noch heute mit Stolz über die damalige Waffenbrüderschaft mit Deutschland erzählen, und wie man Seite an Seite gegen Russen und Engländer gekämpft habe.

Oberstleutnant Groß findet es schade, dass in Deutschland die Erinnerung an diese Waffenbrüderschaft weitgehend verloren gegangen ist. Nur an einem Punkt muss leider auch er passen. Auf die Frage, ob die deutsche kaiserliche Armee sich an den Verbrechen gegen die Armenier vielleicht mitschuldig gemacht hat, weiß er keine Antwort. Obwohl die Debatte um den »Völkermord« an den Armeniern während des Ersten Weltkrieges regelmäßig auch in Deutschland die Gemüter erhitzt, ist die deutsche militärgeschichtliche Forschung in dieser Frage erstaunlich untätig geblieben. Dabei zeigt schon ein kurzer Blick auf die damalige Waffenbrüderschaft, dass die Deutschen einen erheblichen Einfluss auf die osmanische Armee hatten – etwa so, wie die Nato heute auf die afghanische Armee, bestätigt auch Oberstleutnant Groß. Denn die deutschen Truppen unterstützten nicht nur gelegentlich ihre türkischen Kameraden, deutsche Offiziere besetzten damals Schlüsselstellungen im osmanischen Heer.

Die Zusammenarbeit zwischen deutscher und türkischer Armee hatte bereits 1882 begonnen, als eine erste Gruppe von Offizieren nach Konstantinopel entsandt wurde, um die Reform der osmanischen Truppe nach preußischem Vorbild zu unterstützen und voranzutreiben. Ein Jahr später unterrichtete der spätere Feldmarschall Freiherr von der Goltz an der Militärakademie in İstanbul und sorgte auch dafür, dass türkische Offiziere in Deutschland geschult wurden. Schon bald darauf begann das Deutsche Kaiserreich eine regelrechte diplomatische Offensive am Bosporus. Kaiser Wilhelm II. besuchte Sultan Abdülhamid II. 1889 in İstanbul und legte dort den Grundstein für eine neue deutsche Orientpolitik. Anders als Briten und Franzosen über ihre Kolonien wollte sich das Kaiserreich einen größeren Einfluss im Orient durch eine enge Zusammenarbeit mit dem ökonomisch und militärisch schwachen Osmanischen Reich sichern. Dafür investierten Deutschland und deutsche Konzerne hohe Summen. Ambitioniertestes Projekt war der Bau der Anatolischen Eisenbahn, die später zur Bagdadbahn erweitert wurde und zu einem heftigen Interessenkonflikt mit den Briten führte. Deutschland baute so seinen Einfluss im Osmanischen Reich immer weiter aus; bei seiner zweiten Orientreise 1898 versicherte Kaiser Wilhelm allen Muslimen die unverbrüchliche Freundschaft Deutschlands – sehr zum Ärger von Briten und Russen.

Das führte dann 1913 in Vorwegnahme des ein Jahr später beginnenden großen europäischen Krieges zu einer ernsten Krise mit Russland. Auf Bitten der neuen jungtürkischen Regierung verstärkte das Deutsche Reich seine Militärmission in der Türkei entscheidend. Unter der Leitung von Generalmajor Otto Liman von Sanders wurden zunächst 40 Stabsoffiziere, deren Zahl dann wenig später bereits auf 70 aufgestockt wurde, nach İstanbul entsandt. Liman von Sanders erhielt dort so weitreichende Vollmachten, dass Russland mit einer Intervention drohte. Liman von Sanders wurde Mitglied des Obersten Kriegsrates, Chef aller Militärakademien und kommandierender General der 1., in İstanbul stationierten, Armee. Aufgrund des russischen Protestes legte er dieses Kommando dann zwar nieder, wurde aber stattdessen sogar noch zum türkischen Marschall und Generalinspekteur des türkischen Heeres ernannt. »Der mit Liman von Sanders unterschriebene Vertrag« mit den Türken, kommentierte später der US-Militärhistoriker J. L. Wallach, »gab fast die gesamte Organisation der Armee in die Hände der Deutschen und gestattete dem Chef der Mission den Eingriff in fast alle militärischen Angelegenheiten«.

Mit Beginn des Krieges und nachdem eine Expertise eben dieses Liman von Sanders für die deutsche Oberste Heeresleitung den Ausschlag dafür gegeben hatte, mit dem Osmanischen Reich ein Bündnis einzugehen, verstärkte sich der deutsche Einfluss noch einmal erheblich. Nicht nur Offiziere und Mannschaften, auch Waffen, Munition und selbst Kohle kamen aus dem Deutschen Reich. Aus den anfangs 70 Angehörigen der Deutschen Militärmission waren gegen Ende des Krieges 800 Offiziere und 25 000 Soldaten geworden, die gemeinsam mit der osmanischen Armee kämpften und dort fast alle Schlüsselpositionen besetzten. Deutsche Offiziere waren nicht nur an allen relevanten Frontabschnitten in hohen Positionen vertreten, auch der stellvertretende Generalstabschef, der engste Berater des Kriegsministers Enver Pascha, Fritz Bronsart von Schellendorf, war ein Deutscher. Da Liman von Sanders sich aufgrund seiner Arroganz als preußischer Monokelträger mit den türkischen Entscheidungsträgern äußerst schlecht vertrug, rückte der stellvertretende Generalstabschef Fritz Bronsart von Schellendorf zum mächtigsten deutschen Militär auf.

Bronsart war dabei, als Enver Pascha gleich zu Beginn des Krieges die 3. Osmanische Armee gegen den Rat von Liman von Sanders, völlig ungenügend ausgerüstet und verpflegt, in einen verhängnisvollen Winterfeldzug am Kaukasus führte, der in einer militärischen Katastrophe mündete. Von Dezember 1914 bis Februar 1915 starben fast 80 000 der 100 000 Soldaten, die meisten aber nicht durch den russischen Feind, sondern an Hunger, Erfrierungen und Krankheiten. Dieses Desaster war ein Grund für den im Mai 1915 gefällten Beschluss, die Armenier im Osmanischen Reich mit Ausnahme der armenischen Bevölkerung von İstanbul und İzmir zu deportieren und zu massakrieren.

Denn ein großer Teil der armenischen Bevölkerung lebte in dem Gebiet, in dem die 3. Osmanische Armee unterging. Auf russischer Seite kämpften dabei sowohl Armenier, die unter russischer Oberhoheit lebten, als auch rund 4000 Armenier, die von osmanischer Seite aus zu den Russen übergelaufen waren. Nach türkischer Lesart sympathisierte die armenische Bevölkerung generell mit dem russischen Kriegsgegner, weil der Zar als oberster orthodoxer Herrscher sich schon lange vor Kriegsausbruch als Beschützer der armenischen Christen im Osmanischen Reich aufgespielt hatte. In İstanbul mutmaßte man, dass der Zar die Armenier wie zuvor schon die Christen auf dem Balkan zum Aufstand gegen die Osmanen ermuntert hatte.

Als sich dann im April 1915 die armenische Bevölkerung von Van, der größten Stadt nahe des Iran, gegen türkische Milizen wehrte und die Russen erfolgreich zur Hilfe rief, wurde einen Monat später in İstanbul der Befehl zur Deportation der armenischen Bevölkerung nach Süden, in die syrischen Teile des Reiches gegeben. Diese Deportationen waren in der Realität Todesmärsche. Von den fast 800 000 Menschen, die in den Sommermonaten 1915 durch Südostanatolien getrieben wurden, kam nur rund ein Drittel lebend im Zielgebiet an, und auch dort gab es nichts, wovon sie sich hätten ernähren können. Zusammen mit den Erschießungen armenischer Männer an Ort und Stelle sind so von den rund 1,8 Millionen Armeniern im Osmanischen Reich wohl rund eine Million ermordet worden oder im Verlauf der Deportationen umgekommen.

Mit wenigen Ausnahmen gehen fast alle internationalen Historiker davon aus, dass es sich bei diesen Massakern um einen Völkermord handelte. Der Hauptstreit in der historischen Literatur ist, inwieweit die Deportation von Beginn an als Vernichtung der Armenier geplant war, also einem Beschluss zum Völkermord entsprach, oder ob die Entscheidung zum Völkermord erst im Verlauf des Krieges fiel. Offizielle Lesart der Türkei ist dagegen, dass die Deportationen wegen drohendem armenischen Verrat gerechtfertigt waren und die hohe Zahl der Toten (türkische Quellen gehen von maximal 500 000 Toten aus) den widrigen Umständen des Krieges (Nahrungsmangel und Überfälle durch irreguläre, überwiegend kurdische Banden) geschuldet war.

Festzuhalten bleibt, dass sich die Politik der damals herrschenden »Jungtürken«, der Partei für Einheit und Fortschritt mit Enver Pascha, Talaat Pascha und Dschemal Pascha an der Spitze, damals änderte. Nach anfänglich freiheitlicher Ausrichtung im

Sinne einer multiethnischen, parlamentarischen Demokratie unter dem Schirm einer konstitutionellen Monarchie entwickelte sie sich immer mehr in eine türkisch-chauvinistische Richtung. Sie stellte nach dem Untergang des osmanischen Vielvölkerstaates nun die türkische Nation in den Vordergrund. So spricht vieles dafür, dass nach den militärischen Niederlagen auf dem Balkan unmittelbar in den Jahren vor dem Ersten Weltkrieg, wo die Christen des Reiches sich gegen die Osmanen erhoben hatten und dabei Hunderttausende von Muslimen vertrieben und töteten, etliche Mitglieder der Partei die christliche Bevölkerung in dem noch verbliebenen Reichsgebiet äußerst misstrauisch betrachteten und von vornherein eines großen Aufstandes verdächtigten. In dieser Situation begann die intensive Kooperation der nationalistischen Jungtürken mit den ebenfalls nationalistisch ausgerichteten preußischen deutschen Junkern, die damals überwiegend das kaiserliche Offizierskorps stellten und nun als Berater in İstanbul agierten.

Fast alles, was über deutsche Reaktionen auf die Armenier-Deportationen und Massaker bekannt ist, stammt entweder aus dem Schriftverkehr des diplomatischen Dienstes oder von deutschen Missionaren und Krankenschwestern, die unter den Armeniern lebten. Die Tendenz des diplomatischen Schriftverkehrs sieht so aus, dass die wenigen empörten Berichte deutscher Konsuln aus den betroffenen Provinzen in der Botschaft kräftig relativiert wurden, um in vorsichtigen Dosierungen nach Berlin weitergereicht zu werden. Selbst wenn sich im Außenministerium oder bei Reichskanzler Bethmann Hollweg Protest regte und Botschafter von Wangenheim daraufhin bei Enver oder Talaat Pascha vorsichtig intervenierte, war doch immer klar, dass das Bündnis mit dem Osmanischen Reich Vorrang vor allen anderen Erwägungen hatte und wegen Protesten gegen Massaker an Armeniern auf keinen Fall belastet werden sollte. Denn wenn auch die Kampfkraft der osmanischen Truppen nicht mehr sehr groß war, sie band Hunderttausende russischer Truppen im Kaukasus und große britische Verbände in Palästina, am Suezkanal und an den Dardanellen, was den deutschen Truppen hilfreich war.

Außer im Archiv des Auswärtigen Amtes finden sich auch einige sehr aufschlussreiche Äußerungen in den Nachlässen der unmittelbar beteiligten deutschen Offiziere. Angefangen von Bronsart von Schellendorf, über Otto von Feldmann, der im osmanischen Generalstab als Operationschef fungierte, bis hin zu Felix Guse, dem damaligen deutschen Stabschef der unmittelbar beteiligten 3. Osmanischen Armee, äußerten sich alle drei ganz eindeutig über den angeblichen »Verrat« der gesamten armenischen Bevölkerung. Dagegen sei die türkische Regierung gezwungen gewesen, massiv vorzugehen, wollte sie nicht den eigenen Untergang riskieren. So schrieb der deutsche Stabschef der 3. Armee Guse, »das ganze armenische Volk habe sich schuldig gemacht«, eben weil es dem eigenen Land in den Rücken gefallen sei. Auch Liman von Sanders, der nie selbst an der Ostfront war, urteilte, es sei »ohne jeden Zweifel erwiesen, dass die Armenier auf Seiten der Russen gegen die Türken angetreten sind«.

Zwar ist ein Teil des deutschen Heeres-Archivs aus dem Ersten Weltkrieg bei alliierten Bombenangriffen im Zweiten Weltkrieg zerstört worden, doch im Freiburger Militärarchiv, im britischen Kriegsarchiv und nicht zuletzt im Archiv des türkischen Generalstabs finden sich dennoch genügend Hinweise, dass die entscheidenden deutschen Offiziere die Deportationen der Armenier aktiv unterstützt haben, selbst dann noch, als sie längst wussten, dass die Deportationen tatsächlich nichts anderes als ein monatelanger Massenmord an einer ganzen Volksgruppe waren.

Neuere Forschungen des Schweizer Historikers Christoph Dinkel, des deutschen Historikers Hilmar Kaiser, des Publizisten Wolfgang Gust und des Autors selbst zeigen, wie die zuständigen Offiziere den Massenmord unterstützten und im Falle Bronsarts teilweise Deportationen selbst anordneten. Unter dem Einfluss der Militärs empfahl auch der deutsche Botschafter Freiherr von Wangenheim der Regierung in Berlin, den

Türken bei den Deportationen »nicht in den Arm zu fallen«. Als sein Nachfolger Botschafter Graf Metternich Ende 1915, zu einem Zeitpunkt, als zumindest ein Teil der Armenier noch zu retten gewesen wäre, von Berlin forderte, schärfer gegen den Völkermord vorzugehen, wurde er von Reichskanzler Bethmann Hollweg persönlich zurechtgewiesen. Bethmann Hollweg stellte in einem schriftlichen Vermerk dazu fest: »Unser einziges Ziel ist, die Türkei bis zum Ende des Krieges an unserer Seite zu halten, gleichgültig ob darüber Armenier zugrunde gehen oder nicht. Bei länger andauerndem Krieg werden wir die Türken noch sehr brauchen.«

Die Haltung Deutschlands zeigte sich auch nach Ende des Krieges, als die meisten politischen Führer der Jungtürken nach der Besetzung İstanbuls durch die Briten mit deutschen Hilfe nach Berlin flüchteten und dort in allen Ehren aufgenommen wurden. Unter den in Berlin gelandeten Jungtürken war auch Talaat Pascha, der Hauptverantwortliche für den Völkermord an der armenischen Bevölkerung. Er wurde am 15. März 1921 von dem Armenier Soghoman Tehlirjan in Berlin erschossen, welcher bei dem anschließenden aufsehenerregenden Prozess freigesprochen wurde, weil das Gericht ihm abnahm, dass er allein und aus persönlicher Betroffenheit gehandelt hatte.

Der Prozess gegen Tehlirjan war in den Jahren nach dem Ersten Weltkrieg einer der wenigen Momente, an denen über die deutsche Rolle bei der Vernichtung der osmanischen Armenier hätte gesprochen werden können. Doch auf Bitten der damaligen Regierung vermied es das Gericht, den Hintergrund des Mordes genauer auszuleuchten. In der Weimarer Republik fragte bald niemand mehr nach den toten Armeniern und der spätere deutsche Völkermord an den europäischen Juden ließ dann erst recht alle früheren Gräueltaten im Nebel der Geschichte verschwinden.

Erst als sich in den 1960er Jahren durch die Einwanderung aus der Türkei und dem Nahen Osten wieder genügend Armenier in Deutschland einfanden, die dann die deutsch-armenische Gesellschaft wiederbelebten, wurde bescheiden an den Völkermord an den Armeniern erinnert. Es dauerte tatsächlich bis zum Jahr 2005, als zum 90. Jahrestag des Genozids der Deutsche Bundestag in relativ vorsichtiger Form erstmals dazu Stellung nahm. Während das EU-Parlament, das französische und auch das russische Parlament den Völkermord längst förmlich verurteilt hatten, scheute der Bundestag 2005 noch davor zurück, das Wort zu verwenden.

Zum hundertsten Jahrestag 2015 kam in die Diskussion in Deutschland dann allerdings richtig Bewegung. Während die Regierung, namentlich Außenminister Frank-Walter Steinmeier und Bundeskanzlerin Angela Merkel, das Thema aus Rücksicht auf den türkischen Bündnispartner am liebsten immer noch ausgeblendet hätten, drängte eine Gruppe von Parlamentariern aus allen Fraktionen darauf, am 24. April, dem Jahrestag des Beginns des Völkermordes, eine große Debatte zu führen und die damaligen Ereignisse auch beim Namen zu nennen. Mit Unterstützung im Vorfeld von Papst Franziskus, der die bis dahin gepflegte Zurückhaltung des Vatikan überwand und nun ebenfalls von Völkermord sprach, und nicht zuletzt von Bundespräsident Joachim Gauck, gelang es, im Bundestag eine große Debatte abzuhalten, in deren Verlauf Redner aller Fraktionen die bisherige Zurückhaltung Deutschlands kritisierten, den Völkermord und auch die Mitschuld Deutschlands an der Vernichtung der Armenier klar benannten.

Doch trotz der Einigkeit im Parlament gelang es der Regierung noch ein weiteres Jahr, einen förmlichen Beschluss des Bundestages hinauszuzögern. Erst am 2. Mai 2016 war es dann soweit. In demonstrativer Abwesenheit von Merkel und Steinmeier wurde eine Resolution verabschiedet, der alle Fraktionen zustimmten und in der der Völkermord an den Armeniern eindeutig verurteilt wurde.

Wie zu erwarten reagierte die türkische Regierung mit Empörung. Man fühlte sich von den damaligen Verbündeten und heutigen Freunden verraten. Präsident Erdogan drohte massive Gegenmaßnahmen an. Diese reduzierten sich dann zwar darauf, dass der türkische Botschafter aus Berlin zurückgezogen und der deutsche Botschafter in Ankara von der Regierung vorübergehend geschnitten wurde, doch die Resolution leitete eine dramatische atmosphärische Verschlechterung in den deutsch-türkischen Beziehungen ein, was sich nach dem Putschversuch vom 15. Juli dann noch einmal verschärfte. Die Armenienresolution wurde Teil eines immer größer werdenden Katalogs von Differenzen zwischen Deutschland und der EU auf der einen Seite und der Türkei auf der anderen. Ob daraus in den kommenden Jahren wieder ein konstruktiver Dialog wird, bleibt abzuwarten.

Die Republik

Die Türkische Republik entstand im Kampf gegen die alliierten Besatzungstruppen, die russisch-armenische Okkupation eines Teils Ostanatoliens und den Krieg gegen die griechische Invasion Westanatoliens. Während der Sultan als Gefangener der Alliierten zunächst einen Friedensvertrag aus dem Pariser Vorort Sèvres akzeptierte, der eine nahezu komplette Aufteilung des Reiches unter den Siegermächten vorsah und den Türken lediglich noch einen kleinen Rumpfstaat in Zentralanatolien zubilligte, begann in eben diesem Zentralanatolien bereits am Sultan vorbei der Unabhängigkeitskrieg. Reste des Heeres schlossen sich mit zunächst spontan entstandenen regionalen Unabhängigkeitsbewegungen zusammen und bildeten schließlich unter dem Kommando des erfolgreichen osmanischen Generals Mustafa Kemal ein Volksheer, das den Vertrag von Sèvres ablehnte und für einen Staat in den Grenzen der bei Abschluss des Waffenstillstandes von den Osmanen kontrollierten Gebiete eintrat. Nach erfolgreichem Kampf, zunächst gegen die Armenier im Osten, vor allem aber gegen die griechischen Invasoren im Westen, wurde dann schlussendlich 1923 in Lausanne ein neuer Friedensvertrag geschlossen, in dem die Türken zwar noch das osmanische Velayat Mossul an die Briten abtreten mussten, aber das anatolische Kernland mit Thrakien zum Bestandteil des neuen türkischen Staates erklärt wurde.

Die Vorbilder für die neuen staatlichen Institutionen suchte man in Westeuropa. Der Aufbau des Staates erfolgte nach französischem Vorbild, Zivil- und Strafrecht kopierte man von der Schweiz, Italien und Deutschland. Nachdem die Republikaner rund um Mustafa Kemal ihre Macht konsolidiert hatten, entzündeten sie ein ganzes Feuerwerk an Reformen, mit denen die Türkei der europäischen Zivilisation angenähert werden sollte.

Es begann nur wenige Monate nach der Republikgründung im Oktober 1923 mit der Abschaffung des Kalifats. Kurz danach wurde – wie bereits geschildert – der traditionelle osmanische Fes verboten, und die türkischen Männer wurden aufgefordert, stattdessen einen modernen europäischen Hut zu tragen. Frauen mussten ihren Schleier abnehmen und sollten höchstens noch ein Kopftuch verwenden. Damit begann der Kulturkampf, in dem es vor allem darum ging, die Religion als prägende Grundlage des öffentlichen Lebens zurückzudrängen und stattdessen weltliche Regeln durchzusetzen.

Die islamischen Orden, die über Jahrhunderte im Osmanischen Reich eine herausragende Stellung gehabt hatten, wurden verboten. Dann ersetzte man 1926 die Scharia als Quelle des Rechts durch das schweizerische Zivilrecht. Mehrehen wurden verboten und die rechtliche Gleichstellung der Frau eingeleitet. Bereits 1934 erhielten Frauen in der Türkei das aktive und passive Wahlrecht. Schon 1928 wurde der Islam als Staatsreligion aus der Verfassung gestrichen, gleichzeitig ersetzte man die arabische Schrift durch lateinische Buchstaben. Mustafa Kemal persönlich engagierte sich für eine landesweite Alphabetisierungskampagne, ein neu geschaffenes Bildungsministerium begann, das Land mit einem Netz von Dorfschulen zu überziehen, mit dem erstmals auch Kinder jenseits der reichen Schichten in den Städten Zugang zu einer rudimentären Bildung bekamen.

Diese Kulturrevolution von oben ging bekanntlich nicht widerstandslos über die Bühne. Die religiösen Netzwerke mobilisierten ihre Anhänger und fanden vor allem unter Kurden, die sich durch die Republikanische Volkspartei nach dem erfolgreichen Unabhängigkeitskrieg und der anschließenden Betonung des Türkentums auch ethnisch ausgegrenzt fühlten, großen Widerhall. Bereits 1925 kam es zum ersten großen Aufstand, den der kurdische Scheich Said, ein Chef des islamischen Nakşibendiyye-Ordens, anführte. Der Aufstand wurde, wie auch die folgenden bewaffneten Erhebungen der Kurden, blutig niedergeschlagen. Mustafa Kemal ließ die Armee rücksichtslos vorgehen, richtete Sondergerichtshöfe ein und ließ Hunderte Todesstrafen vollstrecken.

Doch obwohl Mustafa Kemal, der 1934 den Ehrennamen »Atatürk« (was wörtlich soviel heißt wie Ahne der Türken) verliehen bekommen hatte, sein Programm der Verwestlichung des Landes teilweise mit Zwang und Gewalt durchsetzte, war er, gemessen an den damaligen Diktatoren Europas – von Hitler über Stalin bis Mussolini und Franco – fast schon ein Demokrat. Er ließ eine Opposition zwar nicht in organisierter Form zu, Widerspruch war aber möglich und Diskussionen durchaus erwünscht. Für ihn war die Verwestlichung der Türkei auch nicht nur ein abstraktes politisches Ziel. Anders als zuvor unter den Osmanen, als es immer darum gegangen war, Elemente westlicher Kultur und Technik zu übernehmen, ohne dabei seine orientalische Seele zu verlieren, war Mustafa Kemal selbst Westler durch und durch.

Er stammte aus Saloniki, gehörte zur westlich orientierten Bildungselite des Landes und lebte dem Volk auch demonstrativ vor, was er durch seine Reformen zu erreichen suchte. Er tanzte und trank in der Öffentlichkeit, er ließ sich in Badehose beim Schwimmen ablichten, und ständig beschäftigten Gerüchte um seine Frauengeschichten die Öffentlichkeit. Er förderte gezielt junge Frauen im Kultur- und Wissenschaftsbereich. Außenpolitisch setzte er auf Ausgleich und Versöhnung mit den Nachbarn. Er suchte sowohl ein gutes Verhältnis zur Sowjetunion wie zu den

Westmächten, vor allem bemühte er sich um eine Versöhnung mit Griechenland, um die Wunden des Krieges zu schließen, wozu auch der große Bevölkerungsaustausch gehörte.

Mehr als eine Million griechischstämmiger christlicher Anatolier mussten die Westtürkei verlassen und nach Griechenland übersiedeln, im Gegenzug vertrieb man Hunderttausende Muslime aus Nordgriechenland, Kreta und von den Ägäischen Inseln aus ihrer Heimat, um sie in der neuen türkischen Republik anzusiedeln. Ausgehend von dieser Politik des Ausgleichs und der Nichteinmischung, gelang es auch seinem Nachfolger İsmet İnönü, die Türkei aus dem Zweiten Weltkrieg herauszuhalten, nachdem Mustafa Kemal im November 1938 überraschend gestorben war. Der heutige Atatürk-Kult in der Türkei entstand erst nach seinem Tod, als seine Nachfolger offenbar das Gefühl hatten, ohne seine Heroisierung und Verklärung als Übervater der Nation seine Politik, den sogenannten Kemalismus, nicht fortsetzen zu können.

Heutzutage ist der Kemalismus zu einer Art Religionsersatz für das säkulare, laizistische Lager der Türkei geworden, in der Mustafa Kemal als Prophetenersatz dient, um so Mohammed und dem Islam Paroli bieten zu können.

Deutsche Migranten in der Türkei

Für die deutsch-türkischen Beziehungen hinterließ Mustafa Kemal ein besonderes Vermächtnis. Er holte bereits in den 1920er Jahren deutsche und österreichische Wissenschaftler als Aufbauhelfer ins Land und bot dann später von den Nazis verfolgten Juden und Sozialdemokraten an, ihre Kenntnisse in den Auf- und Ausbau des türkischen Hochschulsystems zu stecken. Etliche Lehrstühle wurden damals mit deutschen Professoren besetzt oder für sie neu geschaffen. Bereits im Juli 1933 kamen die ersten 30 Verträge mit deutschen Wissenschaftlern zustande. Schon zuvor hatten sich die Kemalisten insbesondere für den Aufbau ihrer neuen Hauptstadt in Ankara um österreichische und deutsche Stadtplaner und Architekten bemüht. Die drei für die Einführung einer modernen Architektur wichtigsten Importe waren die Österreicher Ernst Egli und Clemens Holzmeister sowie der Deutsche Hermann Jansen. Ernst Egli wurde 1927 Chefarchitekt des Unterrichtsministeriums und war in dieser Funktion hauptsächlich für den Bau von Schulen, Fachhochschulen und einzelnen Fakultäten der neuen Universität in Ankara zuständig. Da er gleichzeitig eine Professur an der Hochschule für Schöne Künste in İstanbul innehatte und dort den Grundstein für eine moderne Architektenausbildung legte, gilt er als entscheidend für die Abwicklung der traditionellen osmanischen Bauweise – orientalisch verschnörkelt – und der Entwicklung einer neuen Formsprache der jungen Republik. Clemens Holzmeister war dagegen der Architekt für die spektakulären Repräsentationsbauten des neuen Staates. Er entwarf das Parlament und etliche Ministerien. Mit Hermann Jansen hatten sich die Kemalisten einen Stadtplaner geholt, der in Berlin die Gartenstädte am Stadtrand mitentwickelt hatte. Entsprechend versuchte Jansen auch für Ankara ein Gartenstadtmuster durchzusetzen, was ihm jedoch nur in einem Stadtteil gelang.

Auf die Vorarbeit dieser Pioniere aus dem Westen konnten sich dann die Emigranten beziehen. Die prominentesten Deutschen, die nach ihrer Flucht vor den Nazis Aufnahme und Anstellung in der Türkei fanden, waren der spätere Regierende Bürgermeister von Berlin, Ernst Reuter, der Komponist Paul Hindemith und der Architekt der Berlin-Zehlendorfer Modellsiedlung »Onkel Toms Hütte«, Bruno Taut. Ernst Reuter lehrte in Ankara Verwaltungsrecht und Städtebau, Hindemith holte Leute wie Eduard Zuckmayer, der die erste Musikhochschule in der Türkei mit aufbaute, nach Ankara und Bruno Taut, der einen Lehrstuhl an der Universität İstanbul bekam. Er wurde gleichzeitig Nachfolger von Ernst Egli als Chef der Bauabteilung des Unterrichtsministeriums. In dieser Eigenschaft entwarf er die Pläne für eine neue Universität in Ankara und erhielt kurz vor seinem Tod im Dezember 1938 noch den Auftrag, ein Mausoleum für Atatürk zu konzipieren. Taut starb in Ankara und wurde dort auch begraben, für die meisten anderen deutschen Emigranten blieb die Türkei dagegen eine Zwischenstation. Sie kehrten nach dem Krieg mehrheitlich zurück oder gingen von der Türkei aus in die USA.

Neben den prominenten Wissenschaftlern, die auf Einladung der türkischen Regierung ins Land kamen und dann auch gut dotierte Verträge an Universitäten oder anderen staatlichen Einrichtungen bekamen, wurde die Türkei aber auch Fluchtpunkt für Tausende weniger prominente politisch oder rassisch Verfolgte, die sich auf eigene Faust durchschlugen. In İstanbul und Ankara trafen sie auf die offizielle deutsche Community, was teilweise zu erheblichen Konflikten führte. »Kolonie B« nannten sich die Flüchtlinge in Abgrenzung zur nazideutschen »Kolonie A«, die sich nach 1939 stark engagierte, um die Türkei an der Seite Deutschlands in den Krieg zu ziehen. Hitlers Strategen wäre viel daran gelegen gewesen, die Ölfelder am Kaspischen Meer von der Türkei aus erobern zu können, statt erst die gesamte europäische Sowjetunion durchqueren zu müssen.

Das größte Verdienst von İsmet İnönü, dem Nachfolger Atatürks als Präsident, war es deshalb auch, die Türkei mit viel Geschick und außenpolitischem Lavieren – so stimmte er einem Freundschafts- und Nichtangriffspakt mit Deutschland zu – aus dem Krieg herauszuhalten. Erst kurz vor Schluss, Ende 1944, trat die Türkei dann noch, eher symbolisch, aufseiten der Alliierten in den Krieg ein. Damit wurden die Deutschen in der Türkei dann automatisch zu Angehörigen des Kriegsgegners, und einige wurden deshalb noch für wenige Monate in ein Internierungslager eingewiesen.

Nach Kriegsschluss versuchte Stalin durchzusetzen, dass die Sowjetunion die Kontrolle über die Dardanellen und den Bosporus als Schifffahrtsweg zugesprochen bekommen sollte.

Stalin wollte endlich den russischen Traum der vergangenen Jahrhunderte durchsetzen und sich einen freien Seeweg ins »warme Meer« verschaffen. Mit diesem Ansinnen drängte er die Türkei, die sich zwischen dem Ersten und Zweiten Weltkrieg immer neutral verhalten hatte und ein gutes Verhältnis zur Sowjetunion pflegte, in die Arme der USA. Aus Angst vor der Sowjetunion gab die Türkei ihre Neutralität zwischen den Blöcken auf und wurde bereits 1952 Mitglied der Nato.

Die moderne Türkei und der Westen

Damit begann die letzte, bis heute andauernde Phase des Annäherungsprozesses der Türkei an den Westen. Gemeinsam mit Griechenland war die Türkei bereits im August 1949 dem drei Monate zuvor in London gegründeten Europarat beigetreten. Dieser Zusammenschluss war gedacht als Einstieg in eine politische Union Europas, und so war es auch nur folgerichtig, dass die Türkei bereits 1963 ein Assoziierungsabkommen mit der damaligen EWG, dem Vorläufer der heutigen EU, abschloss. Dieses Assoziierungsabkommen wurde ebenfalls zeitgleich mit Griechenland unterschrieben, und es war klar, dass die Planer der Europäischen Union beabsichtigten, sowohl die Türkei wie auch Griechenland ungefähr gleichzeitig in den politischen und wirtschaftlichen Verbund Westeuropas zu integrieren, und zwar hauptsächlich aus politischen Gründen. Man wollte verhindern, dass einer der beiden Staaten in den Einflussbereich der Sowjetunion geraten könnte und damit die sogenannte Südostflanke Europas gefährdet würde. Mit anderen Worten, beide Länder sollten im Kalten Krieg nicht nur militärisch über die Nato, sondern auch wirtschaftlich mit dem Westen verbunden werden. In beiden Ländern drohte die Integration durch innenpolitische Wirren zu scheitern.

In Griechenland putschte im April 1967 die Armee und errichtete die Diktatur der Obristen. Das Land befand sich im permanenten Ausnahmezustand, eine Umsetzung des Assoziierungsabkommens fiel praktisch aus. Die Junta in Griechenland stürzte, als sie 1974 einen Putsch auf Zypern initiierte, um die Insel zu annektieren. Um das zu verhindern, landete die türkische Armee auf Zypern zum Schutz der türkischen Minderheit.

Während Griechenland sich nach der Rückkehr zu zivilen Strukturen langsam stabilisierte, rutschte die Türkei in den 1970er Jahren in immer schlimmere Turbulenzen. 1971 putschte das Militär zehn Jahre nach einem ersten Putsch zum zweiten Mal gegen eine zivile Regierung. Auch wenn das Militär sich bald darauf wieder in die Kasernen zurückzog, war eine demokratische Entwicklung doch schwer gestört. Das Land taumelte von einer Regierungskrise in die nächste, und während die Rechte weiterhin auf die USA und eine Integration in die EG setzte, wollte die Linke zurück zur Neutralitätspolitik der 1930er und 1940er Jahre und eine Loslösung aus der amerikanischen Bevormundung. Vor allem der damals einflussreichste Politiker der Linken, Bülent Ecevit, misstraute den USA und Großbritannien, weil beide Regierungen ihm während der Auseinandersetzungen auf Zypern in den Rücken gefallen waren. Als die EG 1978 sowohl Griechenland als auch der Türkei den Beginn von Beitrittsverhandlungen anbot, lehnte Ecevit deshalb ab. Damit endete das synchrone Einfädeln der beiden Länder in die politische Integration Westeuropas.

Griechenland wurde 1981 EU-Mitglied, während die Türkei fast aus der Nato ausgetreten wäre. Um eine weitere Abkehr von den USA zu verhindern, putschte das Militär 1980 erneut und warf damit die demokratische Entwicklung des Landes um mindestens ein Jahrzehnt zurück. Als die türkische Regierung dann Ende der 1980er Jahre auf das EG-Angebot zurückkam und nun von sich aus eine Mitgliedschaft und Beitrittsgespräche beantragte, war der Kalte Krieg vorbei, und die EG hatte kein Interesse mehr. Für die Europäische Union ging es jetzt um die Integration

Osteuropas, die Südostflanke der Nato war nicht mehr relevant. Entsprechend frustrierend für die türkische Politik gestalteten sich denn auch die weiteren Annäherungsbemühungen in den 1990er Jahren. Erst als die türkische Seite damit drohte, die Annäherungspolitik gänzlich abzubrechen, kam 1999 in Helsinki der Beschluss, die Türkei zum Beitrittskandidaten zu erklären. Doch auch das hätte wohl letztlich nichts daran geändert, dass der Weg der Türkei nach Westen an der Schwelle zur Europäischen Union beendet worden wäre, hätte sich die Weltpolitik nicht mit dem 11. September 2001 noch einmal gravierend verändert. Erst der Anschlag auf die Türme in New York machte die Türkei als einziges Land mit einer überwiegend islamischen Bevölkerung, das sich von sich aus zum Westen bekannte, für die EU wieder interessant.

Von 2002 bis 2005 wurde deshalb erstmals ernsthaft und intensiv über einen EU-Beitritt der Türkei verhandelt. Doch je realistischer der Beitritt erschien, umso größer wurde der Widerstand in Westeuropa. Obwohl 2005 noch offiziell das Beitrittsverfahren eröffnet wurde, kamen die Verhandlungen kurz darauf praktisch zum Stillstand, als mit Angela Merkel in Deutschland und Nikolas Sarkozy in Frankreich zwei Regierungschefs an die Macht kamen, die beide einen Beitritt der Türkei zur EU ablehnten.

Damit begann eine Hängepartie zwischen der Türkei und der EU, die praktisch bis heute andauert und das gesamte Verhältnis des Landes zum Westen auf die Probe stellt. Erdoğan und sein damaliger außenpolitischer Berater Ahmet Davutoğlu entwarfen alternativ zu einer türkischen EU-Mitgliedschaft ein Konzept des sogenannten Neo-Osmanismus. Gestützt auf die neue wirtschaftliche Stärke des Landes, sollte die Türkei jenseits der EU auf der einen und Russland und Zentralasien auf der anderen Seite eine eigene Einflussregion bilden, die sich an dem Gebiet des einstigen Osmanischen Reiches orientieren soll. Von Bosnien über Albanien und Mazedonien im Westen bis Ägypten im Süden soll sich diese Region ausdehnen. Von der alten kemalistischen Außenpolitik der Zurückhaltung sollte Abschied genommen werden, die

Türkei wollte auf der Weltbühne wieder mitmischen. Während man sich auf dem Balkan darauf beschränkte, den muslimischen Einfluss zu unterstützen, konzentrierte sich die Erdoğan-Administration vor allem auf den Nahen Osten. Erdoğan beendete das früher gute Verhältnis zu Israel und setzte stattdessen voll auf die »arabische Karte«. Als der sogenannte »Arabische Frühling« begann, schien sein Konzept voll aufzugehen. Für eine kurze Zeit wurden Erdoğan und seine Türkei zu dem Modell im Nahen Osten überhaupt. Ein überwiegend muslimisches, aber demokratisches Land, regiert von einer »moderaten« islamischen Regierung, die sowohl mit der EU wie den USA gute Kontakte pflegte.

Nach kurzem Zögern setzte die Türkei voll auf die neuen Entwicklungen in Nahost und unterstützte die Proteste gegen Mubarak und Gaddafi. Als in Ägypten nach einer Übergangsphase der Muslimbruder Mohammed Mursi Präsident wurde, wähnte sich Erdoğan fast am Ziel. Er wählte die Muslimbrüder zu seinen strategischen Partnern. Die Muslimbruderschaft war in unterschiedlichen Spielarten von Tunesien über Libyen, Ägypten bis Syrien aktiv und erschien als der geeignete Partner, Einfluss auf die zukünftigen Regierungen in diesen Ländern zu nehmen.

In dieser Phase glaubten Erdoğan und Davutoğlu, die Türkei sei auf dem Weg unter die zehn einflussreichsten und wirtschaftlich stärksten Länder weltweit. Über die EU, die zu keiner gemeinsamen Nahostpolitik in der Lage war, wurde in Ankara nur noch gelächelt. Doch dann kam der Absturz. Er begann mit dem Putsch gegen Mursi und die Muslimbrüder in Ägypten. Mit dem Sturz der ägyptischen Muslimbrüder brach der Eckstein für die friedliche Eroberung des Nahen Ostens weg, mit dem Krieg in Syrien wurde die gesamte Politik zum Desaster. Als die Demonstrationen in Syrien begannen, versuchten Davutoğlu und Erdoğan noch, Baschar al-Assad, zu dem die türkische Regierung enge, freundschaftliche Verbindungen unterhielt, zu einem Kompromiss und einer Machtteilung mit den syrischen Muslimbrüdern zu überreden. Doch Assad sperrte sich. Sein Vater hatte erst

1982 einen bewaffneten Aufstand der Muslimbrüder gewaltsam niedergeschlagen, Assad glaubte nicht an einen Kompromiss, sondern setzte immer stärker auf staatlichen Terror gegen die Demonstranten. Daraufhin schaltete Erdoğan abrupt um und erklärte den einstigen Verbündeten Baschar al-Assad zum außenpolitischen Hauptfeind. Erdoğan glaubte, mit Unterstützung der bewaffneten islamischen Opposition könnte Assad in drei Monaten gestürzt werden. Das erwies sich als verhängnisvoller Irrtum. Seitdem verstrickt sich die Erdoğan-Regierung immer mehr in die sektiererischen Kämpfe im Nahen Osten und isoliert sich dabei immer mehr. Als die EU dann Ende 2015 zur Bewältigung der durch den Syrienkrieg ausgelösten Flüchtlingskrise anbot, die Beziehungen wieder zu reaktivieren, griffen Erdoğan und Davutoğlu auch deshalb zu, weil die Türkei alleine keinen Ausweg mehr aus der selbst mitverursachten Krise fand. Die neo-osmanische Politik ist gescheitert, allerdings sperrt sich vor allem Präsident Erdoğan hartnäckig gegen diese Einsicht. Ob die Wiederannäherung an die EU mehr als eine taktische Variante ist, werden die kommenden Jahre zeigen.

Einwanderer – Irrwege deutscher Integrationspolitik

Die ersten türkische Einwanderer kamen schon in der zweiten Hälfte der 1950er Jahre nach Deutschland. Doch waren die meisten ausländischen Arbeitnehmer damals Italiener, weil die Bundesrepublik zunächst mit Italien ein Anwerbeabkommen geschlossen hatte. Als 1961 mit dem Mauerbau der Zustrom von Menschen aus der DDR abriss, schloss die Bundesregierung auch ein Anwerbeabkommen mit der Türkei. Das bundesdeutsche Wirtschaftswunder brauchte Nachschub an billigen Arbeitskräften. Im Bergbau, in der Autoindustrie, in den Stahlwerken und in den großen Chemiewerken – überall wurden Arbeiter dringend gebraucht und in ganz Südeuropa angeworben. Die sogenannten Gastarbeiter der ersten

Stunde erzählen heute noch kopfschüttelnd, wie sich damals in den Dörfern Anatoliens das Gerücht verbreitete, in diesem fernen Deutschland könne man unendlich viel Geld verdienen.

Doch der Weg dorthin war lang und schwierig. Es gab deutsche Anwerbekommissionen, die in den größeren Städten Anatoliens Stationen eingerichtet hatten, in denen die Leute vorsortiert und einem ersten Gesundheitscheck unterzogen wurden. Bevor jemand das Ticket zu einer Zugfahrt nach Norden bekam, musste er sich dann zumeist noch zwei weiteren gründlichen Untersuchungen stellen, um sicherzugehen, dass die deutschen Firmen auch nur bestes »Material« anwarben. Fast alle der ersten Türken berichten, dass die Ankunft in Deutschland für sie ein Schock war. Der Mangel an Verständigung, die völlig andere Umgebung und die Unterbringung in tristen Baracken, die zum Teil schon als Unterbringung für die Zwangsarbeiter im Dritten Reich gedient hatten, machten ein Ankommen in Deutschland nicht leicht. Aber die Männer – es waren ja ganz überwiegend Männer, die angeworben wurden – hatten den sozialen Zusammenhalt untereinander, und sie hatten ihren Arbeitsplatz.

Ihre Arbeit gehörte durchgängig zu den körperlich schwersten, am schlechtesten bezahlten und mit dem geringsten Prestige verbundenen Tätigkeiten, die in Deutschland zu vergeben waren. Eine besondere Ausbildung war zumeist unnötig, auch Sprachkenntnisse brauchte man bis auf einige rudimentäre Brocken nicht. Es genügte, einige Befehle zu verstehen und »jawohl, Meister« sagen zu können. Mehr war auch gar nicht gewollt, denn das Konzept der Anwerbung von Fremdarbeitern im südlichen Europa basierte auf dem Rotationsprinzip. Die Arbeiter sollten nach ein paar Jahren, die sie quasi wie auf Montage in Deutschland verbracht hatten, wieder zurückkehren und anderen »Gastarbeitern« Platz machen. Die Rückkehr sollte vor allem so rechtzeitig geschehen, dass die Arbeiter nicht dem deutschen Sozialsystem zur Last fielen, also krank wurden oder gar Rente beziehen wollten.

Doch das Leben hält sich oft nicht an die ausgeklügelten Pläne.

Mit den Jahren begnügten sich die »Gastarbeiter« nicht mehr mit dem monotonen Wechsel zwischen Baracke und Schichtarbeit, sondern sie begannen, ihre neue Umgebung zu erkunden. Zuerst die Innenstädte und Bahnhöfe, dann kamen die ersten Kontakte zu Deutschen, die über den unmittelbaren Arbeitsplatz hinausgingen. Bekanntschaften, Freundschaften, eine eigene Wohnung folgten. Manchmal wurde aus Freundschaft Liebe, und die ersten binationalen Ehen wurden geschlossen. Andere begannen, ihre Frauen und Kinder nachzuholen. Obwohl schon nach wenigen Jahren klar wurde, dass aus der gedachten Rotation längst eine Einwanderung geworden war, wurde dies von der bundesdeutschen Politik schlicht ignoriert.

Das Phänomen war in allen westeuropäischen Industrienationen das Gleiche, doch zwischen Deutschland auf der einen und Frankreich, Großbritannien und den Niederlanden auf der anderen Seite gab es einen großen Unterschied. Dort holte man sich den Arbeitskräftenachschub aus eigenen Kolonien oder ehemaligen Kolonien. Das hatte den Vorteil, dass man sich bereits ein wenig kannte und die Leute, die kamen, in der Regel auch Englisch, Französisch oder Niederländisch sprachen. Außerdem war man aufgrund seiner imperialen Vergangenheit nicht ganz so provinziell wie in Deutschland. Die Auslandserfahrungen der meisten deutschen Männer beschränkten sich in den 50er Jahren auf die Eroberungszüge der Wehrmacht, bei den Frauen auf Bekanntschaften mit Besatzungssoldaten. Die ersten schwarzen GIs wurden bestaunt wie Zirkusattraktionen. Der Faschismus war zwar durch eine Demokratie ersetzt worden, aber die Vorstellung vom deutschen Volk als ethnischer Einheit saß und sitzt oft bis heute noch in vielen Köpfen.

Wenn heute in Deutschland die mangelnde Integrationsbereitschaft der türkischen Einwanderer beklagt wird, unterschlägt man in der Regel, dass dazu auf der anderen Seite auch die Bereitschaft bestehen muss, vormals Fremde im eigenen Land aufnehmen zu wollen. Genau damit aber taten sich die Deutschen besonders schwer. Zu den überall existierenden Schwierigkeiten mit der Integration ethnischer Minderheiten kommt in Deutschland, anders als in Großbritannien oder Frankreich, oft bis heute noch ein völkisches Element hinzu. Mit dieser Haltung sahen sich viele türkische Familien konfrontiert, als sie aus den Wohnbaracken der Anwerbefirmen auszogen, um sich selbst einen Platz in der Gesellschaft zu suchen.

Nachdem 1973 die Bundesregierung einen Anwerbestopp verhängt hatte, weil mittlerweile der Bedarf an ungelernten Arbeitskräften gedeckt war, führte das zu dem wohl kaum beabsichtigten Ergebnis, dass viele Türken sich endgültig dafür entschieden, in Deutschland zu bleiben. Denn sie mussten nun davon ausgehen, dass sie nach einer vorübergehenden Ausreise kein Visum mehr für eine erneute Einreise nach Deutschland bekommen würden. Und da die Arbeitslosigkeit in den 1970er und 1980er Jahren in der Türkei unverändert hoch war, versuchten viele, sich in Deutschland einzurichten. Frauen und Kinder wurden nachgeholt, das Abenteuer Einwanderung begann. Dabei gab und gibt ja durchaus Erfolgsgeschichten, und der größte Teil der türkischen Einwanderer lebt heute völlig unauffällig und teilweise gut integriert. Das Hauptproblem der meisten Familien war und ist, dass es angesichts der strukturellen Veränderungen in der deutschen Industrie immer weniger Jobs für unqualifizierte Arbeiter gab und die Einwanderer eben zumeist keine Ausbildung hatten.

Das größte Versäumnis der damaligen Bundesrepublik war, dass wenig unternommen wurde, um den Kindern der Einwanderer eine bessere Ausbildung zu ermöglichen. Statt sie gezielt zu fördern, schob man sie in Türkenklassen oder Sonderschulen ab. Dabei wuchs die Zahl der türkischen Bevölkerung kontinuierlich – durch Familienzuzug und höhere Geburtenraten als in deutschen Familien. Auch als in den 1980er Jahren schon bald mehr als zwei Millionen Türken in Deutschland lebten, war die CDU/CSU/FDP-Regierung unter Helmut Kohl immer noch davon überzeugt, dass Deutschland kein Einwanderungsland sei.

Auch wenn das Staatsbürgerschaftsrecht, das in Deutschland nach dem Abstammungs- und nicht nach dem Geburtsortprinzip organisiert war, unter der rot-grünen Koalition 1998 endlich geändert wurde, gilt in Deutschland gefühlsmäßig immer noch: Wer nicht von deutschen Eltern geboren wurde, kann eigentlich nicht dazugehören. Diese nach 40 Jahren Einwanderung immer noch gefühlte Realität hat auf geradezu tragische Weise eine Integration der eingewanderten Türken erschwert, die in den ersten Jahrzehnten vergleichsweise einfach zu haben gewesen wäre. Die meisten Türken wollten dazugehören, doch man hat es ihnen, wo immer möglich, schwer gemacht. Da die Türken ja nach getaner Arbeit möglichst wieder zurückkehren sollten, hat man jahrelang Integration sogar aktiv verhindert. Der Aufenthaltsstatus eines »Gastarbeiters« sollte möglichst ungesichert sein, er sollte gar kein Deutsch lernen, weil er sich dann ja womöglich einleben würde und auf den Gedanken kommen könnte, bleiben zu wollen. Deshalb wurden türkische Kinder in eigenen Schulklassen zusammengefasst, damit sie muttersprachlich unterrichtet werden konnten, um jederzeit auf eine Rückkehr vorbereitet zu sein.

Noch Anfang der 1980er Jahre lobte die Regierung Kohl Rückkehrprämien aus, damit die »Gastarbeiter« nach Hause gingen. Statt für eine bessere Ausbildung von Kindern aus Migrantenfamilien in Deutschland zu sorgen, gab die CDU/FDP-Regierung Geld dafür aus, dass in der Türkei Schulen eingerichtet wurden, die sich auf die Bedürfnisse von Rückkehrer-Kindern einstellten und deren Reintegration in den türkischen Alltag erleichterten.

Jeder Schritt zur Integration in Deutschland musste der deutschen Bürokratie mühsam abgerungen werden. Eine längere Aufenthaltserlaubnis, Aufenthaltsberechtigung, ein eigenständiges Aufenthaltsrecht für nachgezogene Familienangehörige, alles stand in der Bürokratie unter dem Generalverdacht des Missbrauchs und konnte jederzeit aberkannt werden. Wie stark die Ablehnung gegen die Integration von türkischen Einwanderern bis vor knapp 20 Jahren noch war, konnte man am Erfolg der CDU-Kampagne gegen einen Doppelpass sehen. Während fast alle europäischen Länder inklusive der Türkei kein Problem damit haben, wenn ihre Bürger zwei Pässe besitzen, führte das in Deutschland zu einem regelrechten Aufruhr, der zeigte, wie wenig man bereit war, dem Ausländer einen deutschen Pass zu geben.

Sicher gibt es auch unter Türken – wie übrigens bei vielen Deutschen im Ausland auch – die Neigung, Geborgenheit in der eigenen Familie, in der Gruppe gleicher Herkunft und mit Menschen gleichen Glaubens zu suchen. Doch die Türken haben nun einmal das Pech, dass sie die größte Einwanderungsgruppe sind. Deshalb stehen sie stellvertretend für alle Einwanderer immer im Fokus der Problemdebatte und haben andererseits leichter als kleinere Gruppen die Möglichkeit, sich eine eigene Infrastruktur zu schaffen.

Dass Kinder, die in dritter Generation aus eingewanderten türkischen Familien stammen, in Deutschland heute manchmal eine Aversion gegen ihre De-facto-Heimat entwickeln, ist nicht vorrangig die Schuld der türkischen Familien. Jemand, der erst ein paar Jahre in Deutschland lebt, mag die Schikanen bei Behörden und die oft offen zur Schau getragene Ablehnung gegen ihn hinnehmen oder sogar für normal halten. Wenn jedoch jemand, dessen Eltern schon in Berlin zur Welt gekommen sind, sich immer noch mit der Ausländerpolizei herumschlagen muss und ihm im Gespräch immer wieder, als quasi vergiftetes Kompliment, der Spruch begegnet: »Sie können aber gut Deutsch«, bei dem muss man sich nicht wundern, wenn er sein Heil in der eigenen Clique sucht und einen Hass auf die deutsche Umgebung entwickelt.

Von vielen Türken wird es als besonders perfide empfunden, dass ihnen jetzt ausgerechnet Vertreter desjenigen politischen Lagers, das jahrzehntelang Integration verhindert hat, vorwerfen, sie seien integrationsunwillig. Natürlich hat sich nach 40 Jahren und mittlerweile drei Millionen Einwanderern und ihren Kindern und Kindeskindern eine eigene Community entwickelt, die auch deshalb teilweise unter sich bleibt, weil sie immer noch das Gefühl hat, die Deutschen wollen sie nicht mitspielen lassen. Natürlich gibt es in dieser ethnisch abgeschotteten Gemeinschaft ein stärkeres Festhalten an traditionellen Moralvorstellungen, als dies in einer wirklich offenen, multikulturellen Gesellschaft der Fall wäre. Das führt dazu, dass oft auch über häusliche Gewalt, Zwangsehen und Ehrenmorde nicht selbstkritisch diskutiert wird, weil diese Community das Gefühl hat, die deutsche Gesellschaft suche nur nach Gründen, die ihre jahrzehntelange Ignoranz und Ablehnung im Nachhinein noch rechtfertigen.

Deshalb hat die Integrationsdebatte sogar zu einem besonders absurden Ergebnis geführt. Gerade diejenigen Türken, die sich am wenigsten in ihre Community zurückziehen, die es trotz aller Schwierigkeiten geschafft haben, Abitur zu machen und zu studieren, werden permanent mit Diskussionen über Ehrenmorde, häusliche Gewalt und islamischen Terrorismus konfrontiert und in ethnische Gruppenhaftung genommen. Die Folge davon ist, dass sie das Weite suchen. Noch nie gab es in İstanbul so viele gut ausgebildete Deutschtürken wie in den letzten Jahren.

Glücklicherweise gibt es aber auch einige grundsätzlich positive Entwicklungen. Auch wenn es bei der Mehrheit der Bevölkerung oft noch nicht angekommen ist, haben doch die Politiker mittlerweile realisiert, dass Deutschland ein Einwanderungsland geworden ist und wohl auch bleiben wird.

Deshalb, auch wenn es langsam geht und Deutschland viele unnötige Umwege genommen hat: Die Macht des Faktischen wird sich durchsetzen. Die Einwanderung von Millionen Türken hat stattgefunden, und immer mehr Nachkommen der ersten Einwanderergeneration fordern ihr Recht. So findet man auch zunehmend Einwanderer beziehungsweise Deutsche mit Migrationshintergrund in wichtigen Positionen, im Arbeitsleben und in der Gesellschaft gleichermaßen. Die Mehrheit der Deutschen beginnt, das normal zu finden. Insbesondere angesichts der neuerlichen Einwanderungswelle syrischer Flüchtlinge gehören die Deutschtürken jetzt fast schon zum Establishment.

Christen in der Türkei

Christen sind heute in der Türkei eine verschwindend kleine Minderheit von höchstens noch zwei Prozent der Bevölkerung. Das war einmal ganz anders und vor allem in İstanbul kann man das auch noch ganz gut erkennen. Die Stadt ist nach wie vor voller Kirchen; Kirchen, von denen die meisten leer stehen, weil es keine Gemeinden mehr gibt, die sie noch füllen könnten. Einige davon sind heute Museen, wie die berühmte Hagia Sophia, andere ehemals griechische Kirchen wurden in Moscheen umgewandelt, aber viele stehen auch noch und werden auch gelegentlich noch für Gottesdienste genutzt.

Zu Hochzeiten des Osmanischen Reiches war rund ein Drittel der Bevölkerung Christen. Die meisten lebten in den von den Osmanen kontrollierten Provinzen auf dem Balkan, aber auch in İstanbul gab es griechisch-orthodoxe und armenische Gemeinden, von denen die meisten zur armenischen Orthodoxie gehörten, einige sich aber auch zum Katholizismus oder zu einer protestantischen Kirche bekannten. Mit dem sukzessiven Verlust der Balkanprovinzen im Laufe des 19. Jahrhunderts ging auch die Zahl der Christen entsprechend zurück. Zu Beginn des Ersten Weltkrieges war İstanbul als Zentrum des Reiches aber immer noch eine völlig multikulturelle Stadt, deren Einwohner zu mehr als einem Drittel Christen waren. Entlang der Ägäisküste, am Schwarzen Meer und in Kappadokien lebten insgesamt rund zwei Millionen orthodoxe Griechen, und im ganzen Land verstreut, allerdings mit Schwerpunkten im Osten und entlang des Mittelmeeres um Adana herum, lebten rund zwei Millionen Armenier. Dazu kamen etliche syrisch-orthodoxe Christen, sogenannte Aramäer oder Assyrer, überwiegend im heutigen Grenzgebiet der Türkei, Syriens und des Iraks.

Für die Christen des Osmanischen Reiches war der Erste Weltkrieg eine besondere Katastrophe. Sie litten nicht nur wie alle anderen an Hunger, Krankheiten und anderen Folgen des Krieges, sie wurden auch noch vielfach vom damaligen jungtürkischen Regime verfolgt. Am bekanntesten ist heute der Völkermord an den Armeniern, aber auch die syrisch-orthodoxen Christen wurden zu Tausenden ermordet und vertrieben. Auch gegen die griechische Bevölkerung gab es bereits während des Krieges Zwangsmaßnahmen, das eigentliche Drama für die Griechen begann aber erst nach dem Ende des Weltkrieges während des türkischen Unabhängigkeitskrieges.

Damals besetzten griechische Truppen mit Billigung von England und Frankreich die türkische Ägäisküste und marschierten von dort nach Osten, um ein Großgriechenland wiederherzustellen, dass so nicht einmal unter Alexander dem Großen existiert hatte. Für diese nationalistische griechische Aggression musste die griechische Bevölkerung Anatoliens einen hohen Preis bezahlen. Türkische Truppen schlugen die Griechen vernichtend und Smyrna, das heutige İzmir und damalige Zentrum der anatolischen Griechen, ging in Flammen auf. Viele griechische Zivilisten flüchteten gleich mit den Resten der griechischen Truppen, für die anderen folgte wenig später der sogenannte Bevölkerungsaustausch. Die neue türkische Regierung unter der Führung von Mustafa Kemal (Atatürk) vereinbarte mit der griechischen Regierung, dass alle griechischen Christen, mit Ausnahme der griechischen Bewohner von İstanbul, Anatolien verlassen müssen und im Gegenzug alle türkischen Muslime griechisches Territorium räumen. Insgesamt mussten mehr als 1,5 Millionen Menschen ihre Heimat verlassen, bis heute sind die Wunden dieses Bevölkerungsaustausches nicht geschlossen.

Im Ergebnis blieben von den einstmals Millionen Armeniern und Griechen im Osmanischen Reich nur noch relativ kleine Gemeinden übrig, die meisten davon in İstanbul. Als sich im Zuge der Auseinandersetzungen um Zypern in den 1960er und 1970er Jahren die Spannungen zwischen Griechenland und der Türkei erneut gewaltsam entluden, wurden noch einmal eine große Gruppe İstanbuler Griechen zur Auswanderung nach Griechenland gezwungen.

Heute leben noch rund 80 000 Armenier und wenige tausend Griechen in İstanbul. Ihr Immobilienbesitz ist in mehrere Stiftungen zusammengefasst, über die die armenischen und griechischen Gemeinden nur in Absprache mit staatlichen Stellen verfügen können. Ihre Alltagsprobleme sind der Erhalt ihrer Kirchen trotz schrumpfender Gemeinden und der Kampf gegen die Verstaatlichung kirchlichen Eigentums, weil es ja angeblich mangels Mitgliedern nicht mehr gebraucht wird.

Über Jahrzehnte haben sich die Armenier in İstanbul darum bemüht, nicht aufzufallen und keinen Ärger zu bekommen. Jahrelang haben die Patriarchen der İstanbuler armenischen Gemeinde die weltweite armenische Diaspora dafür kritisiert, dass sie von der Türkei die Anerkennung des Völkermordes forderten – sie fürchteten, dafür in Haftung genommen zu werden.

Das änderte sich erst ganz zaghaft in den 1990er Jahren, als eine neue Generation Armenier in İstanbul sich nicht mehr wegducken wollte, sondern ebenfalls von der türkischen Gesellschaft forderte, sich auch mit den dunklen Kapiteln ihrer Geschichte auseinanderzusetzen. Vor allem um die armenisch-türkische Wochenzeitung *Agos* bildete sich ein Kreis armenischer Intellektueller, die sich mehr und mehr zu Wort meldeten. Der Kopf der Gruppe war Hrant Dink, der Chefredakteur von *Agos*, ein Mann, der lange innerhalb der türkischen Linken mitgemischt hatte und auch medial gut vernetzt war. Immer häufiger tauchte Hrant Dink in Talkshows im türkischen Fernsehen auf, um seine Landsleute daran zu erinnern, dass die Armenier im Lande auf Anerkennung ihrer schmerzlichen Geschichte und eine Geste der Entschuldigung warten.

Für die türkischen Nationalisten wurde damit ein Tabu gebrochen. Über den Völkermord sprach man nicht, denn er hatte ja gar nicht stattgefunden. Die offiziellen Lehrbücher ignorieren die Verfolgung der Christen im Ersten Weltkrieg entweder oder verdrehen die Geschichte so, dass am Ende armenische Verräter der tapferen türkischen Armee in den Rücken gefallen sind. In nationalistischen Kreisen ist Armenier heute noch ein Schimpfwort.

Doch auch mit Gewalt und Repression konnte die Aufarbeitung der eigenen Geschichte nicht mehr gestoppt werden. Zum 90. Jahrestag des Völkermordes, 2005, fand an einer İstanbuler Privatuniversität erstmals ein öffentlicher Kongress statt, an dem die Kritiker der offiziellen Leugnungspolitik zu Wort kamen. Bücher, die bislang verboten waren, konnten jetzt gedruckt werden, und auch die liberaleren Zeitungen öffneten ihre Spalten für die Debatte. Im Januar 2007 ermordeten Nationalisten Hrant Dink, weil sie glaubten, damit so viel Angst und Schrecken zu verbreiten, dass das Tabu wiederaufgerichtet werden könnte. Doch das Gegenteil war der Fall, die Debatte wurde intensiver und sogar die offizielle Politik begann, sich um eine Annäherung an Armenien zu bemühen.

Diese Annäherung scheiterte 2009 an Hardlinern auf beiden Seiten und liegt seitdem auf Eis. Auch die zivilgesellschaftliche Debatte um die Anerkennung des Völkermordes ist wieder leiser geworden, weil im Zuge der zunehmenden Radikalisierung der AKP und ihres Führers Recep Tayyip Erdoğan mittlerweile nahezu jede kritische Debatte wieder unterdrückt wird, doch das Thema ist nicht aus der Welt.

Die Situation der griechisch-orthodoxen Gemeinden ist ähnlich kritisch wie die der Armenier – sie werden aber von außerhalb der Türkei stärker unterstützt. Für die weltweite orthodoxe Kirche ist İstanbul, das für sie immer noch Konstantinopel heißt, nach wie vor das Zentrum ihrer Kirche und der Patriarch von Konstantinopel stellt das spirituelle Oberhaupt der gesamten Orthodoxie dar. Auch wenn nur noch wenige tausend orthodoxe Gemeindemitglieder in İstanbul leben, schaut die orthodoxe Welt doch mit großer Anteilnahme auf İstanbul. Als Papst Benedikt XVI. im Herbst 2006 die Türkei besuchte, traf er sich in İstanbul auch mit dem Patriarchen Bartholomäus I., um auf höchster Ebene über eine Annäherung von orthodoxer und katholischer Kirche zu reden.

Vor allem in İstanbul und İzmir gibt es neben den armenischen und griechischen Gemeinden noch katholische und evangelische Kirchen, die entweder zur italienischen oder französischen Community gehören oder den Botschaften aus Deutschland oder anderen europäischen Ländern angegliedert sind. Diese Kirchen werden bis heute ganz überwiegend von Angehörigen dieser Nationen, die vorübergehend oder auf Dauer in der Türkei leben, besucht.

Wenn in Deutschland im Zuge der Debatte um den Bau einer Moschee regelmäßig die Frage auftaucht, warum man eigentlich »bei uns« den Bau von Moscheen erlauben soll, wo doch in der Türkei angeblich keine Kirchen gebaut werden dürften, zeugt das zumeist von kompletter Unkenntnis der Situation in der Türkei. Das Problem in der Türkei ist ja gerade nicht, dass keine Kirchen gebaut werden dürfen, sondern dass es mehr Kirchen gibt, als sie von den wenigen Gemeinden gefüllt werden könnten.

Bedarf für neue Kirchen gibt es nur bei einer ganz speziellen Gruppe. Bei Rentnern aus westlichen EU-Staaten, darunter vielen Deutschen, die ihren Lebensabend am Mittelmeer verbringen und in den letzten 20 Jahren besonders in Antalya und Alanya so große Gemeinden gebildet haben, dass dort der Ruf nach der Errichtung neuer christlicher Kirchen laut geworden ist.

Die Frage, ob man in der Türkei eine Kirche bauen darf, ist nicht einfach zu beantworten. Im Prinzip heißt die Antwort ja, in konkreten Fällen gibt es aber viele Schwierigkeiten. Die traditionellen christlichen Kirchen in der Türkei, die griechisch-orthodoxe und die armenische Kirche, sind durch den Friedensvertrag von Lausanne (1923) anerkannte christliche Minderheiten, die bei

Bedarf auch neue Kirchen bauen dürften. Das gilt für die anderen christlichen Gruppen so aber nicht. Denn die katholischen und evangelischen Auslandskirchen fallen nicht unter den Lausanner Vertrag und haben deshalb auch keinen eigenen Rechtsstatus.

»Unter der Rubrik Eigentümer«, erzählte der frühere evangelische Pfarrer in İstanbul, Holger Nollmann, »steht bei uns im Grundbuch einfach gar nichts.« Nollmann selbst wird offiziell als Mitarbeiter des deutschen Konsulats geführt. Das gilt bis heute auch noch für seine Nachfolger. Als erster Pfarrer aus dem Ausland hat im Herbst 2003 der deutsche Prälat Rainer Korten in Antalya eine eigenständige Arbeits- und Aufenthaltsgenehmigung als Geistlicher bekommen. Korten wurde von der deutschen Bischofskonferenz entsandt und betreut seitdem, ganz ökumenisch, die deutschen und österreichischen Rentner und Rentnerinnen beider Konfessionen, die sich rund um Antalya niedergelassen haben. Mit dem nötigen Druck der EU im Rücken durfte er einen Verein »St. Nikolaus Kirchenverein für Antalya und Alanya« gründen, der nun Träger für die neu geschaffene St. Nikolaus Kirche in Antalya ist.

Wer sich in Antalya jedoch auf die Suche nach einem stolzen Kirchenneubau mit gotischen Fernstern und repräsentativem Glockenturm macht, wird genauso enttäuscht wie der Muslim, der in Kreuzberg eine schöne Sultansmoschee sucht. So wie in Deutschland die allermeisten Moscheen immer noch eher versteckt im Hinterhof liegen, hat die St. Nikolaus Kirche in einer unauffälligen Seitenstraße ihren Sitz und ist von außen überhaupt nicht als Kirche zu erkennen. Wenn es nicht das kleine Schild »St. Nikolaus Kilise« gäbe, würde man glatt daran vorbeilaufen.

Tatsächlich war in dem Gebäude vorher ein Internetcafé, aber Rainer Korten ist dennoch zufrieden: »Der Raum für den Gottesdienst ist groß genug, und in dem kleinen Garten können sich die Leute nach der Veranstaltung noch zum Plausch zusammensetzen.«

Allerdings sind sowohl der evangelische wie der katholische

Pfarrer der Meinung, dass die Vereinslösung, wie sie in Antalya gefunden wurde, nur ein Provisorium sein kann. Im Zuge weiterer Beitrittsverhandlungen mit der EU sollte eine tragfähige juristische Form für christliche Kirchen in der Türkei, die nicht unter den Lausanner Vertrag fallen, gefunden werden. Zurzeit aber liegt beides auf Eis, auch ein neues Gesetz, das die Rechte von Griechen und Armeniern verbessern soll (z. B. die eigenständige Ausbildung von Theologen) und auf die Verabschiedung wartet.

Nichts geht über die Familie

Frauen, Familie, Schule, Universität

Schaut man in die einschlägigen Gesetze, ist das Leben der Frauen in der Türkei mehr oder weniger dem ihrer Schwestern in Deutschland vergleichbar. Schon früher als in manchen europäischen Staaten erhielten die Frauen im Rahmen der kemalistischen Kulturrevolution der 1920er und 1930er Jahre das allgemeine aktive und passive Wahlrecht. Die Republik befreite die Frauen von den Zwängen der islamischen Scharia; die Mehr-Ehe, der Schleierzwang und die Verbannung aus der Öffentlichkeit wurden verboten. Anders als in anderen überwiegend muslimischen Ländern sollte die Türkin frei sein und ihren Beitrag zum Aufbau der Republik leisten können.

Deshalb wurden Frauen sogar gefördert, konnten studieren und machten Karriere in öffentlichen Institutionen. Das Ergebnis zeigte sich vor allem im Bildungs- und Justizbereich. An Universitäten unterrichteten viele Frauen und Richterinnen waren in der Türkei keine Seltenheit. Auch in der Wirtschaft findet man Frauen in Top-Positionen. Das hängt allerdings wesentlich damit zusammen, dass die großen Konzerne nach wie vor überwiegend Familienunternehmen sind und deshalb die Töchter der Patriarchen später zu Vorstandsvorsitzenden wurden. Sogar eine Ministerpräsidentin leistete sich die Türkei schon lange bevor Angela Merkel in Deutschland Bundeskanzlerin werden konnte. Bereits Anfang der 1990er Jahre war die Wirtschaftsprofessorin Tansu Ciller für einige Jahre Regierungschefin in Ankara, vor allem, weil Präsident Turgut Özal sie protegierte.

Doch das schöne Bild zeigte schon immer nur einen Teil der Wahrheit. Die kemalistische Revolution beschränkte sich auf die urbane moderne Mittelschicht, auf dem Land und in den armen Vorstädten änderte sich an der traditionellen Rolle der Frau wenig. Trotzdem hielt die offizielle Türkei an der Gleichberechtigung der Frauen bis zum Beginn der AKP-Regierung 2002 fest. Tatsächlich spielte die Frau im Kampf zwischen den säkularen Parteien und dem in den 1990er Jahren immer stärker werdenden politischen Islam eine zentrale Rolle. Je stärker die Islamisten wurden, umso mehr versuchten die säkularen Regierungen ihren Einfluss durch Ge- und Verbote zurückzudrängen. Das Symbol dieser Auseinandersetzung ist das islamisch gebundene Kopftuch, im türkischen der *Türban*. Die Formel dafür war und ist: Je mehr Frauen ihr Haar offen zeigen, umso stärker ist der Geist der Republik, je mehr Schleier, umso stärker die Islamisten.

Die Folge davon war ein kategorisches Verbot des Kopftuches im öffentlichen Dienst, in Schulen und Universitäten. In Schulen wurde sowieso eine landesweit einheitliche Schuluniform getragen, undenkbar, dass ein Mädchen da mit einem Kopftuch auftauchte. Anders an den Universitäten. Sie wurden in den 1990er Jahren zu den Brennpunkten der Auseinandersetzung, weil junge Frauen offensiv gegen das Kopftuchverbot protestierten. Das Kopftuch, argumentierten sie, sei Ausdruck ihrer individuellen Freiheit und dürfe deshalb nicht verboten werden. Selbst absolut säkulare Feministinnen unterstützten die muslimischen Studentinnen und setzten sich für ihr Recht auf das Kopftuch ein.

Andere waren damals schon skeptischer, was das Kopftuch und die individuellen Freiheitsrechte betraf. Noch vor gut zehn Jahren sagte die damals 65-jährige renommierte Politologin Nur Vergin, die Frauen würden von beiden Seiten regelrecht instrumentalisiert. »Die Frau« meinte Vergin, »wird sowohl von den Kemalisten wie den Islamisten für ihre Ziele instrumentalisiert. Das Kopftuch hat nichts mit individueller Freiheit zu tun. Die Konflikte zwischen Kemalisten und Islamisten werden auf den

Rücken der Frauen ausgetragen, dabei geht es beiden Seiten nur um die Macht.«

Heute muss man feststellen: Der Kampf ist vorläufig entschieden und die Islamisten haben gewonnen. Damals sagte Nur Vergin noch, der Säkularismus sei so stark innerhalb der türkischen Gesellschaft verankert, dass sie sich nicht vorstellen könne, dass die Islamisten diese Grundkonstante gesellschaftlichen Lebens in Frage stellen könnten. Heute passiert genau das. In der seit Jahren geführten Debatte um eine neue Verfassung sprach der von der AKP gestellte Parlamentspräsident İsmail Kahraman im April 2016 erstmals öffentlich aus, was die meisten AKP-Parlamentarier und Minister denken, aber bis dahin nicht laut zu sagen wagten: »Wir sind ein muslimisches Land«, stellte Kahraman fest, »wir sollten eine islamische Verfassung haben. Der Grundsatz des Säkularismus hat in unserer Verfassung nichts zu suchen.«

Auch wenn der damalige Ministerpräsident Ahmet Davutoğlu und selbst Präsident Tayyip Erdoğan den Parlamentspräsidenten aus taktischen Gründen halbherzig in die Schranken wiesen, seit Erdoğan 2014 zum Präsidenten gewählt wurde und seitdem für eine Verfassung kämpft, die ihm als Präsident die absolute Macht garantieren soll, ist auch die Wiedereinführung der Scharia nicht mehr undenkbar.

Noch immer sieht es auf dem Papier für die Frauen gut aus. Tatsächlich hat die AKP-Regierung in den ersten Jahren an der Macht im Rahmen der Annäherung an die EU sogar noch Gesetze verabschiedet, die die Stellung der Frau stärkten. Der gesetzliche Haushaltsvorstand, nach dem die Frau den Mann um Erlaubnis fragen muss, wenn sie arbeiten gehen will, wurde abgeschafft und das Scheidungsrecht so reformiert, dass der Frau derselbe Anteil zusteht wie dem Mann. Das gesetzliche Heiratsalter für Frauen wurde auf 18 Jahre hinaufgesetzt, und im Kampf gegen die sogenannten »Ehrenmorde« wurde das Strafrecht so verändert, dass Familienangehörige, die Tochter oder Schwester ermorden, keinen Strafbonus mehr bekommen dürfen, sondern Ehrenmord genauso geahndet wird wie jeder andere Mord auch. Sogar Vergewaltigung in der Ehe wurde unter Strafe gestellt.

Doch die gesellschaftliche Realität sieht anders aus. Noch immer ist die Heirat minderjähriger Mädchen weit verbreitet und noch immer wird Gewalt gegen Frauen innerhalb der Familie vertuscht statt verfolgt. Tatsächlich hat die Gewalt gegen Frauen sogar stark zugenommen, seit die AKP regiert. In der Zeit von 2002, dem Beginn der AKP-Regierung, bis 2009 bestätigte eine Studie des Justizministeriums, dass innerfamiliäre Gewalt gegen Frauen sich gegenüber den Jahren zuvor verzehnfacht hat. Seitdem gibt es keine offiziellen Zahlen mehr, weil Polizei und Justizministerium einfach keine Statistiken mehr veröffentlichen.

Stattdessen hat ein privates Frauenbündnis Ende 2015 auf der Website www.kadincinayetleri.org eine detaillierte Statistik über die »Ehrenmorde« der letzten fünf Jahre, also seit 2010, veröffentlicht. Akribisch sind alle in der Öffentlichkeit bekannt gewordenen Fälle aufgelistet. Danach wurden insgesamt 1134 Frauen ermordet. In 608 Fällen waren die Ehemänner oder Ex-Ehemänner, die Täter, in 213 Fällen Väter oder Brüder. 161 Frauen wurden von ihren Freunden oder Ex-Freunden ermordet. In den restlichen Fällen kamen die Mörder nicht aus dem unmittelbaren Umfeld der Frauen.

Anders als in früheren Jahren, wo Ehrenmorde ein Phänomen der Dörfer war, sind es jetzt die Metropolen, in denen die meisten Frauen ermordet werden, allen voran İstanbul. Das ist ein Ergebnis der vorher beschriebenen enormen gesellschaftlichen Umwälzung, die die Binnenmigration in der Türkei mit sich gebracht hat. Schaut man sich die Stadtteile in İstanbul an, in denen die meisten Ehrenmorde stattfinden, sind es vor allem die Bezirke, die durch die Einwanderung vom Land in den letzten 20 Jahren entstanden sind. Das ist ein weiterer Beleg dafür, dass die Mehrheit der Türken und Türkinnen zwar heute in der Stadt und nicht mehr auf dem Land lebt, die Mentalität der Dörfer in den Städten aber nach wie vor präsent ist.

Der wichtigste Grund für die enorme Steigerung der innerfamiliären Mordrate aber ist die Renaissance des Patriarchalen, die mit der AKP in der Türkei eine Art Wiedergeburt erlebte. Das beginnt an der Spitze der politischen Pyramide. Präsident Tayyip Erdoğan ist der Patriarch par excellenze. Absolut dominant, keinen Widerspruch duldend und mit einer klaren Vorstellung von der Rolle der Frau im Kopf. »Natürlich sind Mann und Frau nicht gleich«, sagte er jüngst bei einem Auftritt während des Weltfrauentages am 8. März, deshalb können sie auch nicht gleichberechtigt sein. Immer wieder bekräftigt Erdoğan, die Frau gehöre ins Haus, ihre Aufgabe sei es, mindestens drei Kinder zu gebären, für Mann und Kinder zu sorgen und wenn sie noch Zeit hat sich um Eltern und Schwiegereltern zu kümmern.

Erwerbsarbeit ist dagegen das Feld des Mannes. Seit die AKP regiert, hat die Erwerbsarbeit von Frauen dramatisch abgenommen und ihre öffentliche Präsenz geht ebenfalls stark zurück. Im Parlament sind Frauen gerade noch mit 14 Prozent vertreten und das auch nur, weil die kurdisch-linke HDP ihre Sitze im Parlament 50:50 quotiert. Im Kabinett sitzen bei knapp 40 Ministern und Staatssekretären gerade mal zwei Frauen. Aus 45 von 81 türkischen Provinzen ist keine einzige Frau im Parlament vertreten.

Die zunehmende Gewalt gegen Frauen ist das Ergebnis dieser von oben forcierten Einordnung der Frauen als Menschen zweiter Klasse. Das schlägt sich natürlich auch in den Köpfen von Richtern und Staatsanwälten nieder. Immer wieder beklagen Frauenorganisationen, dass Gerichte bei sogenannten Ehrenmorden trotz der Reform des Strafrechts Anfang der 2000er Jahre nach wie vor sehr milde Urteile aussprechen. Nur ist die Begründung jetzt eine andere.

So wurde bei einem Mann, der ein 14-jähriges Mädchen erst vergewaltigt und dann erschlagen hatte, das Strafmaß reduziert, weil er sich während des Prozesses im Gericht »respektvoll« verhalten hatte. In einem anderen Prozess, der in der Öffentlichkeit viel beachtet wurde, weil das Opfer eine bekannte Fernsehmoderatorin war, erhielt der Mörder eine reduzierte Strafe, weil er »aus Liebe« tötete. Sein Heiratsantrag war von der Frau abgewiesen worden.

In einer Kolumne in der Zeitung *Hürriyet Daily News* beschrieb die Journalistin Melis Alphan, wie Eltern und Behörden gemeinsam die Gesetze unterliefen, um die Vergewaltigung eines 14-jährigen Mädchens zu vertuschen. Die Vergewaltigung hatte ihr zehn Jahre älterer Cousin verübt. Um die Ehre der Familien zu retten, beschlossen die Eltern des Mädchens gemeinsam mit der Familie des Vergewaltigers, dass das Verbrechen dadurch gesühnt werden sollte, dass die beiden heirateten. Die Eltern des Mädchens zogen die Strafanzeige deshalb zurück und das Gericht bestellte extra einen Gutachter, der beweisen sollte, dass das Mädchen eigentlich bereits 16 Jahre alt sei und nicht, wie in ihrem Personalausweis vermerkt, 14 Jahre. Daraufhin konnte der Prozess eingestellt werden, denn nur bei der Vergewaltigung einer Minderjährigen wäre es ein Offizialdelikt gewesen. Anschließend erteilte ein anderes Gericht die Sondererlaubnis für die Heirat der »16-Jährigen« mit ihrem Vergewaltiger.

Das ist das Ergebnis einer langjährigen AKP-Politik, die sich statt für die Gleichberechtigung der Geschlechter für »Gerechtigkeit zwischen Mann und Frau« einsetzt, wie die Familienministerin im AKP-Kabinett, Sema Ramazanoğlu, es ausdrückt. Sie setze sich für eine faire Aufteilung der Chancen zwischen Mann und Frau ein, erläuterte sie ihr Konzept auf einer Veranstaltung des World Economic Forums 2015.

Diese ideologisch gewollte Festlegung der Frau auf Haus und Kinder trifft in der Türkei, anders als in Deutschland, nach wie vor auf die weitverbreitete Überzeugung, dass die Familie und nicht das einzelne Individuum die kleinste gesellschaftliche Einheit ist.

Singles sind in der Türkei noch eine ganz seltene Spezies. Es gibt sie in einigen wenigen Stadtteilen İstanbuls, dort wo zumeist Künstler, Medienleute und Schauspieler wohnen, die sich quasi als Trendsetter bewusst dafür entschieden haben, zumindest eine

Zeit lang allein zu leben. Doch das sind große Ausnahmen. Ohne Familie, davon sind wohl 99 Prozent aller Türken und Türkinnen überzeugt, bist du ein hoffnungslos verlorener Mensch. Nicht nur im ökonomischen Sinne befindest du dich jenseits der Solidargemeinschaft, sondern du bist einfach ausgestoßen aus dem Wärmestrom der menschlichen Gemeinschaft. Ohne Familie bist du eigentlich ein Nichts.

Dabei bedeutet Familie in der Regel nach wie vor Großfamilie, oder wie man in Deutschland heute sagt, Mehrgenerationen-Familie. Auch in den Großstädten wohnen Eltern, Kinder und Enkel, wenn nicht mehr unter einem Dach, so doch zumeist in unmittelbarer Nachbarschaft. Schwiegertöchter müssen sich mit den Müttern ihrer Männer arrangieren, sonst haben sie schlechte Karten. In vielen Fällen arbeiten die Männer der Familie auch zusammen in einem kleinen Geschäft, das die Familie betreibt, oder der Vater hat dafür gesorgt, dass die Söhne in dem Betrieb, in dem er beschäftigt ist, auch untergekommen sind. Geht auch noch die Frau außer Haus arbeiten, bleiben die Kinder bei der Großmutter. Kindergärten haben in der Türkei Seltenheitswert und wenn, dann sind häufig dort vor allem Kinder von ausländischen Familien untergebracht.

Tatsächlich hängt die Idealisierung der Familie aber vor allem damit zusammen, dass sie einfach nach wie vor noch eine Überlebensnotwendigkeit ist. Die Türken haben kein besonderes Familien-Gen, sondern entsprechen mit ihrem engen Familienzusammenhalt genau dem Verhalten in anderen Ländern und Kulturen, die sich auf einem ähnlichen Entwicklungsstand befinden.

Die 10 000-Dollar-Barriere

Die Wertschätzung des Familienverbandes, also letztlich die Frage, was zählt mehr: das Kollektiv oder das Individuum, traditionelle oder postmoderne Werte, entscheidet sich weltweit zuallererst am gesamtgesellschaftlichen Wohlstand. Die Scheidegrenze zwischen traditionellen und eher postmateriellen Gesellschaften liegt bei rund 10 000 Dollar jährlichem Pro-Kopf-Einkommen.

Diese Erkenntnis verdanken wir dem amerikanischen Soziologen Ronald Inglehart, der zusammen mit seinem Team von der Michigan University seit 1970 über den weltweiten Wertewandel forscht. Seit dieser Zeit führte Inglehart in mittlerweile 65 Ländern weltweit standardisierte Umfragen durch, mit denen er die Veränderungen gesellschaftlicher und individueller Werte misst. Dieser sogenannte »World Values Survey«, mit dem amerikanische und internationale Soziologen rund 75 Prozent der Weltbevölkerung erreichen, hat über die Jahre ein ganz klares Ergebnis zutage gefördert. Egal in welchem Land, egal welche Religion vorherrscht und egal wie die ethnische Zusammensetzung ist: In Ländern mit einem durchschnittlichen Pro-Kopf-Einkommen von mehr als 10 000 Dollar zählen andere Werte als in den Ländern, die darunterliegen.

Postmaterielle Werte wie Gleichberechtigung der Geschlechter, Umweltschutz, die Betonung individueller Rechte, die Akzeptanz sexueller Differenz, vor allem der Homosexualität unter Männern, sind Werte, die sich auf breiter Basis erst in Gesellschaften oberhalb der 10 000-Dollar-Schwelle entwickeln. Sie setzen voraus, dass die Menschen nicht mehr um ihre Existenz kämpfen müssen, dass ein bescheidener Wohlstand als gesichert gilt und die Absicherung in sozialen Notlagen durch die Gesellschaft, also staatliche Institutionen, gewährleistet wird. Diese Situation existiert weltweit in Westeuropa, Nordamerika, Japan und mit Abstrichen in Australien und sie besteht seit ungefähr den 1960er Jahren des letzten Jahrhunderts in einer in der Geschichte erstmalig auftretenden Breite. In all diesen Ländern hat sich das Individuum als eigenständige Einheit unabhängig von der Familie etablieren können, und die Bedeutung der Familie als sozialer Zusammenhalt hat entsprechend abgenommen.

Was uns in Europa – und speziell in den reichsten Ländern

Europas – mittlerweile als selbstverständliche Normalität erscheint, ist für den größten Teil der Weltbevölkerung eine ferne, vage Möglichkeit, die die Menschen hauptsächlich aus dem Fernsehen kennen. Dafür dominieren in allen diesen Gesellschaften die traditionellen Werte von Familie, Religion und Patriarchat. In ganz armen Ländern mehr, in Schwellenländern weniger. Die Türkei ist genau eines dieser Schwellenländer.

Das durchschnittliche Pro-Kopf-Einkommen liegt bei 8000 Dollar im Jahr. Es war in den Boom-Jahren des letzten Jahrzehnts sogar schon über 10 000 Euro, ist aber nach 2011 wieder gefallen. Dabei ist das Einkommen regional stark unterschiedlich verteilt. Im armen Osten kommen manche Familien kaum auf 1000 Dollar pro Jahr, in den westlichen Großstädten des Landes gibt es dagegen bereits etliche Familien, die die 50 000-Dollar-Grenze locker überschreiten. Wie groß der Einfluss der ökonomischen Bedingungen für die grundlegenden Einstellungen der Menschen ist, wie sehr also die pure Existenz das Bewusstsein bestimmt, kann man in der Türkei ganz besonders gut studieren.

Wie in einem gesellschaftlichen Labor lassen sich entsprechend der wirtschaftlichen Verhältnisse die unterschiedlichen Werthaltungen auf der Skala von sehr traditionell bis hin zu postmodern besichtigen. Im armen Osten des Landes, vor allem in den kurdisch besiedelten Provinzen, existieren noch regelrechte Großclans. Diese Clans haben eine herrschende Familie, die in der Regel auch über großen Landbesitz verfügt und auf deren Feldern und Weiden dann die übrigen Familien des Clans arbeiten. In fast feudaler Weise entscheidet hier die Clanführung selbst noch darüber, wer wen innerhalb des Clans heiratet und ob ein Kind, natürlich nur ein Junge, eine weiterführende Schule besucht oder gar studieren darf. Bei Wahlen stimmen die Clans geschlossen ab. Die Parteien buhlen deshalb um die Clanchefs, bieten ihnen oft sogar einen Sitz im Parlament an, um so gleich Tausende Stimmen mit einem Schlag einzusammeln.

An diesen halbfeudalistischen Verhältnissen hat auch der

30-jährige Krieg der kurdischen Arbeiterpartei PKK kaum etwas verändert. Als 2001 nach der Verhaftung von PKK-Chef Öcalan das Kriegsrecht in der Region aufgehoben wurde und die Clanchefs begannen, ihre Rechte in ihren Dörfern wieder einzufordern, hatte ich die Gelegenheit, an einer Hochzeit teilzunehmen, die ein Clanchef für seinen Sohn ausrichtete. Es war schon erstaunlich zu sehen, wie selbstverständlich dort vor Beginn der Feierlichkeiten alle Männer des Dorfes beim Clanchef vorsprachen und ihm ganz traditionell die Hand küssten, als hätte die Zeit seit hundert Jahren stillgestanden. Auch wenn der Clanchef formal keine Gewalt mehr über die Leute hat, sein Wort gilt. Nicht zuletzt deswegen, weil er nach wie vor das Land besitzt, dass von den Bauern bestellt wird. Sein Einfluss endet in der Regel allerdings bei denjenigen ehemaligen Clanmitgliedern, die ihre Dörfer verlassen haben und nun in der Stadt leben. Doch auch dort können die alten Verbindungen noch sehr stark sein. Denn hat der Clanchef es beispielsweise zum Abgeordneten gebracht, wird er sich dafür einsetzen, dass Angehörige seines Clans Jobs im öffentlichen Dienst derjenigen Städte bekommen, die zu seinem Wahlkreis gehören. Auch solche Gefälligkeiten sorgen dafür, dass alte Abhängigkeiten nicht allzu schnell verschwinden und auch von Clanmitgliedern, die in die Stadt abgewandert sind, noch Wohlverhalten gefordert werden kann.

Im Gegensatz dazu leben im Westen der Türkei die meisten Menschen längst oberhalb der Schwelle von 10 000 Dollar jährlichem Pro-Kopf-Einkommen. Eine der Paradoxien der Politik der AKP ist, dass sie einerseits stolz darauf ist, den materiellen Reichtum der Gesellschaft zu mehren, und anderseits versucht, die Normen einer Gesellschaft unterhalb der 10 000-Dollar-Schwelle aus ideologischen Gründen weiter aufrechtzuerhalten.

Das ist einer der Gründe, warum sich die derzeitige Hegemonie der AKP auf Dauer in der Türkei nicht wird aufrechterhalten lassen. Denn viele der Familien, die sich in den letzten 20 Jahren aus der Armut befreien konnten, investieren ihren relativen

Reichtum in die Bildung ihrer Kinder. Und Bildung befreit letztlich auch von ideologischen Zwängen und Vorurteilen. Zwar versucht die AKP dieser Gefahr durch vermehrte religiöse Bildung abzuwehren, doch diese Indoktrinierung wird auch bei religiösen Frauen, die sich eine gute Ausbildung erarbeiten, auf Dauer nicht aufrechtzuerhalten sein.

Kinder als Reichtum der Gesellschaft

Was türkische Familien über alle Klassen-, Glaubens- und regionalen Unterschiede hinweg gemeinsam haben, ist die unbedingte Fürsorge für ihre Kinder. Das gilt auch für die Gesellschaft insgesamt.

Die Türkei ist ein kinderfreundliches Land. Kinder sind überall eine Selbstverständlichkeit, und fast jede Familie hat Kinder. Keine Kinder zu haben ist eine so große Ausnahme, dass es fast als Makel gilt. Zwar zeigt sich auch in der Türkei der Trend, dass Kinder seltener werden, je wohlhabender und individualisierter die Gesellschaft ist. Doch selbst in den reichen, urbanen Familien der Großstädte sind zwei oder mindestens ein Kind immer noch die Regel.

Das macht sich überall im Alltag bemerkbar. Wenn man mit Kindern in ein Restaurant geht, wird man nicht schief angeschaut und als potenzieller Störfaktor betrachtet. Meistens werden die Kinder freundlich betätschelt, und es kommt sogar vor, dass die Bedienung sich ihrer annimmt, damit die Eltern in Ruhe essen können. In unserem Viertel, das nur von einer Hauptverkehrsstraße tangiert wird und ansonsten ziemlich verkehrsberuhigt ist, sind die Straßen, sobald die Schule zu Ende ist, voller spielender Kinder. Während in Deutschland die meisten Kinder ja mittlerweile von ihren Eltern von einer Aktivität zur nächsten gefahren werden, organisieren sich in der Türkei die Kinder ihren Spaß zumeist noch selbst. Fußball auf dem Bolzplatz im Viertel oder

Volleyball auf der Straße vor dem Haus sind einfach selbstverständlich, ohne dass die Eltern sich darum kümmern müssen.

Kinder werden in der ohnehin sehr jungen türkischen Gesellschaft als Reichtum wahrgenommen, nicht zuletzt deshalb, weil oft noch der Gedanke eine Rolle spielt, dass Kinder schließlich für die Absicherung im Alter sorgen müssen. Von der Rente, so es überhaupt eine gibt, kann jedenfalls kaum jemand im Ruhestand leben. Nach deutschen Maßstäben werden Kinder in der Türkei generell verwöhnt und verhätschelt. Legendär sind die Situationen, in denen Deutsche darüber staunen, wie Kinder bei befreundeten türkischen Paaren eingemummelt werden, weil es draußen doch noch so kalt sei, obwohl die Sonne scheint und der Frühling längst Einzug gehalten hat. Die fürsorgliche Belagerung der Kinder durch ihre Eltern und da speziell der Mütter ist enorm. Deutsche denken automatisch, so wie diese Kinder verwöhnt werden, können die doch nie selbständig werden, während türkische Eltern bei Deutschen fast immer davon ausgehen, dass die ihre Kinder schlicht und einfach vernachlässigen und es an der notwendigen Sorge fehlen lassen.

Bis die Kinder in die Schule kommen, können die meisten einem Lustprinzip frönen, das nach deutschen Erziehungsregeln unfassbar ist. Türkische Kinder gehen nicht um eine bestimmte Zeit ins Bett, sondern krabbeln so lange in der Wohnung herum, bis sie eben von selbst schlafen wollen. Das fällt besonders an Urlaubsorten auf, wo deutsche und türkische Familien gemischt auftreten. Während die deutschen Kids spätestens um 21 Uhr in der Falle liegen, toben ihre türkischen Alterskameraden noch bis spätnachts herum. Ähnlich locker geht es bei den Mahlzeiten zu. Essen gibt es, wenn das Kind Hunger hat und nicht, wenn es Zeit fürs Essen ist.

Doch selbstverständlich macht es auch für Kinder einen Unterschied, ob sie im armen Osten oder im reichen Westen des Landes aufwachsen. Wenn im Osten ein armer Bauer acht Kinder hat, was dort eher die Regel als die Ausnahme ist, kann diese

Familie nur existieren, wenn die Kinder bereits früh für den Unterhalt mitarbeiten. Kinderarbeit ist in der Türkei ein Phänomen der Familienbetriebe.

Es gibt keine Kinder, die in Fabrikhallen, Bergwerken oder großen Teppichknüpfereien arbeiten, aber Tausende von Kindern schuften schon früh auf dem Hof ihrer Eltern oder in deren Kleingewerbe mit. Ein neueres Phänomen in den Großstädten des Landes sind die Straßenkinder. Speziell in İstanbul gibt es immer mehr Kinder, die auf der Straße leben. Viele von ihnen schnüffeln Klebstoff, eine billige Droge, die schnell zu schweren Gehirnschädigungen führt. Sie leben meist in Gruppen und klauen sich das Notwendigste zusammen. Diese Kinder sind die Verlierer aus den Vorstädten. Ihre Familien gehören zu denen, die den Zusammenhalt nicht geschafft haben und als Solidargemeinschaft ausgefallen sind. Sie leben im Niemandsland zwischen Familie und staatlicher Fürsorge. Es existieren zwar einige wenige Kinderheime, doch staatliche Institutionen, die sich wirklich um die gestrandeten Kinder kümmern, gibt es kaum. Stattdessen haben engagierte Privatleute in İstanbul einen Verein gegründet, der sich um sie kümmert.

Gesetzlich ist Kinderarbeit verboten und für alle Kinder herrscht Schulpflicht. Ab dem sechsten Lebensjahr müssen alle Kinder mindestens acht Jahre zur Schule gehen. Trotzdem erscheinen im Osten immer noch rund 30 Prozent der Mädchen nicht in der Schule – weil sie im Haushalt gebraucht werden oder weil ihre Eltern der Meinung sind, eine Schule sei für Mädchen überflüssig, da sie mit 15 oder 16 Jahren sowieso heiraten und dann in die Familie ihres Mannes übersiedeln und dort die Hausarbeit übernehmen. In den letzten Jahren gibt es aber verstärkte Anstrengungen, die Analphabetenrate gerade unter Mädchen zu minimieren.

Die Schule

Mit Beginn der Schulzeit ist das süße Leben der meisten Kinder vorbei. Die Schule ist in der Türkei eine ernste Angelegenheit. Das beginnt schon mit den Äußerlichkeiten. Alle Schüler tragen eine Uniform. Die Schulwoche beginnt mit einem Fahnenappell auf dem Schulhof und den entsprechenden Ermahnungen für die kommende Woche. Schule ist in der Türkei nach wie vor eine klassische Lehranstalt. Es geht darum, eine bestimmte Menge Lehrstoff zu verarbeiten, und diese Menge ist, verglichen mit dem Pensum deutscher Schüler, meistens sehr groß. Es wird gepaukt, auswendig gelernt und zugehört. Deutsche Konservative wären begeistert über die Disziplin der Schüler und die ungebrochene Autorität der Lehrer. Zudem lernen die Kinder auch, höflich und rücksichtsvoll miteinander umzugehen. Gewalt an der Schule ist in der Türkei nahezu unbekannt.

Letztlich ist die Organisation des Schulbetriebes aber den gesellschaftlichen Bedingungen geschuldet, unter denen Bildung in der Türkei stattfindet. Das Hauptproblem besteht darin, dass es zu viele Schüler beziehungsweise zu wenige Schulen gibt. Dazu gehören zu wenige und zu schlecht bezahlte Lehrer. Lehrer genießen zwar ein hohes Prestige, aber zumindest die Lehrer an den staatlichen Schulen werden so schlecht bezahlt, dass sich viele noch mit einem Zweitjob über Wasser halten müssen. Weil es zu wenige Schulen gibt, sitzen in den meisten Klassen bis zu 40 Kinder, was auch einer der Gründe ist, warum auf Disziplin so großen Wert gelegt wird. Die Folge dieser großen Klassen sind ein ziemlich einfallsloser Frontalunterricht und strenge Disziplin. Angesichts der Misere der staatlichen Schulen boomt seit Jahren der Privatschulsektor. Viele Eltern in der Türkei lassen es sich jedes Jahr eine erhebliche Summe (von 5000 Euro jährlich an aufwärts) kosten, damit ihre Kinder auf eine gute private Schule gehen können.

Selbst viele Familien, die es sich eigentlich gar nicht leisten können, schuften zusätzlich, nur um das Schulgeld zusammenzubekommen. Traditionell gibt es in der Türkei neben den staatlichen Schulen christliche Konfessionsschulen und ausländische Schulen, an denen beispielsweise deutsche und türkische Kinder ihr Abitur machen können. Diese deutschen oder französischen oder amerikanischen oder italienischen Schulen waren einmal gedacht für die Kinder der jeweiligen Nation, die dort analog zu den Schulen ihres Heimatlandes unterrichtet wurden. Mittlerweile sind sie auch Elitegymnasien für türkische Schüler, die sich durch überdurchschnittliche Leistungen dafür qualifizieren können. Diese Schulen waren schon immer schulgeldpflichtig, nur hat die Höhe der Kosten in den letzten 30 Jahren erheblich zugenommen.

Daneben entstehen zunehmend rein kommerzielle private Schulen, die sich von den staatlichen weniger durch ihr Programm als vielmehr dadurch auszeichnen, dass die Klassen klein sind (unter 20 Kinder), die Lehrer gut bezahlt und gut ausgebildet sind – vor allem bei Fremdsprachen – und die Schulen über eine hervorragende Ausstattung verfügen.

Die wichtigste Veränderung im türkischen Schulsystem der letzten Jahre besteht darin, dass die AKP den religiösen Schulsektor massiv ausbaut. Bis 2012 gab es für alle türkischen Schüler einen verbindlichen gemeinsamen Unterricht bis einschließlich der 8. Klasse. Erst danach kamen Gymnasium, Mittelschulen oder Berufsschulen, auf die die Schüler sich aufteilten. Einer dieser Berufsschulzweige ist die İmam-Hatip-Schule, ursprünglich gedacht zur Ausbildung staatlich geprüfter Imame an staatlich kontrollierten Moscheen. An dieser Berufsschule studierten auch einige wenige Mädchen und diese Schulen waren die einzigen, an denen sie ein Kopftuch tragen durften. Für religiöse Eltern wurden diese İmam-Hatip-Schulen deshalb schon in den 1990er Jahren eine Alternative zu den anderen öffentlichen Berufsschulen und bald besuchten mehr und mehr Mädchen, aber auch Jungen diese İmam-Hatip-Schulen, als das religiöse System von

Koranschulen und Moscheen an Absolventen überhaupt absorbieren konnte. Der Staat schuf deshalb eine Regelung, die es auch İmam-Hatip-Schülern unter besonderen Bedingungen ermöglichte, an der Universität weiter zu studieren.

Die AKP hob zunächst die Beschränkungen für İmam-Hatip-Absolventen auf. Bald war die İmam-Hatip-Schule mit einem normalen Gymnasium gleichgesetzt und jeder Absolvent konnte die Prüfung zur Universität genauso ablegen wie die Schüler von den Gymnasien. 2012 ging die AKP dann noch einen Schritt weiter. Sie schaffte die gemeinsame achtjährige Schulzeit ab und schuf ein dreigliedriges System von Grundschule (bis zur 4. Klasse), Mittelstufe (bis zur 8. Klasse) und Oberstufe bis einschließlich 12. Klasse. Die Kinder können jetzt bereits nach der 4. Klasse in die İmam-Hatip-Schule gehen.

Diese religiöse Schulbildung ist damit der normalen öffentlichen Schule gleichgestellt. Sie bildet ein durchgehendes Parallelsystem und wird vom Staat weit mehr gefördert als die »normalen« Schulen. Hier lernen Jungen und Mädchen getrennt und die geisteswissenschaftlichen Fächer sind am Koran orientiert. Bleibt die AKP noch lange an der Regierung, muss man davon ausgehen, dass dieses jetzt existierende duale System von normaler öffentlicher Schule und İmam-Hatip-Schulen irgendwann ganz zugunsten der İmam-Hatip-Bildung aufgelöst wird.

Bis jetzt ist es noch so, dass es im Leben eines türkischen Schülers zwei bedeutende Zäsuren gibt, an denen die gesamte Ausbildung orientiert ist. Die erste kommt am Ende der 8. Klasse. Landesweit gehen dann mehr als eine Million Kinder in eine standardisierte externe Prüfung.

Die Anzahl der Punkte, die sie dabei bekommen, entscheidet darüber, ob sich das Kind für den Besuch eines Gymnasiums qualifiziert. Je höher die Punktzahl, desto besser die Schule, die sich der Schüler anschließend aussuchen kann. Diese Prüfung ist der erste echte Härtetest im Leben eines normalen türkischen Kindes. Wer es von den rund 1,2 Millionen Beteiligten nicht schafft, einen der rund 300000 Plätze auf einem Gymnasium zu erreichen, kann seine Träume vom gesellschaftlichen Aufstieg schon mit 13 oder 14 Jahren begraben, denn danach gibt es kaum noch Einstiegsmöglichkeiten in eine höhere Bildung. Es sei denn das Kind besucht die Mittelstufe einer İmam-Hatip-Schule und will seine Ausbildung an der Oberstufe der Imam-Hatip-Schule fortsetzen. Dafür ist keine externe Prüfung notwendig.

Die zweite Zäsur kommt nach dem Gymnasium. Die Tortur ist die Gleiche, und am Ende entscheidet das Ergebnis der Prüfung, ob einer der begehrten Studienplätze erreicht werden konnte.

Diese Prüfungen sind ein Horror für die ganze Familie, und zwar schon lange im voraus. Der Stress beginnt mindestens ein Jahr vor der Prüfung. In der 8. Klasse wird das ganze Jahr über praktisch nur noch für die große Prüfung gebüffelt. Das ist aber nicht auf die Schule beschränkt, sondern alle Kinder gehen in diesem Jahr zusätzlich zur sogenannten Dershane, wo am Wochenende und teilweise auch noch während der Woche am Abend anhand der Fragebögen der vorangegangenen Jahre die möglichen Testfragen rauf- und runtergepaukt werden. Das Kind ist sieben Tage die Woche ohne Pause im Einsatz, etliche halten den Stress psychisch oder auch körperlich nicht durch.

Der große Vorteil der privaten Schulen ist, dass sie die Kinder effektiver auf die beiden entscheidenden Prüfungen vorbereiten. Viele Eltern hoffen, dass ihre Kinder, nachdem sie acht Jahre private Grund- und Mittelschule bezahlt haben, in der Prüfung so gut abschneiden, dass die Punktzahl für ein passables staatliches kostenloses Gymnasium ausreicht. In allen Privatschulen hängen deshalb große Tafeln mit den Konterfeis der Kinder, die einen Wechsel an ein gutes Gymnasium geschafft haben. Wer allerdings für sein Kind die Premiumklasse eines der ausländischen Elitegymnasien anstrebt, muss sowohl eine sehr hohe Punktzahl erzielen als auch tief in die Tasche greifen. Das fängt bei fast 10000 Euro an der Deutschen Schule an und hört bei dem begehrtesten amerikanischen College bei 16000 Euro pro Schuljahr auf.

An den Tagen der landesweiten Prüfungen herrscht dann der komplette Ausnahmezustand. Die Kinder müssen zur Absolvierung der Prüfung zu einer anderen, ihnen fremden Schule, oft auch in einen ganz anderen Bezirk. Tage vorher wird diese Schule in Augenschein genommen und der beste Anfahrtsweg einstudiert, damit am großen Tag um acht Uhr morgens nichts schiefgeht. Während die Kinder sich dann durch ihre Fragebögen kämpfen, warten Hunderte von hoch nervösen Eltern vor den Schultoren auf das Ende der Prüfung. In diesen zwei Stunden entscheidet sich der emotionale und finanzielle Einsatz von Jahren.

Fast jeder will an die Universität

Auch wenn es in der deutschen Debatte um die angebliche Bildungsferne türkischer Migranten nicht so scheint, in der Türkei will möglichst jeder Schüler, und zunehmend auch jede Schülerin, an die Universität. Zu Recht gilt das Studium als einzige echte Chance, später einen der begehrten festen, sozialversicherungspflichtigen Jobs mit Aufstiegschancen zu bekommen, auch wenn ein Studium längst keine Job-Garantie darstellt. Der Platz an der Uni ist hart erkämpft. Für die meisten Studenten und Studentinnen ändert sich nach Beginn des Studiums im Vergleich zu ihrer Zeit am Gymnasium relativ wenig. Die meisten wohnen während des Studiums zu Hause. Diejenigen, die in eine andere Stadt umziehen müssen, wohnen zumeist im Studentenheim. Nur ganz selten ziehen mehrere Studenten gemeinsam in eine Wohngemeinschaft, denn zum einen findet man dafür schwer eine Wohnung und außerdem wäre es auch zu teuer.

Das Studium ähnelt insgesamt stärker der Schule als in Deutschland. Die Vorgaben sind strikt, die Lehrpläne randvoll – großer eigener Spielraum für die Gestaltung des Studiums existiert zumeist nicht. Das führt dazu, dass auch das Studium eher Vermittlung von Wissen ist als das Lernen, wissenschaftlich zu arbeiten und eigene Standpunkte zu formulieren. Es fehlt oft an kritischer Reflexion, dafür ist das Studium kompakt und dauert maximal vier Jahre. Die Art der Wissensvermittlung kommt eher den Naturwissenschaften entgegen, weshalb Ingenieure oder auch Mediziner im internationalen Vergleich besser mithalten können als Geisteswissenschaftler.

Das hat aber auch einen Grund in der jüngeren türkischen Geschichte. In den 1960er und 1970er Jahren waren die Universitäten, ganz ähnlich wie in Deutschland, Hochburgen des Widerstandes gegen den autoritären, konservativen Staat. Die Linke dominierte die Universitäten – allerdings gab es auch rechte Gruppierungen, mit denen Meinungsverschiedenheiten auch schon mal handfest ausgetragen wurden. Insgesamt waren die Hochschulen zu der Zeit stark politisiert. Das änderte sich schlagartig mit dem Putsch von 1980. Die Wortführer der studentischen Linken verschwanden zu Tausenden im Gefängnis, linke Professoren und Dozenten verloren ihre Anstellungen. Die Universitäten wurden gründlich gesäubert und durch ein neues Gesetz ihrer Autonomie beraubt. Durch die während der Militärdiktatur verabschiedete neue Verfassung wurde stattdessen ein Hochschulrat (YÖK) eingeführt, der direkt dem Staatspräsidenten unterstellt ist und die Aufsicht über die Hochschulen führt. Mit der damals erfolgten zwangsweisen Entpolitisierung der Hochschulen ging ein Niedergang der Geisteswissenschaften einher, wovon sich die türkische Hochschullandschaft bis heute nicht erholt hat. Da das politische Korsett für die staatlichen Hochschulen so streng ist, hat sich paradoxerweise die kritische Intelligenz eher an einigen privaten Hochschulen entfaltet.

Die Bilkent-Universität in Ankara beispielsweise, vor allem aber die Bilge-Universität in İstanbul sind zu Zufluchtsorten für renommierte kritische Professoren geworden, die an den staatlichen Hochschulen nicht mehr unterrichten durften. So kam es nicht, wie ursprünglich geplant, an der renommierten staatlichen Bosporus-Universität zur ersten spektakulären Großveranstaltung über den Völkermord an den Armeniern, bei dem auch vehemente Kritiker der offiziellen staatlichen Position auftraten, sondern die Veranstaltung fand nach Interventionen von oben an der privaten Bilgi-Universität statt.

Seit 2007 verändert sich die Hochschullandschaft der Türkei erneut, denn mit der Wahl des früheren AKP-Außenministers Abdullah Gül zum neuen Staatspräsidenten hat nun die AKP auch Zugriff auf den Uni-Aufsichtsrat YÖK. Seit Jahren ist die Herzensangelegenheit der AKP, die Universitäten für Studentinnen mit Kopftuch zu öffnen. In den ersten viereinhalb Jahren der AKP-Regierung verhinderte das der kemalistische Staatspräsident Sezer und der mehrheitlich von strengen Kemalisten besetzte Hochschulrat YÖK. Seit Gül nun im Herbst 2007 Präsident wurde, hat er zielstrebig die Zusammensetzung des Hochschulrates verändert. Seitdem wird YÖK immer stärker von AKP-Anhängern kontrolliert und das Thema Kopftuch an der Universität hat sich längst erledigt. Mittlerweile tragen nicht nur Studentinnen, sondern auch Dozentinnen Kopftuch und an etlichen Universitäten sind Studentinnen ohne Kopftuch bereits in der Minderheit.

Der Inhalt der Auseinandersetzungen an den Universitäten hat sich dadurch erneut verändert. Waren es nach dem Putsch 1980 die Debatten zwischen einer der Aufklärung dienenden und einer staatstragenden Wissenschaft, ist nun schon seit einigen Jahren die Auseinandersetzung zwischen einer säkularen, international anerkannten Wissenschaft und einem religiös beeinflussten Wissenschaftsbetrieb in vollem Gange. Für Zahnmediziner oder Bauingenieure ist das nicht so wichtig. Aber schon bei den Biologen und erst recht bei Juristen, Historikern und Politologen könnte es kritisch werden.

Arbeit, Gesundheit, Rente

Arbeitsbedingungen wie im Frühkapitalismus

Als die ersten Meldungen aus Soma kamen, schien es noch ein Arbeitsunfall unter vielen zu sein. Unfälle in Bergwerken, auf Baustellen oder im Schiffsbau sind in der Türkei so häufig, dass sie kaum größere Aufmerksamkeit erregen. Doch schon bald wurde klar, dass sich in der Braunkohlezeche im westtürkischen Soma ein Drama abspielte, dass weit über das Übliche hinausging.

Zunächst hieß es, es habe unter Tage eine Explosion gegeben. Später berichteten Kumpel, sie hätten bereits seit Tagen heiße Kohle gefördert, in der Tiefe der Mine hätte ein Schwelbrand gewütet, doch niemand hätte auf ihre besorgten Hinweise reagiert.

Als der Schwelbrand sich dann in einer Explosion entlud, war es zu spät. Mehr als 800 Kumpel saßen in der Falle. Der größte Teil von ihnen konnte sich noch selbst retten, die dann eingeleiteten offiziellen Rettungsarbeiten, die mehr als eine Stunde nach der Explosion begannen, dauerten vier Tage. Am Ende wurden 301 Bergarbeiter tot geborgen. Über 160 waren schwer verletzt. Das Unglück von Soma im Mai 2014 war das schwerste Grubenunglück in der türkischen Geschichte und eines der schlimmsten weltweit.

Bei der anschließenden Untersuchung des Unglücks stellte sich heraus, dass die Sicherheitsvorkehrungen mehr als mangelhaft waren. Die Ausrüstung der Kumpel war oft verschlissen und unbrauchbar. Arbeiter berichteten später, dass ihre Vorarbeiter bei Klagen wegen nicht funktionierender Atemmasken gesagt hätten, sie könnten sich ja selbst eine neue kaufen, wenn sie mit ihrer alten nicht zufrieden seien. Schutzräume unter Tage, die im Gesetz vorgeschrieben sind, existierten nicht, auch andere Sicherheitsstandards wurden missachtet.

Die Grube gehörte bis 2009 dem Staat und wurde privatisiert und an ein Unternehmen in İstanbul verkauft. Der Eigentümer, Alp Gürkan, brüstete sich später, er hätte die Kosten für die Förderung pro Tonne Kohle von 130 Dollar auf 25 Dollar gesenkt, entsprechend profitabel sei das Braunkohlerevier jetzt. Erreicht wurde das durch Abstriche an den Sicherheitsmaßnahmen und den Einsatz von Leiharbeitern. Kani Beko, Vorsitzender des linken Gewerkschaftsdachverbandes DİSK, erklärte, in Soma seien so viele Leiharbeitsfirmen engagiert worden, dass die Verantwortlichen in den Gruben kaum noch wüssten, wer eigentlich wo angestellt sei. Der erwünschte Effekt aber wurde erreicht. Während Bergleute der Stammbelegschaft rund 1000 Euro pro Monat verdienten, reduzierte sich bei Leiharbeitern der Verdienst auf die Hälfte. Die meisten Leiharbeiter wechselten auch häufig und waren nicht entsprechend ihrer Arbeit unter Tage ausgebildet.

Das Bild, das sich über die Arbeitsbedingungen im Bergwerk in Soma nach und nach zusammensetzen ließ, war vielleicht etwas krasser als an anderen Plätzen, doch ist es für die Bedingungen, unter denen im Land geschuftet wird, nicht unüblich.

Bis in die 1980er Jahre des letzten Jahrhunderts, und wie Soma zeigt, teilweise sogar noch bis Ende der 2000er Jahre, waren die großen Schlüsselindustrien in der Türkei staatlich. Der Bergbau, die Kraftwerke zur Stromerzeugung, die Stahlindustrie, der Transportsektor und vieles mehr wurde vom Staat kontrolliert. Selbst die Autoindustrie gehörte über die Wirtschaftsholding des Militärs mehr oder weniger dem Staat. Das alles war nicht besonders produktiv, aber ziemlich sicher nicht ganz unähnlich den Arbeitsbedingungen in der DDR.

Dann kam Mitte der 1980er Jahre Ministerpräsident Turgut Özal und startete ein großes Privatisierungsprogramm. Nachdem das Militär im Zuge des Putsches 1980 den Einfluss der Gewerkschaften gebrochen hatte (siehe nächster Abschnitt), waren die staatlichen Konzerne attraktiv genug für private Käufer.

Die Türkei erlebte einen Modernisierungs- und Produktivitätsschub, allerdings zumeist auf Kosten der Arbeitnehmer. Die Wirtschaftspolitik von Özal, die nach seinem Tod in den 1990er Jahren zeitweilig ins Stocken geriet, wurde von der AKP Erdoğans 2002 wieder aufgegriffen und forciert in Szene gesetzt. Was Erdoğans Wirtschaftspolitik dem Land in den zehn Jahren von 2002 bis 2012 brachte, waren hohe Wachstumsraten, ein entfesselter Neoliberalismus und häufig geradezu frühkapitalistische Arbeitsbedingungen.

Das Bergwerksunglück in Soma war zwar ein besonders dramatisches Zeugnis dieser frühkapitalistischen Arbeitsbedingungen, aber beileibe kein Sonderfall. Schon einige Jahre zuvor hatte es Bergwerksunglücke in den Steinkohleabbaugebieten am Schwarzen Meer gegeben und auch nach Soma passierten im Braunkohletagebau erneut schwere Arbeitsunfälle. Der damalige Ministerpräsident und heutige Staatspräsident Erdoğan spielte Soma herunter, indem er sich hinstellte und sagte, im Bergbau käme es leider weltweit immer wieder zu schweren Unfällen, das sei sozusagen Schicksal. Tatsächlich sind die Arbeitsbedingungen und Unfälle gerade im Bergbau alles andere als Schicksal, sondern das Ergebnis einer stark forcierten Produktion.

Die wachsende türkische Wirtschaft braucht Energie und die einzigen Energiequellen, die die Türkei selbst im Land hat, sind Kohle und Wasserkraft (abgesehen von den regenerativen Energien wie Sonne und Wind, die noch kaum genutzt werden). Weil Öl zumindest bis 2014 sehr teuer war und Importe die Staatskasse sehr belasteten, drängte die Regierung auf immer neue Rekorde im Kohleabbau. Arbeitsunfälle galten da als hinnehmbare Kollateralschäden. Das gilt auch in anderen stark wachsenden Industriezweigen wie dem Schiffsbau oder die Bauindustrie.

Als in den Jahren 2000 bis 2010 die Globalisierung immer neue Schiffe erforderte, explodierte der bis dahin ziemlich dahindümpelnde türkische Schiffsbau förmlich. In Tuzla am Marmarameer, einem Vorort İstanbuls, in den in den Jahren zuvor die Schiffsbauindustrie vom Golden Horn ausgelagert worden war, schossen die Werften aus dem Boden. Auch hier ging das Wachstum eindeutig auf Kosten der Arbeitnehmer. Geringe Löhne, extensiver Einsatz von Leiharbeitern, damit einhergehend schlechte Ausbildung und sehr niedrige Sicherheitsstandards führten zu immer mehr Arbeitsunfällen. Zwar gab es im Schiffsbau nicht so ein Massensterben an einem Tag wie im Bergbau, doch auch in Tuzla stiegen die Todeszahlen zeitweilig so dramatisch, dass sich am Ende sogar das Parlament damit beschäftigen musste. Gesenkt wurde die Todesrate dann aber eher durch den stagnierenden Auftragseingang im Schiffsbau als durch wirksame gesetzliche Maßnahmen.

Das sieht man am Bau, wo der Boom bis heute anhält und tödliche Arbeitsunfälle immer noch viel zu häufig vorkommen. Angefangen bei den Hochhausbaustellen in İstanbul, über die großen Infrastrukturprojekte wie Brücken und Flughäfen, immer wieder wird über Arbeitsunfälle berichtet. Doch da es dabei zumeist um Einzelne geht, verschwinden sie in den Kurzmeldungen der Zeitungen.

Die türkische Gewerkschaftsbewegung

Einer der Hauptgründe für die frühkapitalistischen Arbeitsbedingungen ist die Ausschaltung der Gewerkschaften durch den Putsch 1980, von dem sich die türkische Gewerkschaftsbewegung bis heute nicht wirklich erholt hat. Noch 1979, im Jahr vor dem Putsch, waren die Gewerkschaften in der Türkei eine echte Macht. DİSK, der revolutionäre Gewerkschaftsdachverband, hatte rund 600 000 aktive Mitglieder und ging keinem Streit aus dem Weg, wenn es darum ging, die Bedingungen für seine Mitglieder zu verbessern. Etliche Fabriken im Land wurden damals bestreikt, das Marmara-Hotel am Taksim-Platz im Zentrum von İstanbul, eines der wenigen Luxushotels, die es damals in der Türkei gab, wurde mehr als über ein halbes Jahr bestreikt.

Wo heute fast jeden Tag hochkarätige Managerkonferenzen stattfinden, fegte einst der Wind durch zerbrochene Fensterscheiben ins leere Foyer, und man konnte meinen, dass Haus stünde kurz vor dem Abriss. Doch nicht nur DİSK war damals stark. Die Linke insgesamt spielte eine ganz andere Rolle als heute. Im Parlament war die republikanische CHP noch traditionell sozialdemokratisch ausgerichtet und unterstützte die Gewerkschaften. Eine starke außerparlamentarische Linke versuchte, das Land im Straßenkampf zu erobern, und lieferte sich erbitterte, gewaltsame Auseinandersetzungen mit den Grauen Wölfen, der militanten Organisation der Rechten. Jeden Tag gab es mehrere Tote auf den Straßen, bestimmte Viertel oder gar ganze Städte waren No-go-Areas für die eine oder andere Seite.

Vor allem der Straßenkampf war es, der dann dem Militär den Vorwand für den dritten Putsch innerhalb von 30 Jahren lieferte und sein Einschreiten bei der breiten Bevölkerungsmehrheit legitimierte. Am 12. September 1980 rollten die Panzer. Als die Menschen erwachten, waren bereits alle wichtigen Kreuzungen in İstanbul besetzt, der Rundfunk vom Militär übernommen, die Regierung abgesetzt und die Chefs der Parteien verhaftet. Wenn auch der konkrete Zeitpunkt eine Überraschung war, ganz unerwartet kam der Putsch nicht.

Es hatte zuvor eindeutige Drohungen an die Politik gegeben, in manchen Medien war gar offen ein Putsch gefordert worden. Doch die Linke fühlte sich stark genug, den Generälen zu widerstehen. Auf einem Kongress der DİSK wenige Wochen zuvor hatte es noch geheißen, man werde einen Putsch mit einem Generalstreik beantworten und das Militär so ins Leere laufen lassen. Doch als es dann so weit war, blieb von den starken Sprüchen nichts übrig. Die führenden Köpfe der Linken waren noch in der ersten Nacht verhaftet worden, Kriegsrecht und Ausgangssperre sorgten dafür, dass sich erst gar kein Widerstand formieren konnte. In der Zeit vor Handy und Internet war die Kommunikation leichter zu kontrollieren und es entsprechend viel schwieriger, die eigenen Anhänger zu mobilisieren.

Zudem sorgte die damalige Junta mit Massenverhaftungen dafür, dass die Angst vor den Folterkellern so groß war, dass jeder mehr daran dachte unterzutauchen, als Streiks zu organisieren. Leute, die Tage zuvor noch täglich in den linken Medien präsent waren, verschwanden spurlos, alle kritischen Zeitungen waren dicht. Mit am härtesten von dem Putsch betroffen war der Gewerkschaftsdachverband DİSK.

Süleyman Çelebi, ehemaliger Gewerkschaftschef und heute Abgeordneter der CHP, war damals ein junger Funktionär der Textilgewerkschaft. Er ist bis heute davon überzeugt, dass der Putsch vor allem die Gewerkschaften treffen sollte. Im Gegensatz zu den Parteien, die nach drei Jahren wieder zugelassen wurden, blieb DİSK zwölf Jahre verboten. Çelebi selbst wurde wie Hunderte andere Gewerkschaftsmitglieder unmittelbar nach dem Putsch verhaftet und blieb bis 1985 im Gefängnis. Auch danach schleppten sich die Prozesse gegen Gewerkschaftsfunktionäre noch jahrelang hin, er selbst stand bis 1992 vor Gericht. In dieser Zeit, so erzählt Çelebi, hatten die Arbeiter entweder überhaupt keine Vertretung, oder sie wurden in den regierungsfreundlichen, sogenannten gelben Gewerkschaftsdachverband Türk-İş gedrängt.

Zwar ist DİSK seit nunmehr 24 Jahren wieder aktiv, aber die Gewerkschaftsbewegung ist völlig zersplittert. Die gelbe Türk-İş blieb nach dem Putsch der zahlenmäßig größte Dachverband, neben der linken DİSK gibt es noch den islamisch beeinflussten Gewerkschaftsverband Hak-İş. Zu jedem dieser Verbände gehören zahlreiche Einzelgewerkschaften, allein zu DİSK 26. Außerdem gibt es noch zwei Organisationen für die Beschäftigten im öffentlichen Dienst, die linke KESK und der konservative, dem deutschen Beamtenbund vergleichbare KAMUSEN.

Der größte Teil der nach dem Putsch neu eingeführten Gesetze, die die Arbeit der Gewerkschaften erheblich erschweren, ist bis heute in Kraft. Um beispielsweise Mitglied der Gewerkschaft werden zu können, reicht es nicht, eine Beitrittserklärung zu unterschreiben, sondern man muss diese Erklärung notariell beglaubigen lassen. Das kostet, ist umständlich und wird in der Regel dem Arbeitgeber bekannt. Damit eine Gewerkschaft Tarifverhandlungen führen kann, muss sie mindestens zehn Prozent aller Arbeitnehmer einer Branche und 50 Prozent eines Betriebes organisiert haben. Das aber versuchen die großen Betriebe mit allen Mitteln zu verhindern. Zeichnet sich ab, dass eine Gewerkschaft das Quorum erreichen könnte, regieren die Betriebe mit Entlassungen von Gewerkschaftsmitgliedern.

Die meisten Proteste gegen diese Praxis blieben wirkungslos. Selbst wenn Beschäftigte erfolgreich gegen ihre Entlassung klagten, bekamen sie höchstens eine Abfindung. Ihre Wiedereinstellung können die Betriebe verweigern. Von diesen Konfliktverläufen gab es bisher nur wenige Ausnahmen und die betrafen Niederlassungen ausländischer Konzerne. Als der Logistikkonzern DHL, der über die Post zur Hälfte der deutschen Bundesregierung gehört, in seiner türkischen Niederlassung Gewerkschaftsmitglieder genauso feuerte wie andere türkische Konzerne auch, schaltete sich die internationale Abteilung von ver.di ein, in der die Kollegen von DHL in Deutschland organisiert sind. Ver.di-Kollegen kamen mehrfach nach İstanbul und unterstützten Demonstrationen und Sit-Ins vor dem DHL-Auslieferungslager am Stadtrand von İstanbul. Trotzdem widersetzte sich die türkische DHL-Geschäftsführung noch mehr als ein halbes Jahr, die geschassten Gewerkschafter wieder einzustellen und endlich Verhandlungen mit der zuständigen türkischen Gewerkschaft zu führen. Doch am Ende führte der internationale Druck zum Erfolg.

Leider konnten solche Erfolge in der Metallbranche bislang nicht erzielt werden. So berichteten DİSK-Mitglieder von einem besonders brutalen Arbeitskampf bei dem deutschen Autozulieferer ZF. Dort seien DİSK-Mitglieder nicht nur rausgeschmissen, sondern auch von Schlägertrupps bedroht worden. Proteste in der Türkei blieben erfolglos, auch weil die Solidarität aus dem Ausland ausblieb.

Obwohl fast alle großen deutschen Konzerne in der Türkei vertreten sind, angefangen von Siemens über Daimler, Bosch, Bayer und so weiter, ist die Zusammenarbeit der Gewerkschaften über den nationalen Rahmen hinaus nach wie vor sehr schwierig. Einmal können die Gewerkschaften bei der Geschwindigkeit, in der Konzerne heute über Ländergrenzen hinweg agieren, nicht mithalten. Und zum Zweiten gelingt es großen Konzernen ja oft, Belegschaften in dem einen Land gegen die in einem anderen Land auszuspielen. Daimler baut bereits heute einen großen Teil seiner Autobusse in der Türkei. Weil die Produktion von Bussen sehr arbeitsintensiv ist und nicht so leicht durch Roboter oder andere Maschinen erledigt werden kann, wurde intern wohl schon diskutiert, die gesamte Busproduktion nach İstanbul zu verlagern. Angesichts solcher Perspektiven ist die Bereitschaft der IG Metall, sich für die türkischen Kollegen zu engagieren, verständlicherweise nicht besonders ausgeprägt.

Die türkischen Gewerkschaften klagen jedenfalls, dass sie als Gewerkschafter, deren Land über einen EU-Beitritt verhandelt, weder vom europäischen Gewerkschaftsdachverband noch von der EU-Kommission viel Unterstützung bekommen. Die EU-Kommission, so Çelebi, »interessiert sich für Meinungsfreiheit, Religionsfreiheit, den Schutz von Minderheiten und den Schutz ausländischer Investoren. Für die Rechte der Gewerkschaften interessiert sie sich nicht.«

Soziale Absicherung

Es ist nicht erstaunlich, dass in der Türkei die Familie immer noch die erste Adresse für die soziale Absicherung ist, wenn man erfährt, wie viel Rente nach jahrzehntelanger Arbeit selbst ehemalige staatliche Angestellte in besten Positionen bekommen. Ein früherer Kapitän der türkischen Handelsmarine oder ein Professor an einer staatlichen Universität erhalten im Ruhestand umgerechnet etwa 300 bis 400 Euro.

Allerdings gibt es für die niedrigen Renten eine Art Kompensation, die viele Türken und Türkinnen in Anspruch nehmen. Man kann sich bereits nach 25 Beitragsjahren seine Rente auszahlen lassen. Also wer mit 18 Jahren begonnen hat einzuzahlen, kann mit 43 Jahren in Rente gehen. Diese Rente ist dann zwar entsprechend niedrig, wird aber bis zum Lebensende gezahlt und dient den Betroffenen als eine Art Grundeinkommen. Mittlerweile ist das Rentenalter zwar drastisch heraufgesetzt worden und entspricht schon fast den deutschen Regeln, doch das gilt erst für die Generation, die jetzt einzuzahlen beginnt. Für die Älteren bietet ihre Rente im noch jungen Alter die Möglichkeit, sich selbständig zu machen oder sonst im weiten Feld der grauen Ökonomie tätig zu werden. So kommt man mit einem weniger stressigen Job und dem Grundgehalt von der Rentenkasse dann ganz gut über die Runden beziehungsweise kann zum Gesamteinkommen der Familie etwas beitragen.

Ganz schlecht sieht es für diejenigen aus, die nie in einem sozialversicherungspflichtigen Job gearbeitet haben und deshalb auch gar keine Rente bekommen. Seit die AKP an der Regierung ist, wird diese Gruppe immer größer, da die Regierung stillschweigend alle Regelungen duldet, mit der Betriebe ihre Kosten senken.

So kommt es, dass es nach Angaben in der türkischen Wirtschaftspresse bei einer Bevölkerung von rund 75 Millionen zwar rund zehn Millionen Jobs in Industrie und Gewerbe gab, davon aber nur die Hälfte sozialversicherungspflichtig ist. Die meiste Arbeit in der Türkei findet nach wie vor als Schwarzarbeit im informellen Sektor statt, weswegen der Staat seine Steuern auch überwiegend nicht über Lohn- und Einkommenssteuern erzielt, sondern über Konsum- und Mehrwertsteuern.

Angesichts der hohen Geburtenrate und der insgesamt sehr jungen Bevölkerung ist nicht damit zu rechnen, dass die Anzahl sozialversicherter Jobs demnächst erheblich zunehmen wird. Jedes Jahr verlassen eine Million junger Menschen die Schule oder die Universität und drängen zusätzlich auf den Arbeitsmarkt. Selbst eine Wirtschaft, die wie die türkische in den Jahren von 2002 bis 2012 um rund sieben Prozent im Jahr gewachsen ist, schafft nicht so viele neue Jobs. Prekäre Arbeitsverhältnisse bleiben deshalb die Regel und die Familie für das Gros der Bevölkerung die wichtigste soziale Absicherung.

Kranksein in der Türkei

Die türkische Gesundheitsversorgung unterliegt nicht nur einem Zwei-Klassen-, sondern einem Drei- oder Vier-Klassen-System.

An der Spitze der Pyramide befinden sich gut versorgte Privatpatienten, die eine Hightech-Medizin genießen können wie deutsche Privatpatienten auch. Hier ist in der Türkei schon ein kommerziell erfolgreicher Wirtschaftszweig entstanden, in dem Privatpatienten aus aller Welt versorgt werden, teilweise in Verbindung mit einem Urlaubsaufenthalt in einer teuren Klinik am Mittelmeer. Dann gibt es die Gruppe derjenigen, die die staatliche Krankenversicherung (SSK) um eine Privatversicherung für medizinische Teilbereiche ergänzen und damit auch immer noch gut versorgt werden. Bei denjenigen, die gänzlich auf die staatliche Krankenversicherung angewiesen sind, wird es dagegen schon kritisch. Während bestimmte Gruppen staatlicher Angestellter, Berufsmilitärs, höhere Beamte oder ehemalige Abgeordnete sehr gute medizinische Einrichtungen nutzen können, steht für die Masse der SSK-Versicherten im Ernstfall ein schwerer Kampf um knappe medizinische Ressourcen an. Hoffnungslos überfüllte Wartezimmer, stundenlanges Anstehen für die Ausgabe von Medikamenten und im schlimmsten Fall noch das Organisieren eines Krankenhausplatzes, das sind alles Aufgaben, an denen die Familie mitwirken muss.

In Deutschland wundert man sich ja immer darüber, wenn türkische Patienten im Krankenhaus von ihrer Großfamilie geradezu belagert werden, in der Türkei sind in den meisten Krankenhäusern dagegen bei Pflege und Versorgung der Patienten die Familien fest eingeplant. Statt teurer Nachtschwestern wacht ein Familienmitglied am Bett, gutes Essen wird ebenfalls von der Familie herangeschafft, und für die psychische Aufmunterung ist erst recht die Familie zuständig. Steht womöglich eine Operation bevor, wird nichts dem Zufall oder gar dem System überlassen.

Jede Familie konsultiert vor einem operativen Eingriff mindestens einmal den zuständigen Arzt. Dabei geht es nicht nur um medizinische Informationen, sondern um vertrauensbildende Maßnahmen für beide Seiten. Man will den Menschen kennenlernen, in dessen Händen womöglich das Schicksal des nächsten Angehörigen liegen wird. Der Arzt soll nicht einen anonymen Patienten vor sich haben, sondern dessen Familie kennen. Und last but not least versucht jede Familie, die es sich irgendwie leisten kann, dem Operateur eine finanzielle Gratifikation, eine Anerkennung und Aufbesserung seines Klinikgehaltes zukommen zu lassen. Einfach, damit er wirklich sein Bestes tut. Das ist zwar keine Pflicht, wird aber mehr oder weniger erwartet.

Zudem gibt es noch eine sehr große Gruppe der türkischen Bevölkerung, die weder privat versichert noch selbst oder über ein Familienmitglied bei der staatlichen SSK registriert ist. Alle diejenigen, die schwarzarbeiten, die sich mit Gelegenheitsjobs durchschlagen oder in der Landwirtschaft tätig sind, haben in der Regel keinerlei Krankenversicherung.

Für alle diese Leute hat die AKP vor einigen Jahren in einer erstaunlichen sozialpolitischen Großtat eine Zwangsversicherung eingeführt, die für Arbeitslose und alle anderen, die bis dahin durch das System gefallen waren, nahezu kostenlos ist. Auch diese von Staats wegen Versicherten haben heutzutage Zugang zu allen öffentlichen Krankenhäusern und werden auch genauso gut oder schlecht behandelt wie alle anderen. Selbst teure Herzoperationen oder andere langwierige Behandlungen können sie über ihre staatliche kostenlose Versicherung abrechnen.

Niemand bleibt also auf der Straße, man muss sich nur etwas darum kümmern. Diese Neuregelung in der Krankenversorgung war eine der wichtigsten sozialpolitischen Entscheidungen der AKP und hat sich für sie bei Wahlen enorm ausgezahlt. Durch dieses Sicherungsnetz fallen am ehesten wiederum Frauen in ganz armen Familien im Osten des Landes.

Als vor einigen Jahren im Osten der Türkei die Vogelgrippe ausbrach und drei Kinder daran starben, fiel auf, dass etliche Frauen und Kinder in den Familien deshalb nicht zum Arzt gingen, weil sie nicht versichert waren. Das sind dann Kinder, oft Mädchen, die der Vater nie offiziell in das Geburtsregister hat eintragen lassen, oder Frauen, mit denen er nicht gesetzlich, sondern nur über eine İmam-Ehe (also von einem Geistlichen vollzogen, nicht über das Standesamt) verheiratet ist. Das kommt vor allem dann vor, wenn in traditionellen ländlichen Familien der Mann sich neben seiner gesetzlichen Ehefrau noch eine Zweitfrau nimmt. Da solche Beziehungen offiziell gar nicht existieren, kann die Frau auch keine Versicherung bekommen.

Grundsätzlich aber gilt: Jeder kann im Notfall auf Staatskosten zum Arzt oder auch ins Krankenhaus gehen. Das ist für ein relativ armes Land wie die Türkei schon eine enorme Leistung.

Türkisches Freizeitvergnügen

Picknick und Geselligkeit

Man kennt es aus den Parks deutscher Großstädte. Türkische Familien lieben den Grillnachmittag in der freien Natur. In der Türkei ist es schon immer Sitte und Tradition, Tisch und Stühle vor die Tür zu stellen und seinen Kaffee vor dem Haus statt im Wohnzimmer zu trinken. Was auf dem Land noch ganz einfach zu bewerkstelligen war, ist für moderne türkische Familien heute allerdings zu einer echten logistischen Herausforderung geworden, der sie sich jedoch mit Begeisterung stellen.

Das Picknick im Grünen ist eine der liebsten Wochenendbeschäftigungen türkischer Familien. Dafür reichen aber bei weitem nicht der transportable Grill und ein paar zuvor vorbereitete Buletten, die in der Türkei Köfte heißen, sondern richtig schön wird es erst, wenn das auf dem Rasen ausgebreitete Tischtuch wirklich reichlich gedeckt ist. Während die Hausfrau also schon am Vortag verschiedene Speisen zubereitet, die dann sorgsam verpackt werden, um sie gefahrlos im Auto transportieren zu können, schaffen die Männer vom Metzger diverse Fleischportionen für den Grill heran. Am beliebtesten und wohlschmeckendsten sind Pirzola, kleine zarte Koteletts vom Lamm, die aber leider auch zu den teuersten Leckereien gehören und für viele Familien kaum noch erschwinglich sind. Da Fleisch insgesamt in der Türkei sehr teuer ist, kommt eben oft auch Fisch auf den Grill, eine Abwechslung, die sich besonders in İstanbul und den vielen anderen türkischen Städten an der Küste anbietet.

Sind die Speisen vorbereitet und die Portionen für den Grill eingekauft, muss das Essen inklusive des Geschirrs, Grills, der Grillkohle und vielem anderen im Auto verstaut werden. Bei einer fünfköpfigen Familie können es mit Onkeln und Tanten leicht 15 Leute werden, und da kommt dann schon einiges zusammen. Die entscheidende Frage ist aber, wo das Picknick stattfinden soll.

Im Grünen natürlich, aber man muss auch mit dem Auto hinfahren können, da man die gesamten Picknick-Utensilien ja nicht erst kilometerweit durch die Natur schleppen will. Angesichts seiner 15 Millionen Einwohner hat İstanbul einen eklatanten Mangel an Plätzen, die für einen solchen Picknick-Ausflug geeignet sind. Große, ausgedehnte Parks in der Innenstadt gibt es nur wenige. Wenn man weit rausfährt, steht man abends stundenlang im Stau, und am liebsten soll der Platz auch noch am Wasser sein. Die begehrtesten Picknick-Plätze sind deshalb die Grünstreifen entlang des Bosporus. Das ist nicht so weit, und der Bosporus ist für jeden İstanbuler sowieso am schönsten.

Im Sommer weht einem deshalb am Wochenende entlang der berühmten Wasserstraße an jedem grünen Flecken der Duft der brutzelnden Grills entgegen. Dicht an dicht lagern die Familien an den begehrten Uferplätzen, ähnlich wie die Deutschen am Sandstrand in Antalya.

Wer es sich leisten kann, chartert mit Freunden oder der gesamten Verwandtschaft ein kleines Lüfer-Boot, das sind Ausflugsboote, die den ganzen Tag über den Bosporus hoch und runter fahren und am Heck einen großen Grill vorweisen, mit dem auch für 30 oder mehr Personen ausreichend gesorgt werden kann. Die Boote haben natürlich nicht nur einen Grill, sondern auch einen großen Kühlschrank für die Getränke und eine phonstarke Musikanlage, mit der freigiebig die Ufer beschallt werden, während man selbst fröhlich singend an den berühmten Yalis, den Ufervillen der Reichen und Superreichen, entlangschippert.

Freizeit in der Türkei bedeutet Geselligkeit. Innerhalb der Familie sowieso, aber auch sonst ist niemand gern allein. Nach wie vor ist es auch in İstanbul möglich, bei den Nachbarn oder

Freunden mal eben reinzuschauen, ohne lange vorher telefonisch ein Treffen verabredet zu haben. Meistens hat man auch Glück, und es ist jemand zu Hause. Türken sind generell sehr häuslich. Im Haus oder in der eigenen Wohnung werkeln ist denn auch eine beliebte Feierabendbeschäftigung. Viele, auch ärmere Familien, wohnen in ihrer eigenen Wohnung oder in ihrem eigenen Haus. Es ist in der Türkei eher unüblich, zur Miete zu wohnen. Wer immer kann, kauft per Ratenzahlung eine Wohnung, wenn er nicht schon das Glück hat, in einer Wohnung leben zu können, die bereits seit Generationen der Familie gehört. Da Eigentum natürlich in Schuss gehalten werden muss, wird in den eigenen vier Wänden eifrig geputzt und geschraubt. Deutsche Baumärkte schießen entlang der Stadtautobahn in İstanbul wie Pilze aus dem Boden und erfreuen sich größter Beliebtheit. Auch die zwei riesigen IKEA-Filialen, die es seit ein paar Jahren gibt, üben eine geradezu magnetische Anziehungskraft auf das İstanbuler Publikum aus.

Vom Basar zum Shoppingcenter

Was im Sommer das Picknick im Grünen, ist im Winter der Ausflug ins Shoppingcenter. Ganze Familien schieben sich am Wochenende gut gelaunt durch das Gedränge. Es geht weniger darum, etwas einkaufen zu müssen, als vielmehr zu flanieren, so wie man in Italien auf dem Corso entlangschlendert. Ein viel zitierter Witz trifft diese Leidenschaft vor allem des weiblichen Teils der Familie ganz gut. Auf die Frage, wo er beerdigt werden möchte, sagt ein Mann ganz spontan: »Im Shoppingcenter. Da kommt meine Familie mich dann wenigstens besuchen.«

Das Shoppingcenter ist das Symbol für den Bauboom der letzten Jahrzehnte schlechthin. Gab es Ende der 1990er Jahre in İstanbul ganze zwei Shoppingcenter, sind es jetzt um die hundert dieser Einkaufstempel, darunter mindestens 20 echte Giganten. Auch alle anderen türkischen Städte sind längst mit Shoppingcentern versorgt, selbst im krisengeschüttelten kurdischen Diyarbakır sind bereits einige hochgezogen worden.

Das Shoppingcenter kommt den Türken auch deshalb so entgegen, weil es die moderne Entsprechung des traditionellen Basars ist. Der riesige, Hunderte Jahre alte überdachte Basar Kapalı Çarşı ist heute in İstanbul vor allem eine Touristenattraktion. Kaum ein normaler Türke geht dort mehr einkaufen. Aber das Prinzip des Basars hat die Vorstellung von Handel und Einkauf geprägt. Der Basar ist eine große Ansammlung kleiner Läden. Dabei sind in traditionellen Basaren immer bestimmte Branchen in einer Gasse versammelt. Alle Goldschmiede in einer Basarstraße, alle Schuster in der nächsten, und auch die Lederjacken sind alle vor den Läden in einer eigenen Reihe aufgehängt. Das diente dem Preisvergleich, aber natürlich auch der Preisabsprache der Handwerker und Händler untereinander.

Bevor die Shoppingcenter in Mode kamen, sah man in İstanbul auch außerhalb des Basars dasselbe Prinzip teilweise verwirklicht. So gibt es in Beyoğlu, im historischen europäischen Zentrum der Stadt, immer noch ein Viertel, wo sich Lampenladen an Lampenladen reiht und dazwischen sich höchstens noch ein Elektriker niedergelassen hat. Ein paar Straßen weiter sind dann alle Geschäfte für Musikinstrumente versammelt. Was es in der Türkei dagegen nie gab, waren Kaufhäuser wie Karstadt oder Kaufhof, die als Gemischtwarenlager möglichst viel unter einem Dach anbieten. Unter einem Dach soll es schon sein, aber dann doch lieber wie früher im Basar oder heute im Shoppingcenter: Ganz unterschiedliche Läden, Cafés und Kinos unter einem Dach.

Sowohl das beliebte Picknick im Sommer wie auch der Ausflug ins Shoppingcenter im Winter kommen der türkischen Mentalität noch in einem anderen Punkt entgegen. Man kann beides ohne große körperliche Anstrengung haben. Laufen, das habe ich eingangs ja schon erwähnt, tut nur jemand, der sich ein Auto nicht leisten kann. Wandern als Freizeitbeschäftigung gilt deshalb bei den meisten Türken nach wie vor als Spleen von Deutschen und anderen Nordeuropäern. Beim Picknick kann man dagegen ganz praktisch mit dem Auto bis zur Rasenkante vorfahren und dann direkt vor der Kühlerhaube seine Decke ausbreiten. Denselben Vorzug bietet die Tiefgarage im Shoppingcenter.

Leben für den Fußball

Entsprechend wenig ausgeprägt ist bei den meisten Türken die eigene sportliche Betätigung. Leichtathletik ist eine Randerscheinung, es gibt eine einzige Läuferin, die international einen Namen hat. Die traditionellen türkischen Sportarten wie Ringen oder Gewichtheben sind heute mehr oder weniger Folklore, jedenfalls kein Volkssport mehr. Obwohl die Türkei Tausende Kilometer Küste hat, sind die meisten Türken Nichtschwimmer. Segeln ist zwar langsam im Kommen, aber immer noch ist es so, dass Leute, die Geld haben, sich lieber ein Motorboot als ein Segelboot zulegen, weil das doch viel bequemer ist. Es gibt allerdings die eine ganz große Ausnahme – und das ist der Fußball. Fußball ist nicht nur der Volkssport Nummer eins, Fußball ist eine der wahren Leidenschaften der Türken.

Gekickt wird an jeder Ecke, und Fußballclubs gibt es wie Sand am Meer. Der Bolzplatz an der Ecke, von dem heute deutsche Fußballfunktionäre nostalgisch schwärmen, wenn sie über den Mangel an Nachwuchs klagen, findet sich in der Türkei in jedem Kiez.

Fußball spielen auf der Straße kostet ja auch nichts, weswegen auch und gerade die Armen massenweise hinter dem Ball herjagen. Fußball ist deshalb für Kinder aus armen Familien eine der wenigen Möglichkeiten, zu Ruhm und Reichtum zu kommen.

Profifußballer bei einem der großen Vereine zu werden, dürfte einer der häufigsten Jungenträume in den Vorstädten İstanbuls, Ankaras oder İzmirs sein. Noch einmal ist auch hierfür Präsident Recep Tayyip Erdoğan ein Beispiel. Der junge Erdoğan war begeisterter Straßenkicker und ging dann in den Fußballclub seines Armenviertels, zu Kasımpaşa Spor. Dort war er so erfolgreich, dass er einem Talentscout von Fenerbahçe, einem der drei großen türkischen Vereine, auffiel. Er bekam das Angebot, in der Jugendmannschaft von Fenerbahçe zu spielen und dort auf eine Profikarriere vorbereitet zu werden. »Hätte sein Vater damals zugestimmt und ihn zu Fenerbahce statt in die religiöse İmam-Hatip-Schule geschickt, wäre uns viel erspart geblieben«, sagen heute noch seine politischen Gegner wehmütig über Erdoğans verpasste Fußballerkarriere.

Fußball ist, speziell in İstanbul, nach Politik und Religion, das dritte identitätsstiftende Moment im Leben vieler Türken. Vor allem die berühmten großen Drei haben Fangemeinden, die ein Leben lang mit ihrem Verein durch alle Höhen und Tiefen gehen. Wer einmal zum Fan von Fenerbahçe, Galatasaray oder Beşiktaş wurde, bleibt meist immer Fan dieses Vereins. Am ehesten ist Beşiktaş noch so etwas wie ein Verein des gleichnamigen İstanbuler Stadtteils. Die schwarz-weißen Adler von Beşiktaş gelten noch am ehesten als Proletenclub, auch wenn das mit der Realität kaum noch etwas zu tun hat und Beşiktaş genauso kommerziell ist wie die beiden anderen Großen auch. Trotzdem sind Fenerbahçe und Galatasaray die beiden größeren und finanziell besser ausgestatteten Clubs und entsprechend häufiger auch türkischer Meister.

Fan eines Vereins zu sein heißt immer auch Teil einer Gemeinschaft zu sein, innerhalb derer die sonst wichtigen gesellschaftlichen Unterschiede nivelliert werden. Wie weit diese Fansolidarität gehen kann, ist erstaunlich. So hat beispielsweise Erdoğan seine ersten Kontakte in die Welt der oberen Militärs auf der Zuschauertribüne von Fenerbahçe geknüpft. Er wurde dort einem Ex-General vorgestellt, der eingewilligt hatte, sich sozusagen von Fan zu Fan zu treffen, obwohl beide aus völlig verfeindeten politischen Lagern stammen. Doch die gemeinsame Begeisterung für einen bestimmten Verein ist nicht nur in der hohen Politik und im Geschäftsleben nützlich, sondern kann auch im tristen Alltag sehr hilfreich sein. Mehmet, ein junger Mann aus Beşiktaş, ist mit einer Ukrainerin verheiratet. Weil Russinnen, Ukrainerinnen und Frauen aus Moldawien in der Türkei automatisch unterstellt wird, sie seien »Nataschas«, also Prostituierte, die nur in die Türkei kämen, um dort etwas Geld zu verdienen, werden Ehen mit Frauen aus diesen Ländern besonders misstrauisch beäugt. Konkret unterstellt die Ausländerpolizei erst einmal, dass es sich um eine Scheinehe handelt.

Als Mehmet für seine Frau eine Aufenthaltsgenehmigung beantragte, wurde ihm deshalb mitgeteilt, die gäbe es erst, nachdem sich ein Beamter der Behörde in der gemeinsamen Wohnung der beiden davon überzeugt habe, dass es sich nicht um eine vorgetäuschte Verbindung handelt. Er solle auf den Besuch warten. Eine Voranmeldung gibt es nicht, man könnte ja sonst die Wohnung entsprechend arrangieren. Nun sind beide berufstätig und in der Woche tagsüber nicht zu Hause. Bei zwei Anläufen stand deshalb der Kontrolleur der Ausländerpolizei vor einer verschlossenen Wohnungstür.

Normalerweise wäre das das Aus für den Antrag bei der Ausländerpolizei. Die betreffende Frau kommt auf eine Schwarze Liste, der Beweis für eine Scheinehe gilt praktisch als erbracht. Völlig aufgelöst startete Mehmet einen letzten Versuch bei der Polizei.

Sein Vater kickte vor Jahrzehnten einmal bei Beşiktaş und hatte noch losen Kontakt zu seinem damaligen Trainer. Nach einem Telefonat sagte dieser Ex-Trainer Mehmet, er könne sich bei der Polizei auf ihn berufen. Allein die Erwähnung dieses ehemals prominenten Trainers, erzählte Mehmet später, habe Wunder bewirkt. Der völlig abweisende Beamte sei plötzlich höflich und zuvorkommend geworden. Tatsächlich bekam Mehmet einen Termin bei dem stellvertretenden Leiter der Ausländerpolizei. Und der Mann war fanatischer Beşiktaş-Fan. In zehn Minuten hatte Mehmet die Aufenthaltsgenehmigung für seine Frau.

Autoliebe

In unserer Straße, drei Häuser weiter, ist ein beliebtes Friseurstudio. Einer der dort angestellten noch jungen Haarkünstler kam kürzlich erstmals mit einem eigenen Auto zur Arbeit. Weil er sein Gefährt fast immer gegenüber unserem Haus parkte und ich aus meinem Büro fast zwangsläufig mitbekam, wenn er zu seinem Auto ging, wurde ich mehr oder weniger unfreiwillig Zeuge einer großen Liebe. Wenn er ausstieg, streichelte er liebevoll das Dach des Wagens und drehte sich auf dem Weg zum Friseursalon noch dreimal zu seinem Auto um. Während der Arbeit kam er immer mal wieder gucken, ab und zu drehte er eine Runde um den Block. Dabei handelte es sich nicht etwa um einen Sportwagen oder wenigstens einen schönen alten Mercedes, sondern um einen ganz banalen, ziemlich abgetakelten Broadway-Renault.

Doch das machte nichts, Hauptsache es fuhr. In der Liebe zum Auto sind sich Deutsche und Türken, speziell die Männer, ziemlich ähnlich. Nur, dass in der Türkei noch eher die Mentalität der 1960er und 1970er Jahre vorherrscht. Das Auto gilt am Bosporus nicht als Verursacher des Waldsterbens, als Feinstaubabsonderer oder CO_2-Schleuder, nein, es ist noch gänzlich ungebrochen ein Statussymbol, das Sinnbild der individuellen Freiheit.

Autos gehören zu den begehrtesten Konsumgütern. Sie sind für türkische Verhältnisse recht teuer und immer noch eher selten, auch wenn İstanbul schon seit Jahren im Stau erstickt. Verlässt man jedoch die Ballungszentren, zeigt sich auf den Autobahnen und Überlandstraßen, dass immer noch viel mehr Menschen im Bus als mit dem eigenen PKW reisen. Diejenigen, die es zu einem Auto gebracht haben, sind dann aber auch die Könige der Straße. Egal welche Farbe die Ampel zeigt, grundsätzlich haben Autos im Bewusstsein ihrer Fahrer eigentlich immer Vorfahrt. Es gibt natürlich Geschwindigkeitsbegrenzungen, doch tatsächlich regelt sich die Geschwindigkeit nach dem Verkehrsaufkommen. Wenn die Straße frei ist, wird Gas gegeben.

Ein amerikanischer Bekannter, von Hause aus strenge Geschwindigkeitslimits gewohnt, war nahe am Herzinfarkt, als er aus dem Taxi ausstieg, das ihn vom Flughafen zum Hotel gebracht hatte. Bis 130 km/h habe der Tacho auf der großen Uferstraße vom Flughafen in die Stadt angezeigt, erlaubt seien 70 km/h gewesen, erzählte er völlig konsterniert. Selbst Busfahrer entdecken prompt den Rennfahrer in sich, sobald die Straße vor ihnen frei ist, und geben so viel Gas, dass einem als Fahrgast Hören und Sehen vergehen kann. Doch die Türken nehmen das gelassen.

Kaum jemand regt sich auf, und kaum ein Fußgänger rechnet am Zebrastreifen oder an der Ampel damit, dass ein Auto wirklich anhält. Andererseits käme auch kein Fußgänger auf die Idee, an der Ampel auf Grün zu warten, wenn die Straße frei ist. Allerdings steigt jedes Jahr die Zahl der Verkehrstoten, besonders gefürchtet sind die Unfälle mit Reisebussen, bei denen beinahe jedes Wochenende Menschen sterben. Wer es sich leisten kann, bucht deshalb einen Platz bei den teuren Linien, weil die garantieren, dass die Fahrer ihre Zeitlimits einhalten und tatsächlich die Geschwindigkeitsvorschriften respektieren.

Doch wer im Verkehr in İstanbul die Nerven behält und auf dem Land die nötige Vorsicht walten lässt, kann mit dem Auto immer noch Reisen unternehmen, die in Deutschland so längst nicht mehr möglich sind. Die Landstraßen haben sich in den letzten Jahren erheblich verbessert, und in den wenig befahrenen Gegenden, von denen es in der Türkei einfach immer noch sehr viele gibt, lässt es sich deshalb angenehm durch eine wunderbare Landschaft cruisen. Man muss sich nur Zeit nehmen.

Die Meyhane – Wo Politik und Essen zusammenfallen

Eine klassische Meyhane besteht in der Regel aus einem großen, holzgetäfelten Raum, vielen Tischen und einer kleinen Theke, hinter der die Kellner in der Küche verschwinden. In den bekannten Meyhanes in İstanbul hängen die Wände voller Zeitungsausschnitte und sind mit Porträts berühmter Gäste gepflastert. Meyhanes sind eine Türkei-typische Mischung aus Wiener Kaffeehaus, Berliner Kneipe und Pariser Restaurant. Die Meyhane ist der Sehnsuchtsort der säkularen Türken, die meisten gehen leidenschaftlich gern in die Meyhane – nur kann man es sich in der Regel nicht so häufig leisten. In der Meyhane wird diskutiert und rezitiert, getrunken und gegessen. Man kann zwar auch zu zweit hingehen, doch in aller Regel sitzen größere Gruppen um den Tisch. Das Wichtigste in der Meyhane ist der Rakı. Was in Frankreich der Pastis oder in Griechenland der Ouzu ist, ist in der Türkei der Rakı. Es gibt zwar auch Wein, es gibt gute Biere, aber Rakı ist eigentlich das Synonym für Alkohol. Wer Alkohol trinkt, trinkt Rakı. Weil zu einer gepflegten Trinkkultur eine gute Grundlage im Magen gehört, gibt es in der Meyhane die sogenannte Rakı-Tafel. Das sind eine Vielzahl von Vorspeisen, die zum Rakı gereicht werden.

Entweder auf einem kleinen Wagen oder auf einem riesigen Tablett schleppen die Kellner die Meze, die Vorspeisen, an jeden Tisch, und die Gäste wählen aus, was sie haben wollen. Kalte Vorspeisen von Auberginensalat bis zu kleinen Krabben, gefüllte Muscheln, mit Käse gefüllter Blätterteig oder gebackenen Tintenfisch, die Rakı-Tafel ist die eigentliche Krönung der türkischen Küche. Zu den Vorspeisen fließt der Anis-Schnaps meist reichlich, und die Debatten werden immer lebhafter.

Ein Abend in der Meyhane ist ein Abend unter Freunden, zumeist jenseits der Familie. Auch wenn Männer rein zahlenmäßig die Meyhanes dominieren, sind sie doch kein reines Männerrevier. Frauen sind genauso gern gesehen und halten auch beim Rakı in der Regel ordentlich mit. Die Meyhane ist der Ort, an dem die Welt gerettet wird und keine Theorie zu abwegig ist, um nicht ausführlich erörtert zu werden. Dabei weiß der erfahrene Meyhane-Besucher seinen Rakı-Genuss so zu dosieren, dass die Schwelle zur offenen Betrunkenheit nicht überschritten wird.

Deshalb muss eben auch immer reichlich gutes Essen auf dem Tisch stehen. In der Tradition der Meyhane kommt nach den Vorspeisen der Fisch. Ein gebratener Fisch, nicht zur Unkenntlichkeit filetiert, sondern am Stück, so dass auch der Kopf noch dran ist, landet im Laufe des Abends vor jedem Diskutanten und wird mit Genuss ganz nebenbei verzehrt.

Ein Abend in der Meyhane ist nicht ganz billig, weshalb die Meyhane auch kein Ort ist, an dem man, wie in einer Berliner Kneipe, jeden Abend auftauchen kann. Rakı-Abende sind etwas Besonderes, sie werden zelebriert und genossen. Hier werden Leib und Seele gestärkt. Ein Kollege aus New York, der sich auch mit Berliner Kneipen gut auskennt, erzählte, dass er immer, wenn ihn die Verzweiflung über die politische Situation in der Türkei zu packen drohte, in die Meyhane ging. Ein Abend dort gebe ihm immer die Hoffnung auf eine gute Zukunft für die Türkei zurück. Ein Land mit dem Esprit der Meyhanes kann nicht scheitern.

Geheimnisse der türkischen Küche

Das Geheimnis der türkischen Küche ist ihr Variantenreichtum. Das liegt daran, dass in Anatolien fast alles wächst, das Meer fast überall nicht sehr weit ist und die türkische Küche sich aus kulinarischen Genüssen von Zentralasien über Persien, Mesopotamien bis zum Balkan bedient hat. Aus Zentralasien brachten die Viehzüchter ihre Milchprodukte, von den Byzantinern stammen viele Fisch- und Geflügelgerichte und aus den arabischen Ländern raffinierte Süßspeisen. Der Balkan steuerte die Teigwaren bei, und das Mittelmeerklima bietet viel frisches Obst und Gemüse, dazu die unverzichtbaren Oliven und frische Kräuter.

Ein typisch türkisches Frühstück besteht aus Weißbrot, Oliven, Schafskäse und Honig. Dazu wird in der Regel Tee getrunken. Auf dem Land gibt es fast immer auch eine heiße Suppe zum Tagesauftakt. Türkeibesucher müssen allerdings auf ihre Gewohnheiten in aller Regel nicht verzichten. Die Hotels am Mittelmeer und in İstanbul haben sich längst den Essgewohnheiten ihrer Gäste angepasst und bieten reichhaltige Frühstücksbuffets, bei denen der sonst in der Türkei verpönte gebratene Speck vom Schwein so wenig fehlt wie die alternative Müslimischung.

Beim Essengehen unterscheiden die Türken grundsätzlich zwischen dem Lokanta und dem Restaurant. Lokantas besucht man, um satt zu werden. Sie sind keine Orte der Geselligkeit und auch nicht als Ausgehlokale für den Abend gedacht. Sie bieten vor allem einen Mittagstisch an und haben den großen Vorteil, dass alle Gerichte in einer Vitrine ausgestellt sind und man sich als sprachunkundiger Gast nicht durch eine Speisekarte quälen muss, sondern einfach auf das gewünschte Gericht zeigen kann. Zu Hackfleischbällchen und verschiedenen Gemüsesorten gibt es dann gesondert Reis (Pilav) oder Weizengrütze (Bulgur). Kartoffeln werden entweder als Pommes Frites oder Püree angeboten. Deutsche Salzkartoffeln sind selten. Frischen Salat gibt es immer extra. In den Lokantas gibt es keinen Alkohol.

Das Restaurant wählen die Türken aus, wenn sie das Ausgehvergnügen suchen. Die Speisekarten sind opulent, ein Essen besteht aus fünf Gängen. Kalte Vorspeisen, warme Vorspeisen, Hauptgericht, süßer Nachtisch, Obst und Kaffee. Dazu gibt es Wein oder Bier. Die Türkei hat ein gutes einheimisches Bier (Efes Pilsen) sowie diverse Weinsorten. Die bekanntesten sind Doluca, Yakut und Papazkarası. Kalte Vorspeisen sind Patlıcan Salatası (Auberginenpüree), Humus (aus Kichererbsen), Ahtapot Salatası (Tintenfischsalat), Ezme (Tomatenmus mit Paprika) oder Sarma (gefüllte Weinblätter). Als warme Vorspeisen gibt es Sıgara Böreği (mit Schafskäse gefüllte Teigrollen), Midye oder Kalamar (Muscheln oder Tintenfischringe). Als Hauptgericht wird zwischen Fleisch oder Fisch gewählt. Das Fleisch ist entweder vom Rind oder vom Lamm – Ziege ist ganz selten, und Schwein gibt es nie. In İstanbul und an der Ägäis oder Mittelmeerküste gibt es in der Regel eine große Auswahl an Fisch. Lüfer (Blaubarsch) wird gegrillt, genauso wie Palamut (Thunfischart) oder Sardalya (Sardinen). Der begehrte Kalkan (Steinbutt aus dem Schwarzen Meer) oder die Barbunya (Meerbarbe) kommt dagegen aus der Pfanne. Sehr gut ist auch ein Levrek (Seebarsch) im Sud. Süße Nachspeisen gibt es in etlichen Variationen, man kann aber auch einfach zum frischen Obst übergehen. Zum Abschluss empfiehlt sich ein türkischer Mokka, entweder sade, das heißt ohne Zucker, orta (wenig Zucker), oder şekerli, also süß. Wer die Möglichkeit hat, selbst zu kochen, sollte unbedingt vorher über einen Wochenmarkt schlendern. Das Angebot an Obst, Gemüse, Kräutern, verschiedenen Käsesorten und anderen regionalen Spezialitäten ist fast zu jeder Jahreszeit beeindruckend.

Medien und Kultur

Zensur bei Zeitungen und Fernsehen

Der Mann ist kleiner als man ihn vom Fernsehen her kennt, dafür wirkt er live noch energiegeladener als auf dem Bildschirm. Trotz seiner misslichen Situation – er wurde gerade zu sechs Jahren Gefängnis verurteilt – wirkt Can Dündar ganz und gar nicht eingeschüchtert oder niedergeschlagen. Im Gegenteil, er scheint voller Tatendrang und bereit, noch einen langen Weg der Auseinandersetzung zu gehen, wie er im Interview mit dem Autor bekräftigt.

Can Dündar, Chef der Tageszeitung *Cumhuriyet* (Die Republik), ist im Frühjahr 2016 das Gesicht des Widerstandes gegen die Repression der türkischen Regierung. Er verkörpert die Opposition gegen die massive Einschränkung der Pressefreiheit unter der Herrschaft von Präsident Tayyip Erdoğan. Vor allem ein Satz von ihm hat sich eingeprägt: »Noch nie war die Situation für Journalisten in der Türkei so schlecht wie heute. Selbst in den Jahren nach dem Militärputsch 1980 war die Presse nicht so unter Druck wie jetzt während der Ein-Mann Herrschaft Erdoğans.«

Can Dündar hat das, wie Hunderte andere türkische Journalisten, am eigenen Leib erlebt. Bevor er 2014 als Chefredakteur bei *Cumhuriyet* begann, war er ein bekannter Fernsehjournalist, der durch politische Dokumentationen, vor allem aber als Moderator großer politischer Talk-Runden, viel öffentliche Aufmerksamkeit genoss. Zu viel, nach dem Geschmack von Präsident Erdoğan, der berüchtigt dafür ist, die Besitzer großer Medienhäuser persönlich anzurufen, um die Absetzung bestimmter Sendungen oder die Entlassung missliebiger Journalisten zu verlangen. Dündar war einer von vielen, die auf Druck von oben ihre Posten in einem der beiden entscheidenden türkischen Nachrichtensender NTV und CNN-Türk räumen mussten.

Als Chefredakteur der linkskemalistischen Traditionszeitung *Cumhuriyet* gelang ihm dann im Mai 2015 ein Coup, der ihn endgültig zum bekanntesten Erdoğan-Gegner innerhalb der türkischen Medien machte. Kurz vor den Wahlen im Juni 2015 brachte *Cumhuriyet* eine gut dokumentierte Enthüllungsgeschichte über illegale Waffenlieferungen des türkischen Geheimdienstes an islamistische Kämpfer in Syrien, die angeblich mit dem al-Qaida-Ableger Nusra-Front zusammengehören sollten. Erdoğan schäumte und drohte Dündar öffentlich, er werde für diesen »Verrat schwer bezahlen«.

Nach drei Monaten U-Haft gemeinsam mit dem Hauptstadtkorrespondenten von *Cumhuriyet*, Erdem Gül, aus der die beiden dann nach einer Entscheidung des Verfassungsgerichts entlassen werden mussten, wurde er im April 2016 zu fünf Jahren und zehn Monaten Haft verurteilt. So lange wie das Berufungsverfahren vor dem obersten Gericht Yargıtay läuft, sind Dündar und Gül noch auf freiem Fuß. Bei zahlreichen Veranstaltungen im In- und Ausland prangert Dündar seitdem die Repression durch die »Erdoğan-Diktatur« an.

Allerdings gibt es zahlreiche Journalisten in der Türkei, die anderer Meinung als Can Dündar sind. Der frühere Abgeordnete im Europaparlament Ozan Ceyhun, damals noch bei den Grünen und heute ein lautstarker Erdoğan-Anhänger, schreibt in seinen Kolumnen in *Sabah* und anderen Blättern, noch nie sei die Presse in der Türkei so frei gewesen wie heute. Würde man die Chefredakteure von *Sabah* oder auch *Yeni Şafak*, zwei auflagenstarken Zeitungen, fragen, bekäme man die Ceyhuns Auffassung von sicher zu 100 Prozent bestätigt. Das hat einen einfachen Grund: *Yeni Şafak* und *Sabah* sind die größten und wichtigsten Zeitungen des Regierungslagers, während *Cumhuriyet* zu den schärfsten Kritikern des türkischen Präsidenten gehört.

Und das hat Folgen. Während die regierungsnahen Zeitungen und die entsprechenden Fernsehstationen schreiben und senden können was sie wollen, da sie sowieso ausschließlich Propaganda für die Regierung betreiben, wird die kritische bürgerliche Presse verfolgt wie noch nie seit der Einführung des Mehrparteiensystems im Anschluss an den Zweiten Weltkrieg. Explizit linken oder gar kurdischen Zeitungen ging es schon immer so, aber seit einigen Jahren werden durch die Erdoğan-Regierung nun auch bürgerliche Medien, die ihm kritisch gegenüberstehen oder aber sich einfach weigern, in den Chor der Lobhudelei einzustimmen, wie Staatsfeinde behandelt. Das ist neu und das hat es in der Türkei bisher so noch nie gegeben.

Es gibt für diese Entwicklung einen Stichtag und das ist der Wahlsieg der AKP im Juli 2007. In den ersten Jahren ihrer Regierung nach dem überraschenden Erfolg Ende 2002 hatte die AKP noch in allen Lagern nach Unterstützung gesucht und sich entsprechend liberal verhalten. Jeder durfte schreiben was er wollte, weil das alte, militärisch gestützte Repressionsregime wankte und ein neues noch nicht etabliert war. Das änderte sich mit dem zweiten Wahlsieg der AKP 2007. Auf die liberale Phase folgte nun die Zeit des substanziellen Ausbaus der eigenen Macht und dazu gehörte eine stärkere Kontrolle der Medien.

Exemplarisch deutlich wurde das an zwei Medien-Konzernen, die zu den mächtigsten der Türkei gehörten. Einmal der Konzern von Aydın Doğan mit der Zeitung *Hürriyet* als Flaggschiff und zweitens der Dinç-Bilgin-Konzern, der die damals zweitgrößte Tageszeitung *Sabah* herausgab. Beide waren staatstragende Medien aus dem säkularen, kemalistischen Spektrum, eben dem Spektrum, das die Staatsgewalt in der Türkei repräsentierte.

Die islamisch grundierte AKP mit dem damaligen Ministerpräsidenten Tayyip Erdoğan an der Spitze sah sich nach ihrem Wahlsieg 2007 genügend gestärkt, um sich mit dem publizistischen Bollwerk der »alten« Türkei anzulegen. Dieser erste Angriff erfolgte noch nicht über Festnahmen und Verbote, sondern über die Ökonomie. Da Dinç Bilgin, der neben *Sabah* noch diverse andere Projekte betrieb, wirtschaftlich in Schwierigkeiten war, zwang die Regierung ihn, seine Mediensparte zu verkaufen. Auf Drängen Erdoğans kaufte ein AKP-naher Geschäftsmann *Sabah* und den Fernsehsender ATV und baute beide nach und nach in reine AKP-Propagandaorgane um. Alle AKP-kritischen Journalisten wurden gefeuert.

Da der Doğan-Konzern mit der noch wichtigeren *Hürriyet* als Flaggschiff wirtschaftlich deutlich besser dastand, bediente sich die Regierung hier eines anderen Instrumentes als bei *Sabah*: Erdoğan schickte die Steuerfahndung. In mehreren Wellen wurde der Konzern geprüft und heraus kam Erstaunliches. Angeblich eine knappe Milliarde Euro sollte die Doğan-Holding an Steuern nachzahlen. Nun gehört der Doğan-Konzern zwar zu den größten des Landes, doch diese angebliche Steuerschuld war ausreichend, um den Konzern an den Rand des Ruins zu treiben. Also wurde verhandelt. Zunächst musste Doğan den langjährigen Chefredakteur von *Hürriyet*, Ertuğrul Özkök feuern. Mit jedem weiteren Einschnitt im Sinne der AKP verringerte sich dann auch die Steuerschuld.

Letztlich überlebte *Hürriyet* bis heute, aber das Blatt ist nur noch ein Schatten seiner selbst. Auch der zum Doğan-Konzern gehörende Nachrichtensender CNN-Türk duckt sich seit längerem weg, wenn es kritisch wird. Legendär ist das Verhalten von CNN-Türk zu Beginn der Gezi-Proteste im Frühjahr 2013. Während im Zentrum von İstanbul die heftigsten Straßenschlachten seit Jahren liefen, sendete CNN-Türk eine Dokumentation über Pinguine.

Trotz dieses Wegduckens der Doğan-Medien mobilisierte die İstanbuler AKP im September 2015 noch Tausende Anhänger, die wegen einer angeblichen Falschmeldung zu Lasten Erdoğans die Zeitung *Hürriyet* regelrecht belagerten und damit drohten, das Redaktionsgebäude zu stürmen. Die Mitarbeiter von *Hürriyet* wähnten sich in Lebensgefahr, weil die Polizei zusah, wie der Mob die Scheiben einschlug, und dennoch keine Anstalten machte einzugreifen. Der aktuelle Chefredakteur Sedat Ergin, ein durch und durch bürgerlicher Mann, der eher zu diplomatischer Zurückhaltung als zu einem kämpferischen Auftritt neigt, bekam fast einen Herzinfarkt vor Angst und entschuldigte sich öffentlich für die Fehlleistung des *Hürriyet*-Onlinedienstes, doch es nutzte alles nichts: Auch Sedat Ergin wurde wegen angeblicher Beleidigung Erdoğans vor Gericht gezerrt.

Can Dündar ist da schon von seiner Person her ein anderes Kaliber als Sedat Ergin und er hat mit der *Cumhuriyet* auch einen anderen Verlag im Rücken. *Cumhuriyet* gehört einer Stiftung und muss keinen Gewinn machen, ist deshalb auch ökonomisch nicht erpressbar. Anders als Sedat Ergin setzt Dündar nicht auf Appeasment, sondern auf Konfrontation. Er hat keine Angst vor dem Gefängnis und griff auch in dem Prozess wegen der Enthüllungsgeschichte über die illegale Waffentransporte Erdoğan offensiv an. *Cumhuriyet* ist deshalb vor allem international zum Leuchtturm der Pressefreiheit in der Türkei avanciert, doch in der Türkei erreicht das Blatt höchstens noch 60 000 bis 70 000 Leser.

Ähnlich wie *Cumhuriyet* ergeht es der linken Tageszeitung *Birgün*, die sich in den letzten Jahren durch Unerschrockenheit und guten investigativen Journalismus von einem Nischenblatt zu einer landesweiten linken Zeitung entwickelt hat. Das Blatt ist genossenschaftlich organisiert und die meisten Redakteure und Redakteurinnen sind längst daran gewöhnt, mit einem Bein im Gefängnis zu stehen. Da Gefängnisstrafen die *Birgün*-Journalisten nicht schrecken, wird das Blatt jetzt mit Beleidigungsklagen des Präsidenten überzogen. Diese haben für *Birgün* einen existenzbedrohenden Charakter. Die daraus resultierenden Geldstrafen sind so hoch, dass das Blatt trotz gestiegener Auflage 2016 seine Leser um Unterstützung bitten musste, um nicht pleitezugehen.

Bleiben noch die Medien aus dem islamischen Spektrum, die dennoch Erdoğan kritisieren. Das sind, mit Ausnahme einiger radikal islamistischer Nischenprodukte, vor allem die Zeitungen und Fernsehsender, die in der einen oder anderen Form zur islamischen Gülen-Bewegung gehörten. Das Flaggschiff war bis zum März 2016 die Tageszeitung *Zaman*, als Erdoğan die Gülen-Bewegung zur terroristischen Organisation erklärte und deshalb die Gülen-Medien unter staatliche Aufsicht stellte. Seither entscheiden Erdoğan-Vertraute, was in *Zaman* erscheint, und sorgen so dafür, dass die Zeitung mittlerweile ein Propagandaorgan der Regierung neben anderen geworden ist.

Kritische Medienexperten schätzen, dass mittlerweile fast 90 Prozent aller Zeitungen und Fernsehkanäle zumindest indirekt von der Regierung kontrolliert werden.

Für kritische Türkinnen und Türken sind deshalb längst die sozialen Medien zur wichtigsten Informationsquelle geworden. Auch wenn Erdoğan schon lange versucht, durch Verbote und andere Reglementierungen Facebook und vor allem Twitter ebenfalls unter Kontrolle zu bekommen, gelingt ihm das bislang nicht. Zu vielfältig sind die Möglichkeiten, über ausländische Provider nationale Sperren zu umgehen, als dass das Netz vollkommen kontrolliert werden könnte. Allerdings werden immer häufiger auch Leute angeklagt, die angeblich über Twitter den Staatspräsidenten beleidigt haben oder Propaganda für eine Terrororganisation betrieben haben sollen. Gefahrlos ist deshalb auch die Twitter-Opposition nicht.

Der Buchmarkt und die Literatur

Ganz anders sieht die Situation auf dem Buchmarkt aus. Da die Gründung eines Buchverlages weit weniger kapitalintensiv ist als die Gründung einer Zeitung, präsentiert sich die Türkei nach wie vor mit einer überaus vielfältigen und bunten Verlagslandschaft. Wenn die meisten Bücher auch keine riesigen Auflagen erreichen und die wenigsten Autoren von ihren Büchern leben können, kommen doch jedes Jahr mehr Neuerscheinungen auf den Markt. Neben der Belletristik boomt vor allem der Markt für Sachbücher. Fast alle Bücher, die in Europa oder den USA für Furore gesorgt haben, werden auch ins Türkische übersetzt. Auf dem Buchmarkt ist das gesamte politische Spektrum vertreten. Angefangen von rechtsradikalen, krude antisemitischen Verschwörungstheorien (auch *Mein Kampf* erzielte in der türkischen Übersetzung im Zuge der nationalistischen Welle hohe Auflagen) über linke, sozialistische Theorie bis hin zu den vermeintlichen Tabuthemen der Türkei, wie die Armenier-Frage und der kurdische Befreiungskampf, ist im Buchladen alles zu finden. Eine Vorzensur findet nicht statt.

Ob gegen ein Buch nach Erscheinen ein Strafverfahren eingeleitet wird, ist für den Verleger oft schwer zu kalkulieren. Ragıp Zarakolu, einer der Veteranen unter den linken Verlegern, der sowohl mit seinen Büchern, die er zu allen schwierigen Themen publizierte, wie auch im Schriftstellerverband seit Jahrzehnten gegen die juristische Nachzensur kämpft, weiß bis heute nicht, ob er wegen eines Buches Schwierigkeiten bekommt oder nicht. Er hat Bücher über die Armenier-Frage verlegt, von denen er nie gedacht hätte, dass sie unbeanstandet geblieben wären, und sich andererseits Verfahren eingehandelt für Publikationen, die alle Beteiligten als politisch unproblematisch eingestuft hatten. Ragıp druckt deshalb, was er für wichtig hält, ohne sich im Vorfeld noch Gedanken darüber zu machen, was der Staatsanwalt davon halten könnte. Weniger als Verleger, sondern eher als politischen Aktivisten hat es Ragıp Zarakolu dann doch noch erwischt. Weil er an einer Parteiakademie der kurdisch-linken HDP einen Vortrag gehalten hat, wurde er verhaftet und saß anschließend fast ein Jahr in Untersuchungshaft.

Auch gegenüber Schriftstellern sind in den letzten Jahren die meisten Verfahren nicht wegen ihrer Bücher, sondern wegen politischer Äußerungen in Artikeln oder Interviews angestrengt worden. So geht das bekannte und berüchtigte Verfahren gegen

Orhan Pamuk wegen »Beleidigung des Türkentums« auf ein Interview im *Zürcher Tagesanzeiger* zurück. Am übelsten ging die Justiz gegen den armenischen Menschenrechtler, Schriftsteller und Journalisten Hrant Dink vor, der als Einziger wegen Beleidigung des Türkentums auch wirklich verurteilt wurde. Wenig später wurde Hrant Dink von einem aufgehetzten jugendlichen Nationalisten im Januar 2007 vor seiner Redaktion auf offener Straße erschossen. Eine Sammlung seiner Artikel erschien 2008 auch auf Deutsch. (*Von der Saat der Worte*, Hrsg. Günter Seufert, Hans Schiler Verlag).

Leider sind in der Vergangenheit zumeist nur von den ganz Großen der türkischen Literatur – also Yaşar Kemal, Orhan Pamuk, Nâzim Hikmet und Aziz Nesin – deutsche Übersetzungen erfolgreich verlegt worden. In letzter Zeit sind allerdings auch Bücher von Elif Şafak, Zülfü Livaneli, Nedim Gürsel, Murathan Mungan und anderen, jüngeren Autoren dazugekommen. Mit der Türkei als Gastland der Buchmesse 2008 hat sich dieser Trend noch verstärkt. Eine sehr verdienstvolle Initiative gibt es bereits: Der Zürcher Unionsverlag bringt mit finanzieller Unterstützung der Bosch-Stiftung eine »Türkische Bibliothek« heraus. In dieser Reihe werden Romane türkischer Autoren übersetzt, die für eine bestimmte Epoche exemplarisch sind. Die Reihe beginnt mit Halid Ziya Uşaklıgil und dessen Roman im ausgehenden Osmanischen Reich um die Jahrhundertwende und reicht bis zu jungen Autoren wie Murat Uyurkulak und Murathan Mungan, der mittlerweile zu den erfolgreichsten türkischen Autoren gehört.

Mit dem binooki-Verlag hat sich vor einigen Jahren ein neuer junger deutsch-türkischer Verlag etabliert, der vor allem junge türkische Autoren in Deutschland bekannt macht. Ihr Star ist Emrah Serbes, der von Lyrik über Krimis bis zum großen Roman bereits in allen Literaturgattungen erfolgreich ist. Seine Ankara-Krimis über den unkonventionellen Kommissar Behzat Ç. wurden zur Grundlage für eine der erfolgreichsten TV-Serien, die allerdings auf politischen Druck eingestellt wurde. Emrah

Serbes ging dann von Ankara nach İstanbul und engagierte sich bei den Gezi-Protesten an vorderster Front. Sein anschließender Roman *Deliduman* ist die literarische Verarbeitung der Proteste und bei binooki auch auf Deutsch erschienen.

Türkeibesucher, vor allem diejenigen, die nach İstanbul kommen, finden auch ein reiches Sortiment deutscher, englischer und französischsprachiger Literatur vor Ort, so dass niemand auf Lektüre verzichten muss, auch wenn er des Türkischen nicht mächtig ist. In İstanbul gibt es sogar eine deutsche Buchhandlung, und jeder bessere Buchladen der Stadt hat zumindest auch englische Bücher im Angebot. Besonders interessant sind diverse Antiquariate in Beyoğlu oder Kadıköy, wo man etliche überraschende Entdeckungen von Büchern in deutscher Sprache machen kann. Für Bücherfreunde lohnt sich auch ein Besuch des Büchermarktes am Rande des Großen Basars in der Altstadt. Der offene Büchermarkt liegt gegenüber dem Haupteingang der İstanbuler Universität am Beyazıt-Platz.

Film

Der türkische Film, der mich persönlich bis heute am meisten beeindruckt hat, ist »Yol«, zu Deutsch »Der Weg«. Er handelt von fünf Gefangenen, die für eine Woche Hafturlaub erhalten, und fokussiert gleichzeitig die Geschichte der türkischen Gesellschaft Ende der 1970er Jahre. Die Schicksale der fünf Häftlinge bündeln die Probleme des Landes so eindrucksvoll, dass man sich zum damaligen Zeitpunkt viele Bücher und Analysen sparen konnte, wenn man stattdessen den Film anschaute. Völlig zu Recht erhielt »Yol« 1982 in Cannes die Goldene Palme. Dazu beigetragen hat aber wohl auch die abenteuerliche Entstehungsgeschichte des Films, die dramatische Flucht des Regisseurs Yılmaz Güney aus dem Gefängnis und die damalige politische Situation der Türkei nach dem Militärputsch 1980. Yılmaz Güney schrieb das Drehbuch zu »Yol« im Gefängnis anhand der Geschichten, die ihm Mitgefangene erzählten. Gedreht wurde der Film dann von seinem früheren Regieassistenten Şerif Gören nach Güneys Anweisungen heimlich vor Ort. Wieder in Freiheit, konnte Güney dann das von Şerif Gören produzierte Material selbst schneiden und den Film zusammenstellen.

Nach seiner Flucht über Griechenland nach Frankreich drehte Yılmaz Güney in Paris nur noch einen, ziemlich düsteren, Film über die politischen Gefangenen der Türkei nach dem Putsch (»Die Mauer«), bevor er mit nur 47 Jahren an Krebs starb. Trotzdem hat Yılmaz Güney mit der Handvoll Filmen, die er in seinem Leben realisieren konnte, das türkische Kino revolutioniert.

Statt der Herz-Schmerz-Geschichten des türkischen Hollywood Yeşilçam, in denen er als Schauspieler viele Male selbst auftrat, entwickelte er ein realistisches, politisches Autorenkino. Yılmaz Güney war Kurde, aber das spielte damals noch kaum eine Rolle. Er definierte sich nicht über seine ethnische Zugehörigkeit, sondern über seinen politischen Standpunkt als Kommunist. Weil er als Schauspieler so beliebt war – in der Boulevardpresse firmiert er bis heute als der »hässliche König« –, konnte er es wagen, politische Filme zu drehen, für die andere damals gleich in den Knast gegangen wären. Trotzdem erwischte es nach nur wenigen Jahren produktiver Arbeit auch ihn. Nachdem er so bahnbrechende Filme wie »Sürü« (Die Herde) oder »Umut« (Die Hoffnung) und »Düşman« (Der Feind) produziert hatte, alles sozialkritische und gleichzeitig spannende Filme von hoher Qualität, wurde er 1974 ins Gefängnis gesteckt. Er soll im Streit in einem Restaurant einen Richter erschossen haben – doch schon damals gingen die meisten Beobachter davon aus, dass ihm ein inszenierter Mord in die Schuhe geschoben wurde, um den exponierten linken Filmemacher und Schauspieler aus dem Verkehr zu ziehen.

Der Einfluss von Yılmaz Güney war jedoch nicht damit zu stoppen, dass man ihn ins Gefängnis warf. Etliche Filmemacher, wie Erdal Kıral oder Zülfü Livaneli, wurden von ihm inspiriert. Sie entwickelten den politischen Autorenfilm in den 1980er Jahren weiter, wenn auch zunächst meistens im Exil. Erdal Kıral war nach dem Militärputsch nach Deutschland geflohen. Dort drehte er nach der Romanvorlage »Ein Winter in Hakkari« von Ferit Edgü den Film »Eine Saison in Hakkari«. Dieser Film über einen Lehrer, der für ein Schuljahr in ein abgelegenes kurdisches Dorf strafversetzt wird, ist ein eindringliches Porträt über den Alltag unter nahezu analphabetischen Kurden, wie er bis dahin im türkischen Kino nicht zu sehen war. Einen weiteren Film über einen in die Verbannung geschickten Intellektuellen drehte Erdal Kıral dann in Bodrum, der westlichsten Ecke des Landes. Er handelt von dem Schriftsteller Cevat Şakir, der 1925 wegen eines kritischen Artikels für einige Zeit nach Bodrum verbannt wurde. Das heute mondänste türkische Urlaubsparadies war damals noch ein völlig entlegenes Fischerdorf, fernab allen politischen Betriebs.

Cevat Şakir empfand jedoch schon bald seine Verbannung nicht mehr als Strafe, sondern als Segen, und begann, über die Ägäis, die dort lebenden Menschen, ihre Kultur und ihre Geschichte zu schreiben. Şakir unternahm mit den Fischern von Bodrum Bootsreisen die Küste entlang und schrieb darüber. Diese von ihm literarisch verarbeiteten »Blauen Reisen« sind der historische Ursprung für die heute von etlichen Reiseveranstaltern angebotenen »Blauen Reisen« auf einer der traditionellen Holzyachten aus Bodrum.

Zülfü Livaneli drehte ebenfalls in den Jahren, als er nach dem Putsch vorübergehend in Deutschland lebte, gemeinsam mit Wim Wenders »Eisenerde Kupferhimmel«, die erste Literaturverfilmung eines Romans von Yaşar Kemal.

Ende der 1980er, Anfang der 1990er Jahre kehrten dann die meisten nach Westeuropa geflüchteten Journalisten, Schriftsteller und Filmemacher wieder in die Türkei zurück. In den 1990er Jahren »normalisierte« sich der türkische Film in gewisser Weise, das heißt, er passte sich den europäischen und amerikanischen

Mustern an. Es gibt große kommerzielle Produktionen, die teilweise sehr erfolgreich sind und auch im Ausland laufen, und einen entwickelten Autorenfilm, der heute weit weniger mit Zensur und politischen Vorbehalten zu kämpfen hat als in den 1970er und 1980er Jahren. Dabei werden weiterhin, zum Teil in sehr anspruchsvoller Form, die wichtigsten gesellschaftlichen Probleme behandelt. In »Hejar – Großer Mann, kleine Liebe« geht Handan İpekçi beispielsweise in sehr origineller Weise auf den Kurdenkonflikt ein. Ein pensionierter Richter wird durch eine Polizeirazzia in seinem Mietshaus aufgeschreckt. Als er sich umschaut, findet er in einer Wohnung, die die Polizei heimgesucht hatte, ein allein gelassenes, kleines, verängstigtes Mädchen und nimmt sich ihrer an. Zu seiner Verblüffung muss er bald feststellen, dass sie ihn nicht versteht, weil sie nur kurdisch spricht. Trotzdem entwickelt sich zwischen beiden eine Art Liebesbeziehung, die letztlich die kulturelle und sprachliche Kluft überwindet. Der Film erregte einiges Aufsehen und erreichte Millionen von Zuschauern.

Es gab in den letzten Jahren auch mehrere Filme, die das Trauma des Putsches aufarbeiteten, aber neben den klassischen Konfliktthemen werden mittlerweile auch Spielfilme in Altenheimen oder witzige Großstadtkomödien gedreht.

Jedes Frühjahr präsentiert sich der türkische Film zum Vergleich mit internationalen Produktionen auf dem İstanbuler Filmfestival, ein Ereignis, das seinen lokalen Charakter längst überwunden hat und im Konzert der europäischen Filmfestivals als Scharnier zwischen westlichen und asiatischen Filmproduktionen funktioniert.

Wie sehr sich dagegen der Schwerpunkt des türkischen Autorenfilms seit Yılmaz Güney verändert hat, zeigt der Gewinner der Goldenen Palme in Cannes von 2014. »Kış Uykusu« (Winterschlaf) von Nuri Bilge Ceylan ist ein Drei-Stunden-Epos über die vermeintliche Sinnlosigkeit des Lebens. Er spielt in der Abgeschiedenheit der Provinz, in die ein erfolgloser Intellektueller zurückkehrt, um ein Hotel zu führen. Es ist ein Film über einen inneren Dialog mit den für Ceylan typischen langen Kameraeinstellungen. Er zeigt die Zerrissenheit seiner Protagonisten, scheinbar völlig losgelöst von der politischen Situation im Land.

Nuri Bilge Ceylan, der derzeit größte Star des türkischen Autorenfilms, der schon zehn Jahre davor in Cannes den Großen Preis der Jury für seinen Film »Uzak« (Weit) bekommen hat, interessiert sich hauptsächlich für die innere Leere seiner Protagonisten. Auch Uzak zeigt die Lähmung eines Intellektuellen, der zwischen der Provinz und İstanbul schwankt und nichts auf die Reihe bekommt. »Weit« ist wie »Winterschlaf« ein existenzialistischer Film über die Entfremdung des Individuums von seiner Umgebung. Die Filme vermitteln ein subtiles Sittenbild der Türkei, ohne auf den politischen Kontext direkt einzugehen.

Das gilt auch für die Arbeiten des zweiten internationalen Stars des türkischen Autorenfilms, Semih Kaplanoğlu. Für den abschließenden Film einer autobiografisch geprägten Trilogie, »Bal« (Honig), gewann er 2010 den Goldenen Bären des Berliner Filmfestivals. Die beiden anderen Filme der Trilogie, die vor »Bal« entstanden, heißen »Yumurta« (Ei) und »Süt« (Milch). Es sind ruhige, fast meditative Filme über die Provinz am Schwarzen Meer, aus der Kaplanoğlu stammt.

Ein ganz anderes Kaliber ist da der deutsch-türkische Filmemacher Fatih Akın. Statt minutenlanger, schweigender Kameraeinstellungen zeigt Akın politisches Aktion-Kino vom feinsten. Sein letzter großer Film »The Cut« kam Ende 2014 in die Kinos und handelt vom Völkermord an den Armeniern im Osmanischen Reich, der sich 2015 zum hundertsten Mal jährte. »The Cut« ist ebenfalls der Abschlussfilm einer Trilogie, die Akın Liebe, Tod und Teufel genannt hat. Die Trilogie begann mit »Gegen die Wand«, setzte sich mit dem Film »Auf der anderen Seite« fort und endete mit »The Cut«.

Obwohl »The Cut« von der Kritik ziemlich niedergemacht wurde, ist Fatih Akın nach wie vor der deutsch-türkische Filmemacher, dessen Name international am hellsten strahlt. Dabei ist es unwichtig, ob der Hamburger Fatih Akın nun ein deutscher oder ein türkischer Filmemacher ist, seine Filme zeigen deutlich, dass er immer mehr zu beidem wird. Waren seine ersten Filme wie »Kurz und Schmerzlos« oder »Solino« noch klar Filme aus dem Migrantenmilieu in Deutschland, so verlagerten sich seine Filme mit der Zeit mehr und mehr von Deutschland in die Türkei. Das begann fröhlich-spielerisch mit dem Roadmovie »Im Juli«, einer Liebesgeschichte, die in Hamburg beginnt und in İstanbul endet, und entfaltete sich dann zu seiner ganzen existenziellen Wucht in »Gegen die Wand«, dem Streifen, für den Fatih Akın 2004 den Goldenen Bären in Berlin bekam. Der Film spielt in Deutschland und der Türkei, zeigt die Zerrissenheit der Türken in Deutschland, aber auch, wie man in beiden Welten leben kann. Auch der zweite Teil der Trilogie, der 2007 fertiggestellte Film »Auf der anderen Seite«, beginnt wiederum in Deutschland und endet in der Türkei. Der Film zeigt jedoch mehr als Migranten-Schicksale. Er ist ein Beleg dafür, wie sehr die beiden vermeintlich fremden Kulturen bereits miteinander verwoben sind, wie viele Menschen aus beiden Ländern bereits in beiden Kulturen leben.

Zwischen seine Großproduktionen hat Fatih Akın noch mehrere Dokumentarfilme geschoben. Darunter »Müll im Garten Eden« über die Zerstörung des Dorfes seiner Großeltern am Schwarzen Meer und mit »Crossing the Bridge« eine Hommage an İstanbul und den Sound der Stadt. Der Film zeigt die Vielfalt türkischer Musik und der Musiker, die im Schmelztiegel İstanbul leben.

Musik

Akins »Crossing the Bridge – der Sound of İstanbul« ist ein guter Einstieg für alle, die sich in die türkische Musik etwas hineinhören wollen. Das Schöne dabei ist, dass die Musik mittlerweile die Vielfalt des Landes eindrucksvoll widerspiegelt und für fast jeden

Musikgeschmack etwas dabei ist. Wer vor 20 Jahren im Überlandbus noch von dem Einheitsbrei des damaligen Türk-Pop gequält wurde, kann heute zwischen so unterschiedlichen Musikstilen wählen wie İbrahim Tatlıses, dem populärsten Vertreter des heutigen Türk-Pop, oder Tarkan, der diese Musik aus der Türkei international hoffähig machte, oder Sezen Aksu, der Diva des türkischen Pop, die als Erste auch die Stile der ethnischen Minderheiten in ihren Liedern populär machte. Zu den Königinnen des Pop gehört noch Sertap Erener, die neben Tarkan damit begonnen hat, Englisch als Sprache in die türkische Musik einzuführen, und prompt mit ihrem Lied »Everything That I Can« 2005 den Grand Prix d'Eurovision gewann.

Interessanter für Türkeibesucher als der Pop für die breite Masse dürften die in den letzten Jahren entwickelten Ansätze einer World-Musik sein, der es gelungen ist, die Ost-West-Synthese speziell in İstanbul musikalisch auszudrücken. Keimzelle dieser Musik, die Fatih Akın in seinem Film mit dem Auftritt der Folk-Band Baba Zula verewigte, ist der mittlerweile schon legendäre Musikclub Babylon. Im Babylon treten nicht nur die bekanntesten Interpreten von Jazz, Folk und Rockmusik aus Ost und West auf, das Beste am Club ist, dass sie alle zusammen auftreten. Aus solchen zuerst spontan entstandenen Sessions wurden später geplante Auftritte, die von dem mit Babylon assoziierten Plattenlabel Doublemoon zu begehrten CDs verarbeitet werden. Der international bekannteste Protagonist dieser Weltmusik aus İstanbul ist Mercan Dede, der Sufi-Klänge mit moderner elektronischer Musik mischt und so zu erstaunlichen Resultaten kommt.

In der Türkei immer noch wesentlich populärer, für deutsche Ohren aber schwerer zugänglich ist die sogenannte Arabesk-Musik. Diese spezifische türkische Musikrichtung, in der Pop, osmanische Kunstmusik und arabische Stilelemente vermischt werden, ist eine urbane Musikrichtung, die viele Anhänger hat. Der bekannteste Arabesk-Musiker, Orhan Gencebay, gilt sogar als der große alte Mann der türkischen Musik überhaupt.

Den Kontrast dazu bildet die politische Folklore von Zülfü Livaneli und anderen. Livaneli, der auch als Schriftsteller und Filmemacher bekannt ist, hat schon in den 1970er Jahren aus traditioneller Volksmusik Songs entwickelt, die an die politischen Protestsongs eines Bob Dylan oder Hannes Wader erinnern. Livaneli ist bis heute der bekannteste Name für politische Folklore – seine größten Verdienste erwarb er sich bei der Wiederannäherung der verfeindeten griechischen und türkischen Brüder. Gemeinsam mit Mikis Theodorakis veranstaltete er in den 1980er Jahren große Konzerte in der Türkei und in Griechenland, zu einem Zeitpunkt, als zwischen beiden Ländern noch der schlimmste Kalte Krieg herrschte.

Neben Pop, Rock und Folkmusik gibt es in der Türkei natürlich auch Bach, Mozart und Schostakowitsch. Die klassische Musik westlicher Prägung ist ein Element der in der Atatürk-Zeit durchgeführten Modernisierung. Damals wurden gezielt türkische Musiker auf Konservatorien in Westeuropa geschickt, heute können sie klassische Musik auch zu Hause studieren. Allerdings betrachten viele konservative, religiöse Türken die klassische Musik nach wie vor als einen Fremdkörper. Das wurde 2007 noch einmal deutlich. Im Zuge der Auseinandersetzungen zwischen dem säkularen, westlich orientierten Teil der Gesellschaft und den Religiösen geriet der bekannteste türkische Pianist Fazıl Say zwischen die Fronten. In einem Interview mit der *Süddeutschen Zeitung* erwähnte er, vielleicht zukünftig im Ausland zu bleiben, weil die Unterstützung für klassische Musik in der Türkei stark rückläufig sei. Was von der einen Seite als weiteres Indiz für die zunehmende Islamisierung auch in der Kunst gewertet wurde, wies ein Minister der regierenden AKP mit der Bemerkung zurück: Das Volk interessiert sich eben nicht für diese westliche Musik.

Exemplarisch wird dieser Konflikt an der Frage ausgefochten: Braucht İstanbul eine Oper? Im Zentrum der Stadt, direkt am Taksim-Platz, steht das Atatürk Kulturzentrum. Der größte Saal des Kulturzentrums ist der Spielort der İstanbuler Oper. Doch seit Jahren finden keine Aufführungen mehr dort statt. Das Gebäude, im Stil der Neuen Sachlichkeit in den 1960er Jahren des letzten Jahrhunderts errichtet, muss saniert werden. Doch obwohl das Geld dafür, überwiegend durch private Investoren, längst vorhanden und die Sanierungspläne seit Jahren fertig sind, zögert die AKP den Baubeginn immer wieder heraus. Der Grund dafür ist klar: Dieses wichtigste Gebäude am zentralen Platz der Stadt entspricht nicht der Ideologie und dem Kulturbegriff der neuen islamischen Eliten. Oper ist »westlicher Kulturimperialismus«, unislamisch und deshalb schädlich. Die AKP will diesen herausragenden Platz lieber mit ihren eigenen Symbolen schmücken, am liebsten mit einer Moschee.

Da es gegen eine Moschee noch zu viel Widerstand gibt, wartet man ab. Seit bald zehn Jahren rottet das Gebäude nun vor sich hin. Die Chance, dass sie jemals wiederaufgebaut wird, schwindet mit jedem weiteren Jahr, das die AKP an der Regierung bleibt.

Malerei, Museen, Galerien

Wer den für mich schönsten Roman Orhan Pamuks *Mein Name ist Rot* gelesen hat, kennt bereits das Dilemma der türkischen Malerei. Malen als künstlerische Ausdrucksform war im Osmanischen Reich durch das Bilderverbot im Islam auf eine eng begrenzte, ornamentale Kunst beschränkt. Man kann diese Kunst auf höchstem Niveau in den Sultansmoscheen in İstanbul bewundern, wo, auf Fayencen gebrannt, stilisierte Blumen ganze Wände beherrschen. Ein anderer Ausdruck dieser Kunst ist die Kalligrafie, bei der aus den arabischen Schriftzeichen des Korans fast schon Gemälde entwickelt wurden. Die am weitesten der gegenständlichen Kunst des Westens entgegenkommende Kunstform der islamischen Welt ist die Miniaturmalerei, die die Osmanen aus Persien importierten. Auf diesen Bildern sind zwar Figuren zu sehen, doch die sind so stilisiert, dass sie keinen persönlichen Ausdruck aufweisen, sondern nur Zitate der Gattung sind. Stilisierte Pferde oder Löwen und eben auch Menschen, aber Menschen ohne persönliches Gesicht. Pamuk erzählt in seinem Roman über den Konflikt der Miniaturmaler des osmanischen Hofes, als der Padischah einen der Hofmaler beauftragt, ein echtes Porträt von ihm zu erstellen. Es gab immer wieder Sultane, die sich über das Bilderverbot hinwegsetzten und Porträts von sich anfertigen ließen – aber dazu holten sie in der Regel eben ausländische Künstler. Das berühmteste ist das Porträt des italienischen Malers Bellini, der im 15. Jahrhundert den Eroberer von Konstantinopel, Sultan Mehmed II., malte.

Es dauerte aber bis ins 19. Jahrhundert, dass sich das Osmanische Reich und der Hof so weit säkularisiert hatten, dass eine an westeuropäischen Traditionen angelehnte Malerei in größerem Umfang im Lande entstehen konnte. Für die Entwicklung einer eigenständigen türkischen Malerei steht vor allem ein Name: Osman Hamdi Bey. Der 1842 geborene Sohn eines hohen Palastbeamten bewirkte einen regelrechten Kulturschub im Osmanischen Reich

Mit 18 Jahren ging er nach Paris, weil er dort Rechtswissenschaften studieren sollte. Er tat seiner Familie auch diesen Gefallen, seine eigentliche Liebe aber galt der Malerei. In seinen Jahren in Paris verbrachte er mehr Zeit in diversen Ateliers als an der Universität. Trotzdem war er auf beiden Gebieten erfolgreich. Er lernte nicht nur malen, sondern brachte auch sein Rechtsstudium zu einem erfolgreichen Abschluss. Nach seiner Rückkehr wurde er zunächst auf verschiedenen hohen Verwaltungsposten eingesetzt, bis ihm dann 1881 die Leitung des Palast-Museums (Imparatorluk Müzesi) anvertraut wurde. Damit war Osman Hamdi Bey endlich an einer Position angelangt, von wo aus er die Dinge in Bewegung setzen konnte, von denen er schon lange geträumt hatte.

Nur zwei Jahre nach seiner Berufung an die Spitze des Palast-Museums gründete er zuerst die Akademie für Schöne Künste und wenig später das Archäologische Museum. Beide Institutionen spielen bis heute in der Türkei eine wichtige Rolle. Die İstanbuler Kunstakademie ist die führende Kunstschule des Landes, nicht nur Maler und Bildhauer, sondern auch Architekten werden hier ausgebildet. Das Archäologische Museum ist heute zu einem ganzen Museumskomplex geworden, das eine bedeutende Antiken-Sammlung, einschließlich wertvoller Troja-Funde, beherbergt, die byzantinische Geschichte zeigt und ein eigenes Haus für die Geschichte Mesopotamiens aufweist. Obwohl die Europäer im 19. Jahrhundert viele wertvolle Stücke aus dem damaligen Osmanischen Reich abtransportiert haben, die heute auf der Berliner Museumsinsel, im Louvre oder im Britischen Museum zu sehen sind, gibt es dank Osman Hamdi Bey doch auch im İstanbuler Archäologischen Museum eine ansehnliche Sammlung aus allen Gebieten des früheren Osmanischen Reiches.

Hamdi Bey wurde aber nicht nur zum entscheidenden Kulturmanager des 19. Jahrhunderts, er hat auch zeit seines Lebens selbst gemalt. Das bis heute berühmteste Bild der türkischen Malerei (»Kaplumbağa Terbiyecisi« – Die Belehrung der Schildkröten) stammt von ihm. Die reichste Industriellen-Dynastie der Türkei, die Koç-Familie, hat das Bild vor wenigen Jahren für mehr als vier Millionen Dollar für ihr neues Pera-Museum in Beyoğlu gekauft. Erst jüngst wurde ein weiteres Osman-Hamdi-Gemälde (»Camii önünde« – Vor der Moschee) zu einem noch höheren Preis versteigert.

Die Koç-Familie ist jedoch nicht die einzige Industriellen-Dynastie, die sich in İstanbul mit einem Museum selbst ein Denkmal gesetzt hat. Auch zwei weitere Schwergewichte unter den türkischen Superreichen sind im Kunstbereich ganz vorn mit dabei.

2004 eröffnete direkt am Bosporus das »İstanbul Modern«, das erste Museum für zeitgenössische türkische Malerei überhaupt. Es entstand in einem ehemaligen Hafenspeicher, den die Besitzer des größten türkischen Pharmakonzerns, die Familie Eczacıbaşı, damals Ministerpräsident Erdoğan abschwatzten, damit die Türkei rechtzeitig zur Eröffnung der Beitrittsverhandlungen mit der EU auch zu einem repräsentativen Museum für moderne Kunst kam. Jahrelang hatte sich die Eczacıbaşı-Familie gemeinsam mit einem Förderverein zuvor vergeblich für ein Kunstmuseum eingesetzt, doch den Oberbürgermeistern İstanbuls, die seit 1994 alle aus der islamisch geprägten AKP beziehungsweise deren Vorläuferparteien stammen, war moderne Kunst kein Anliegen. Heute zeigt das Museum einen repräsentativen Querschnitt der türkischen Malerei des 20. Jahrhunderts.

In der Sammlung kann man gut nachvollziehen, wie sich die Malerei mehr und mehr von der französischen Prägung loslöst und zu einer eigenen Sprache findet. Seit den 1950er Jahren hatte sich in der Türkei ein eigener Markt für moderne Kunst entwickelt, der heute regelrecht explodiert ist. Die İstanbuler Stadtteile Beyoğlu, das Nobelviertel Nişantaşı, aber auch Kadıköy auf dem asiatischen Ufer sind voll von Galerien, die überwiegend Arbeiten junger einheimischer Künstler verkaufen. Seit ab Anfang der 1990er Jahre regelmäßig die »Biennale İstanbul« stattfindet, ist die türkische Kunstszene auch international besser vernetzt und erfreut sich wachsender Aufmerksamkeit im Ausland.

Wie man moderne Kunst massenwirksam inszenieren kann, zeigt seit ein paar Jahren das Sabancı-Museum, der dritte Kunst-Ort İstanbuls, der von einer Industriellen-Dynastie, den Sabancıs eben, gebaut und finanziert wurde. Direkt am Bosporus gelegen, ist hier eine Kunsthalle entstanden, die von ihrer Ästhetik und Funktionalität jedem internationalen Vergleich standhält. Das Kuratorenteam schafft es bisher mit wechselnden spektakulären Ausstellungen, die İstanbuler in großen Scharen in ihre Kunsthalle zu locken. Geschickt wechseln sie zwischen internationalen Highlights wie einer großen Picasso-Schau und interessanten einheimischen Künstlern und schaffen es so immer wieder, halb İstanbul für ihre Ausstellungen zu interessieren.

Deutsche Archäologen und das kulturelle Erbe

Nur wenige Länder weltweit verfügen über ein vergleichbar reiches kulturelles Erbe wie die Türkei. Die Spuren menschlichen Lebens führen hier bis in die Steinzeit zurück. Viele Archäologen halten die Obermesopotamische Tiefebene für einen der Plätze, an denen der Mensch erstmals sesshaft wurde und überwiegend vom Getreideanbau lebte. Mit den Hethitern findet sich in Anatolien eine der frühesten antiken Hochkulturen – sie gehörten zu den Ersten, denen es gelang, nach Bronze auch Eisen herzustellen. Die Ägäisküste ist voll von Zeugnissen hellenistischer Kultur, und unter Konstantin dem Großen entstand am Bosporus die einzige antike europäische Weltstadt neben Rom.

Deutsche Archäologen sind bis heute die wichtigsten Partner der türkischen Archäologie. Schon früh waren deutsche Altertumsforscher in der Türkei engagiert. Der bekannteste ist Heinrich Schliemann. Schliemann gehört zu den Pionieren der Archäologie überhaupt. Er hatte sich in der Mitte des 19. Jahrhunderts in den Kopf gesetzt, die von Homer beschriebenen Orte der griechischen Geschichte wiederzuentdecken. Anhand der *Ilias* begann er deshalb, nach Troja zu suchen. Mehr durch Zufall und durch vorangegangene Recherchen eines Engländers, Frank Calvert, entschied er sich 1868 dafür, dass der Hisarlık-Hügel in der Nähe des Ausgangs der Dardanellen der Burghügel des antiken Troja sein müsste. Bekanntermaßen hatte Schliemann unglaubliches Glück. Er fand trotz seiner aus heutiger Sicht geradezu zerstörerischen Methoden nicht nur verschiedene Siedlungsschichten, von denen er eine als die aus der Zeit des Trojanischen Krieges definierte, sondern er stieß auch auf einen spektakulären Goldfund. Der von ihm so benannte Schatz des Priamos war zwar, wie sich später herausstellte, tausend Jahre älter als der Krieg um Troja, machte Schliemann aber trotzdem zu einem weltweit bekannten Helden der Archäologie.

Die Grabungsstätte von Troja blieb auch nach Schliemann eine deutsche Herzensangelegenheit. Zunächst setzte sein Mitarbeiter Wilhelm Dörpfeld die Arbeit in Troja fort. Die Ergebnisse wurden in Berlin prominent ausgestellt und weckten eine geradezu romantische Troja-Begeisterung im deutschen Bürgertum. Davon ist bis heute noch etwas zu spüren. Während es an der Ausgrabungsstelle zunächst ruhig wurde, setzte in den 30er Jahren des 20. Jahrhunderts der US-Amerikaner Carl Blegen die Ausgrabungen fort. Neuen Auftrieb um Troja gab es in Deutschland aber erst so richtig, als sich Manfred Korfmann, bekannter Archäologe der Universität Tübingen, 1988 des Hisarlık-Hügels erneut annahm. Mit einem großen Projekt stellte Korfmann die Troja-Forschung vom Kopf auf die Füße. Er konnte nachweisen, dass in Troja keine Griechen gelebt haben, sondern der Ort ein Vorposten der Hethiter war. Außerdem gelang ihm der Nachweis, dass es um den von Schliemann ausgegrabenen Burghügel eine weitläufige Unterstadt gab, die die Annahme rechtfertigt, dass Troja in der Antike eine Großstadt war. Damit gibt es erstmals eine materielle Grundlage für die homerische Geschichte vom Krieg um Troja, denn nach den Ausgrabungen von Korfmann darf man davon ausgehen, dass es in der Antike dort wirklich eine große Siedlung gab, die die Dardanellen und damit den Zugang zum Schwarzen Meer kontrollierte und um die zu kämpfen es sich durchaus gelohnt haben dürfte.

Korfmann erreichte 1996, dass die Türkei den Historischen Nationalpark Troia einrichtete. Zwei Jahre später wurde Troja zum UNESCO-Weltkulturerbe deklariert. Nach dem frühen Tod Korfmanns im Jahr 2005 ist die Grabungslizenz für die Universität Tübingen mittlerweile abgelaufen und von einem türkischen Team übernommen worden.

Doch auch wenn Troja als berühmtestes Projekt für deutsche Archäologen mittlerweile Geschichte ist, gibt es noch eine ganze Reihe weiterer Ausgrabungsstätten mit deutscher Beteiligung, die wissenschaftlich gesehen ebenso interessant sind.

Das bereits 1929 gegründete Deutsche Archäologische Institut in İstanbul hat sich mit der Stadtgeschichte eingehend beschäftigt und von İstanbul aus etliche weitere große Ausgrabungsprojekte gesteuert. Die wichtigsten davon sind in Ḫattuša, der ehemaligen Hauptstadt des Hethiter-Reiches, in Pergamon, der griechisch-römischen Metropole an der Ägäis, aus der der berühmte Pergamon-Fries stammt, der heute in Berlin im Pergamon-Museum zu besichtigen ist, und seit wenigen Jahren in Göbekli-Tepe, einem Ort in Obermesopotamien in der Nähe der syrischen Grenze. Dort erforschen Mitarbeiter des Instituts ein frühneolithisches Bergheiligtum, das erbaut worden sein soll, noch bevor Menschen sich erstmals in Siedlungen niederließen. Göbekli-Tepe gilt heute bereits als einer der frühesten Tempel der Menschheitsgeschichte.

An allen Orten sind deutsche Forscher mit türkischen Kollegen gemeinsam beschäftigt. Die Beziehungen werden von beiden Seiten hoch gelobt, auch wenn es in periodischen Abständen immer mal wieder Knatsch um die Rückgabe archäologischer Artefakte, beispielsweise des Pergamon-Frieses, gibt. Während der Fries jedoch zumindest mit der Erlaubnis der damaligen osmanischen Behörden abtransportiert worden war, hat Schliemann den Schatz des Priamos ganz eindeutig illegal außer Landes gebracht. Nur sind die Deutschen beim Priamos-Schatz ja aus dem Schneider, weil das Geschmeide seit Ende des Zweiten Weltkrieges in Moskauer Museumskellern liegt.

Auf Korfmanns Initiative wurde in Çanakkale, der Troja am nächsten liegenden Stadt an den Dardanellen, als deutsch-türkisches Projekt ein Troja-Museum eingerichtet.

Anhang

Nützliche Informationen

Aufenthaltserlaubnis

Wer sich motiviert fühlt, für einige Zeit in die Türkei zu gehen, sollte auf ein paar Formalitäten achten, die sich von einem EU-Land unterscheiden. Es wäre es sinnvoll, sich vorher mit einigen Aufenthalts- und arbeitsrechtlichen Bestimmungen vertraut zu machen, bevor es wirklich losgehen kann.

Am einfachsten ist es für Leute, die bis maximal drei Monate in die Türkei wollen – vielleicht um einen Sprachkurs zu machen. Für einen solchen Zeitraum ist für Deutsche kein Visum erforderlich, man braucht noch nicht einmal einen Pass, der Personalausweis genügt (Achtung: Österreicher müssen sich am Flughafen ein Visum ausstellen lassen). Falls man einen längeren Aufenthalt plant, muss man bei der Einwanderungsbehörde (Göç İdaresi) eine Aufenthaltsgenehmigung beantragen. Dazu braucht man einen Aufenthaltsgrund, man muss nachweisen können, dass man seinen Aufenthalt finanzieren kann, also der Lebensunterhalt gesichert ist, und man braucht eine Wohnbescheinigung vom Muhtar des Bezirks, in dem man sich aufhält, seinen Pass, Geld (ungefähr 200 Euro für eine einjährige Aufenthaltsgenehmigung) sowie viel Geduld. Bei der Einwanderungsbehörde in İstanbul herrscht regelmäßig ein großer Andrang, und die Beamten sind genauso unfreundlich wie bei der Ausländerpolizei in Deutschland.

Wer mit einem Türken oder einer Türkin verheiratet ist, bekommt auf Antrag sofort eine Aufenthaltsgenehmigung für drei

Jahre, später dann für fünf Jahre. Unbefristete Aufenthaltsgenehmigungen sind dagegen nur sehr schwer zu bekommen.

Arbeitserlaubnis

Oft ist es jedoch so, dass Aufenthalts- und Arbeitserlaubnis zusammenhängen, wenn man beispielsweise als Angestellter für eine deutsche Firma in die Türkei geht. Eine Arbeitserlaubnis muss in der Regel bei der Türkischen Botschaft in Deutschland beantragt werden, auf Grundlage der Arbeitsverträge mit der Firma. Diese Arbeitserlaubnis wird in den Pass eingetragen, und damit geht man dann zur Einwanderungsbehörde in der Türkei und beantragt eine einjährige Aufenthaltserlaubnis. Eine Aufenthaltserlaubnis ist im Türkischen ein sogenanntes İkamet – man bekommt eine Plastikkarte, die einer Bankkarte ähnelt. Dieses Ikamet muss man bei Kontrollen vorzeigen und am Flughafen parat haben, wenn man länger als drei Monate im Land war. Wer in der Türkei arbeiten will, ohne bei einer Firma einen Job zu haben, sich z. B. dort selbständig machen will, kann das tun, muss aber etlichen Papierkram erledigen. Nützliche Informationen dazu liefert die Deutsch-Türkische Industrie- und Handelskammer (www.dtr-ihk.de).

Viel einfacher ist es für Studenten, die einen Teil ihres Studiums in der Türkei absolvieren wollen. Seit die Türkei im Erasmus-Austausch-Programm mit eingebunden ist, nimmt die Zahl ausländischer Studenten stetig zu.

Wer eine Aufenthalts- und Arbeitserlaubnis hat, darf innerhalb der ersten sechs Monate, nachdem er seinen Job in der Türkei angetreten hat, ein Auto zollfrei einführen. Dieses Auto darf er dann allerdings nur selbst fahren und auch nicht verkaufen. Ansonsten ist es sehr teuer, ein gebrauchtes Auto einzuführen, und es lohnt sich praktisch nicht.

Wohnen, mieten, kaufen

Wer nur vorübergehend in die Türkei will und für einige Monate eine Unterkunft sucht, kann sich übers Internet ein Zimmer in einer Wohngemeinschaft oder eine möblierte Ferienwohnung/Appartement suchen.

Nützliche Internetadressen sind neben den generell üblichen wie: www.ferienwohnung.de beispielsweise www.İstanbulpost.net und www.mymerhaba.com.

Im deutschen Buchladen auf der İstiklal Caddesi, Nähe Tünel-Platz, werden auch immer Wohnungen und Zimmer angeboten. Wer regulär eine Wohnung mieten will, sollte dagegen nicht zu einem auf Ausländer spezialisierten Makler gehen (dort zahlt man Höchstpreise), sondern sich die Beilagen der türkischen Zeitungen vornehmen und die Angebote für Mietwohnungen studieren. Die Zahlung einer Kaution ist bei Abschluss des Mietvertrages üblich, wer bereit ist, seine Miete in Euro zu zahlen, ist bei jedem Vermieter im Vorteil.

Grundsätzlich ist es in der Türkei auch für Ausländer möglich, Immobilien zu erwerben, also eine Wohnung oder ein Haus zu kaufen. Allerdings streitet sich die nationalistische/kemalistische Opposition seit Jahren mit der Regierung darüber, in welchem Umfang Immobilienerwerb für Ausländer erlaubt werden soll. Fast alle Ausländer kaufen entweder in İstanbul oder an der Ägäis- und Mittelmeerküste. Während es in den Ferienorten an der Küste zumeist ziemlich einfach ist, eine Wohnung, ein Haus oder Grundstück zu erwerben, gelten für die Städte Obergrenzen, innerhalb derer an Ausländer verkauft werden darf. Ist dieses Kontingent, beispielsweise in den von Ausländern besonders begehrten Stadtteilen in İstanbul, erschöpft, wird man nicht im Grundbuch eingetragen. Dasselbe gilt für den Erwerb großer Flächen auf dem Land. Auch hier existieren Obergrenzen, die allerdings nur für kommerzielle Käufer relevant sind.

Normalerweise ist ein Wohnungs- oder Hauskauf in der Türkei ansonsten relativ unbürokratisch. Der entscheidende Punkt ist die Eintragung ins Grundbuch und somit der entsprechende Grundbuchauszug, der für den neuen Besitzer erstellt wird (im Türkischen Tapu genannt). Jeder, der eine Immobilie kaufen will, sollte nicht nur auf den Makler vertrauen, sondern sich vorher immer im Tapu-Amt erkundigen, ob das Grundstück womöglich belastet ist und der Verkäufer tatsächlich auch als Besitzer dort eingetragen ist. Der Kauf erfolgt dann auch nicht beim Makler oder bei einem Notar, sondern auf dem Tapu-Amt. Erst wenn die Eintragung dort erfolgt ist, wird das Geld überreicht, beziehungsweise das Konto, auf dem der Kaufpreis vorher eingezahlt wurde, freigegeben. Makler- oder Notarverträge sind Schall und Rauch, in der Türkei zählt nur das Tapu, also der Eintrag im Grundbuch. Makler, die Grundstücke ohne Eintragung im Grundbuch verkaufen wollen, sind in der Regel unseriös.

Sprachkurse

Sprachkurse werden sowohl für Anfänger wie für Fortgeschrittene an Universitäten als auch bei privaten Anbietern überall in der Türkei angeboten.

Wichtige Adressen

Deutsche Botschaft
Atatürk Bul. 114, Ankara
Tel. 0090-312-455 51 00
www.ankara.diplo.de

Deutsches Generalkonsulat İstanbul
İnönü Caddesi 16–18, İstanbul
Tel. 0090-212-334 61 00
www.İstanbul.diplo.de

Türkische Botschaft in Berlin
Rungestraße 9, 10179 Berlin
Tel. 030 - 27 58 50
www.tcberlinbe.de
Touristenauskunft in İstanbul
Flughafen Atatürk: Tel. 0090 - 212 - 663 07 04
Sultanahmet: Divanyolu Caddesi 3, Tel. 0090 - 212 - 518 18 02
Beyoğlu: Taksim im Hilton-Eingangsbereich,
Tel. 0090 - 212 - 233 05 92

Deutsch-Türkische Industrie- und Handelskammer
Yeniköy Caddesi 88, 34457 Tarabya-İstanbul
(auf dem Gelände der Sommerresidenz des Deutschen
Botschafters)
Tel. 0090 - 212 - 363 05 00, www.dtr-ihk.de

www.İstanbulpost.net
(allgemeine Infos plus Kleinanzeigen, Wohnungen, Jobs etc.)

www.ibb.gov.tr/en-US
(offizielle Webseite von İstanbul auf Englisch)

www.mymerhaba.com
(Portal für Tipps und Veranstaltungshinweise)

www.timeout.com.tr
(İstanbul-Stadtmagazin auf Englisch)

Englischsprachige Tageszeitungen
Turkish Daily News: www.turkishdailynews.com.tr
Today's Zaman: www.todayszaman.com
Daily Sabah: www.dailysabah.com

RUMÄNIEN
Donau
Schwarzes Meer
Varna
BULGARIEN
Burgas
Zonguldak
Kastamonu
Karabük
Ereğli
Pontisches Gebirge
Kızılırmak
Edirne
Çorlu
İstanbul
Üsküdar
Adapazarı
Bolu
Çankırı
Marmara-
meer
İzmit
İznik
Bandırma
Bursa
Sakarya
Ankara
Kırıkkale
Dardanellen
Çanakkale
Eskişehir
Hirfanlı-
Stausee
Lemnos
Balıkesir
Kütahya
Soma
Tuz-See
Nevşehir
Lesbos
Bergama
Akhisar
Bolvadin
Uşak
Aksaray
Chios
Chios
İzmir
Manisa
Hoyran-
See
Konya
Tire
Beyşehir-
See
Büyük Menderes
Isparta
Ereğli
Ägäis
Söke
Denizli
Burdur
Karaman
GRIECHENLAND
Muğla
Antalya
Alanya
Silifke
Bodrum
Anamur
Rhodos
Rhodos
Nikosia
(Lefkosia)
ZYPERN
Limassol
(Lemesós)
Iraklion
Kreta
Mittelmeer
0
150 km

GEORGIEN
Tiflis
Batumi
ARMENIEN
Kars
Jerewan
Rize
Trabzon
Bafra
Ordu
Giresun
amsun
Ararat
5137 m
ZU ASERBAI-
DSCHAN
Ağri
Erzurum
Pontisches Gebirge
IRAN
Erzincan
Sivas
Van-See
Van
Muş
Tatvan
Keban-
Stausee
TÜRKEI
Elaziğ
Silvan
Batman
Malatya
Karakaya-
Stausee
Kayseri
Diyarbakır
Atatürk-
Stausee
Mardin
a u r u s
Al-Qamischliye
Maraş
Şanlıurfa
(Urfa)
Mosul
Gaziantep
(Antep)
Kobane
Adana
sus
İskenderun
Aleppo
(Halab)
Chabur
Tigris
Antakya
(Antiochia)
Assad-
Stausee
Euphrat
Orontes
Latakia
SYRIEN
Homs
vantisches
Meer
IRAK
LIBANON
Beirut
Damaskus
Golanhöhen
Haifa
SRAEL
JORDANIEN
SAUDI-ARABIEN
Amman

Basisdaten Türkei

	Türkei	Deutschland
Fläche (km²)	769 630	357 021
Einwohner (Mio.)	75,9	81,2
Bevölkerungsdichte (Einw./km²)	99	226,6
Lebenserwartung (Jahre)		
Männer	71,8	78,1
Frauen	78,7	82,8
Bevölkerungswachstum	1,3 %	0,2 %
Bevölkerung unter 15 Jahren (% der Gesamtbevölkerung)	25,9	10,8
Bevölkerung ab 65 Jahren (% der Gesamtbevölkerung)	7,4	17,5
Bruttoinlandsprodukt (Mrd. US-$)	798,3	3227
BIP-Wachstumsrate (2014)	2,9 %	0,5 %
BIP pro Kopf (US-$)	10 381	39 500
Inflationsrate	7,7 %	0,1%
Erwerbslosenquote (20- bis 64-Jährige)	10 %	4,6 %
Exportvolumen (2014, Mrd. US $)	176,6	1547

Importländer Türkei (2014):
Russland 10,4 %, China 10,3 %, Deutschland 9,2 %, USA 5,3 %, Italien 5 %, Iran 4,1 %

Exportländer Türkei (2014):
Deutschland 9,6 %, Irak 6,9 %, Großbritannien 6,3 %, Italien 4,5 %, Frankreich 4,1 %, USA 4 %

Alle Daten sind, wenn nicht anders vermerkt, von 2015. Quellen: Statistisches Bundesamt, Eurostat.

Über den Autor

Jürgen Gottschlich

Jahrgang 1954; Studium der Philosophie und Publizistik in Berlin; 1979 Mitbegründer der *taz*, bis 1993 dort als Journalist tätig, zuletzt als stellvertretender Chefredakteur; ab 1980 regelmäßige Reportagereisen in die Türkei; 1994 stellvertretender Chefredakteur der Wochenpost; seit 1998 Korrespondent für verschiedene Zeitungen in İstanbul.

Im Ch. Links Verlag erschienen von ihm: »Die Türkei auf dem Weg nach Europa – Ein Land im Aufbruch«, 2004; »Türkei – Ein Land jenseits der Klischees«, 2008; »Beihilfe zum Völkermord – Deutschlands Rolle bei der Vernichtung der Armenier«, 2. Auflage 2015.